博士论丛

利他态度与行为的影响因素分析

Analysis of the Factors Affecting Altruistic Attitudes and Behaviors

周 纯 著

中国科学技术大学出版社

内 容 简 介

社会利他性，是指社会中的个体为了增进他人利益，主动自愿让渡自身利益的一种社会现象。本书从主体之外的他人利益角度出发，强调利他性的本质特征是对他人利益的关心与重视，将以利他性为核心的外在社会奖惩机制及其对个体的外在影响与个体的主动学习过程，视为分析利他态度与行为影响因素的主要出发点，使用来自国家社科重点招标项目“我国社会信用制度研究”课题组在中国五大城市进行的问卷调查数据，采用基本频数分布分析、量表的信度分析、探索性因子分析以及线性回归模型分析等统计方法，不仅证实了社会奖惩机制对利他态度和利他行为所具有的重要影响作用，而且揭示出具体影响路径的相似和差异之处，为探索培养社会普通成员利他性的路径提供了明确的引导方向。

图书在版编目(CIP)数据

利他态度与行为的影响因素分析/周纯著. —合肥：中国科学技术大学出版社，2019.9

ISBN 978-7-312-04661-2

Ⅰ. 利…　Ⅱ. 周…　Ⅲ. 利他行为—影响因素—研究　Ⅳ. C912.68

中国版本图书馆 CIP 数据核字(2019)第 152938 号

出版　中国科学技术大学出版社
安徽省合肥市金寨路 96 号，230026
http://press.ustc.edu.cn
https://zgkxjsdxcbs.tmall.com

印刷　合肥华苑印刷包装有限公司

发行　中国科学技术大学出版社

经销　全国新华书店

开本　710 mm×1000 mm　1/16

印张　12.75

字数　264 千

版次　2019 年 9 月第 1 版

印次　2019 年 9 月第 1 次印刷

定价　50.00 元

目　　录

第一章　绪论 …………………………………………………………… (1)

第一节　研究缘起 …………………………………………………… (1)

一、利他态度 ……………………………………………………… (2)

二、利他行为 ……………………………………………………… (3)

三、研究问题的提出 ……………………………………………… (4)

第二节　主要研究思路 ……………………………………………… (5)

第二章　文献回顾 ……………………………………………………… (8)

第一节　利他的概念 ………………………………………………… (8)

一、文化视野下的利他 …………………………………………… (9)

二、社会科学视野下的利他 ……………………………………… (11)

三、本书所使用的利他概念 ……………………………………… (16)

第二节　利他的来源 ………………………………………………… (19)

一、从个体利益的角度去解释利他 ……………………………… (19)

二、从他人利益的角度去解释利他 ……………………………… (26)

三、小结 …………………………………………………………… (36)

第三节　现有的利他经验研究 ……………………………………… (43)

一、总体研究现状 ………………………………………………… (44)

二、个体层面的影响因素 ………………………………………… (50)

三、群体与社会层面的影响因素 ………………………………… (51)

第四节　研究视角与分析框架 ……………………………………… (54)

一、研究视角：社会组成的关系性 ……………………………… (54)

二、分析框架：具体社会运行形式 ……………………………… (58)

第三章　实证研究的过程与方法 ……………………………………… (62)

第一节　研究假设 …………………………………………………… (62)

一、个体性因素 …………………………………………………… (62)

二、社会性因素 …………………………………………………… (63)

三、文化性因素 …………………………………………………… (64)

四、利他性组织的运行状况因素 ………………………………… (65)

第二节 研究变量的测量…………（65）
一、控制变量…………（66）
二、自变量(解释变量)…………（66）
三、因变量…………（71）
第三节 研究资料的收集方法…………（71）
一、问卷的试调查…………（72）
二、样本的抽取…………（72）
三、问卷的发放与回收…………（73）
第四节 研究数据的分析方法…………（73）
一、自变量的分析方法…………（73）
二、因变量的分析方法…………（74）
三、自变量对因变量的影响分析方法…………（74）

第四章 研究结果…………（77）
第一节 数据的基本特征…………（77）
一、数据的城市分布特征…………（77）
二、基本人口特征分析…………（78）
第二节 解释变量的分析…………（79）
一、个体性因素…………（79）
二、社会性因素…………（81）
三、文化性因素…………（88）
四、利他性组织的运行状况因素…………（89）
第三节 利他态度与利他行为的存在现状…………（90）
一、利他态度的存在状况…………（90）
二、利他行为的现存状况…………（91）
三、利他态度与利他行为的联系特征…………（92）
第四节 利他态度的影响因素…………（95）
一、尽自己所能帮助他人的利他态度…………（96）
二、不求回报帮助他人的利他态度…………（100）
三、牺牲自己帮助他人的利他态度…………（105）
四、小结…………（110）
第五节 利他行为的影响因素…………（116）
一、公益志愿活动的参与行为…………（117）
二、慈善捐赠活动的参与行为…………（122）
三、无偿献血活动的参与行为…………（126）
四、公益慈善组织的参与行为…………（131）
五、小结…………（136）

第六节　研究假设的检验分析 …… (141)
一、个体性因素对利他态度和行为都不具有显著影响 …… (142)
二、社会参与是利他行为的突出影响因素 …… (142)
三、亲社会观念是利他态度的重要影响因素 …… (145)
四、利他性组织的运行状况因素对利他态度和行为都具有显著影响 …… (145)

第五章　主要结论与讨论 …… (148)
第一节　主要结论 …… (149)
一、利他态度与利他行为的基本存在现状 …… (149)
二、利他态度与利他行为的影响因素分布 …… (151)
第二节　讨论 …… (154)
一、利他研究的两条路径 …… (155)
二、利他性规范的重要影响 …… (158)
三、当前社会的利他性 …… (163)
第三节　不足与对未来研究的展望 …… (165)
一、不足 …… (165)
二、对未来研究的展望 …… (166)

参考文献 …… (167)
［中文部分］…… (167)
［英文部分］…… (175)

附录　实际调查问卷 …… (192)

后记 …… (197)

第一章　绪　论

第一节　研究缘起

利他，作为一种人类美德的体现，一直是诸多学者研究讨论的焦点。早在该词被创造出来之前，诸多学术大师就对利他的内容做过相关阐述，比如康德所提倡的责任论，“尽自己之所能对人做好事，是每个人的责任”（康德，2005）[47]。这里的利人一说，究其本质而言，与利他的含义十分接近。19世纪，法国社会学家奥古斯都·孔德（Auguste Comte）针对利己（egotism）的概念，结合拉丁语中“外在的”（alter）词源，创造出了利他（altruism）的词组，这也是公认的利他作为一个明确的概念的产生。在孔德的观点中，“利他是一种为他人而生活的愿望或倾向”（Comte，1875）[566-567]，是一种与利己相对应的倾向，利他主义所强调的是他人的利益，提倡那种为了增进他人的福利而牺牲自我利益的奉献精神。孔德于利他研究的重要性，不仅在于他对于利他词组的创造，还在于他第一次将利他的概念从神学的和哲学的思辨思想中独立出来，使利他有了明确清晰的内涵界定。在孔德所提出的利他主义的基础之上，一些学者提出，正确的人类道德的真正目标，不能仅仅局限在个体的私人利益之上，而应该追求整个社会的幸福安定。

利他是一个内涵和外延都极为宽泛的复杂概念，从这个词语被创造之初，利他与利己两个概念，就如同一条直线上的两个端点，各自沿着相对的方向不断延展，与对方呈现出盘根错节的关系。一开始，利他处于被利己完全压抑的位置，在达尔文的进化论中，个体的生存是优胜劣汰的结果，牺牲自身适应性增加他人生存可能性的利他个体在竞争中必然会被利己个体所战胜，这样一来，最终竞争的优胜者只能是利己，那么现在所出现的各种利他，归根求源，只是从利己心出发的表面上的利他，自我利益是所有人类行动的起源，这与经济学中的“经济人”假设不谋而合。为了证明利他只是表面上的利己，研究者列举出那些推动着利他的行为的各种利己动机，比如为了自己血缘、基因的存续而表现出来的父母对于子女的利他，期待着对方回报或者帮助的个体之间的互惠型利他，甚至是个体为了获得社会的赞赏认同，为了各种荣誉而表现出来的利他行为，以及那些虽然不是为了各种外在的利益考虑，仅仅出于自身的认可，为了获得愉悦的情绪而去关心、帮助他人的行为。在这条路径中，利他被认为是利己的一种外在表现，而非是与利己平行对应的位置。

随着研究的深入，利他与利己之间的关系开始朝着相反的路径发展，利他的真实存在性成为关注的焦点。这种真实存在性主要表现为，利他并不仅仅是利己的一种外在表现，而是一种与利己相对应的具有独立存在性的态度和行为。除了关心自己之外，人类确实也会关心他人的利益，并会做出增加他人福利的各种行为，这种关心并不能完全简化为个体利己的外在表现，其落脚点单纯是外在于个体的他人和社会。这种真实存在性最为典型的表现是那种为了他人而牺牲自己生命的行动，比如战争中为了国家和战友以自己生命为代价的革命烈士，这种利他在强度上是最为极致的，是无法用利己来解释的行为，而只能用纯粹的利他来指称，这种纯粹性证明了利他是独立于利己而存在的。

从这两条路径看来，利他和利己的关系是一种交错的存在，利他的行为结果可能是由于利他的态度而导致的，也可能是利己态度所推动的；利己的行为结果也是如此，当个体出于利他的态度做出有利于他人的行为之后，社会或者第三方给予施助者的奖励对于行动主体是有利的，但是这种有利只是最终的一种利己结果，并不代表行为者在行为开始之初就是为了这种奖励而去利他的，其有可能完全对奖励毫无所知，这就是利他态度所产生的利己结果的表现之一。正基于这种原因，对于利他性的考察不能仅仅局限于态度或者行为的任何一方，而应将两者都纳入分析研究的对象之中，分开探索利他态度和利他行为，从而得出一副关于人类利他性的全景图。

一、利他态度

“态度是我们所持有的与态度对象相关的一套信念，态度对象可以是人、物、事件或议题。态度可以是积极的，也可以是消极的，或者也可以仅仅是有一些关于议题的看法，而没有任何强烈的情感投入”（克里斯普，特纳，2008）[12]。利他态度的指向对象是他人，是个体所持有的有关帮助、关心他人的观点、看法与信念，体现在主观层面上，个体对利他选择的意愿偏向性程度以及对利他行为的主观评价性。简而言之，利他态度所反映的是个体是否愿意关心帮助他人，愿意在多大程度上帮助他人，以及这种帮助所具有的价值意涵是什么。

利他态度的形成与道德价值观之间有着密切的联系。“一切道德都出自于爱人或同样的其他无厉害计较的感情”（周辅成，1964）[795]，道德总是涉及“善”“爱人”等方面的内容，这也正是利他态度的主要构成部分。“善”就是不为恶，是为他人谋福利，把他人放在自己之前去考虑，最高的善，就是追求大多数人的最大利益和幸福；“爱人”则是关心他人，孔子提出“仁者爱人”，里面的“仁”是教导个体去善待他人，去关心人、尊重人、帮助人。“凡产生最大多数之最大幸福的行为便是最好的行为，反之便是最坏的行为”（周辅成，1964）[807]。

利他态度还受到社会文化价值取向的影响。最典型的表现就是集体主义与个体主义的文化取向之比较。一个以集体主义为主要文化倾向的社会中，个体会更多地被教导从他人、社会整体的角度去思考，个体的利益被放在了一个次要的位置；但在一个推崇个体主义价值取向的社会中，个人利益成为个体思考的主要来源，从个体推导到他人、团体和社会是其中流行的态度逻辑。一个社会中主流利他态度的存在状况直接与该社会的道德氛围相挂钩。当社会中的大多数人在主观上认同于这种“尽自己最大可能去帮助他人”的利他态度时，并且将他人的利益放入自己考虑的范围之中，整个社会的道德风气就会出现良好的发展态势，人们愿意对他人施予援手，这也为利他行为的出现起到了引导作用。

二、利他行为

态度更多表现在主观层次方面，行为却更多通过客观的结果得到衡量，利他行为也是如此。从最宽泛的界定中，利他行为泛指一些在最终结果中表现出来的对他人有利的行为，这种有利既包括增进他人物质的实在福利，增加他人生存的可能性与生活质量，也在于给他人带来情感上的支持与帮助。这种行为从自然界和人类社会丰富多彩的现象事例中找到了明确的证据支持。

在大自然中，当一群瞪羚在行进中遇到它们的天敌猛兽时，一只瞪羚会站出来做出跺脚瞪眼的行为，吸引猛兽的注意力，从而保护它的同伴及时逃走；同理而言的还有鸟类在遇敌时发出的警告鸣声。从生物的本能而言，这种行为不但无法增进个体自身的生存可能性，反而有可能引来敌人的注意，降低了自己的存活概率。这种为了增加其他个体的生存概率，而牺牲自身生存可能性的行为，在社会生物学家的研究中，成为支持“利他行为真实存在性”的坚实基础。

在人类社会中，利他行为的表现比比皆是。早在原始部族社会中，部落成员之间共同捕猎食物、采集果实，然后分享给所有的成员，包括那些弱势的个体，如老年人、妇女、幼儿等。在现代社会中，关心、帮助他人的行为则是屡见不鲜。当你在陌生城市中向人问路时，陌生人的热情指引和耐心帮助常使人感动；朋友之间两肋插刀、雪中送炭的情谊更是广为流传。此外还有匿名捐款、慈善捐赠、志愿者活动、义工活动等现象，更是举不胜举。

在政治选举活动中，虽然每个人的选票对于最终的结果影响甚微，但是依然有许多人付出自己的时间、精力参与到投票活动之中①；在第二次世界大战时期的纳粹德国，犹太人遭到了种族大屠杀，大批的非犹太人冒着生命危险，为他们的逃离

① 在一些学者的研究中，投票行为被认为是利他性的体现，尤其是当这种投票行为的目的在于增进、改善某一群体乃至整个社会的利益时，尽管每一个参加投票的个体都了解自己的这种投票行为并不会影响最终的选举结果，但却依然出于追求社会公正等原因而牺牲个体的时间、精力去进行投票活动，因此，投票活动在许多研究中都被认为是利他行为的一种表现形式（Pilavin，Charng，1990）。

提供了众多帮助，使其免于屠杀或被送进集中营。1953 年，以色列政府成立 Yad Vashem 基金，并设立正义奖(Righteous Among the Nations) 来奖励那些当时并不是为了获得奖金、名誉的援助者，到目前为止大约有 18 000 人获得此奖①。在自然灾害救助中，利他行为的表现则更为明显。2008 年 5 月 12 日，中国发生汶川大地震，全国各地人民向灾区伸出了援助之手，截至 2008 年 11 月 25 日，据民政部统计，全国共接收国内外社会各界捐赠款物合计 751.97 亿元，其中“特殊党费”为 97.3 亿元，其他捐款为 549.37 亿元，物资折价共计 105.3 亿元②。

以上都是利他行为的典型体现，作为一种客观的结果，利他行为对社会正常运行所起到的作用是直接的、外显性的、可被观察的。与利他态度不同，利他行为的存量会直接影响到整个社会的良性运行，当利他行为存量较高时，社会中的助人行为会层出不穷，人与人之间的关系形成一种“我为人人，人人为我”的良好氛围，社会公共事务的正常开展与稳定社会秩序的维持也会获得稳固的保障。

三、研究问题的提出

从 20 世纪 80 年代开始，改革开放、发展经济与建立社会主义市场经济体制成为时代发展的主题。经过三十多年的发展，中国的经济实现了高速稳定的增长。2011 年，中国经济增速(GDP)比上年增长 9.2%，全年国内生产总值 471 564 亿元③。与此同时进行的是中国城市化的逐步推进，由农村发展为城市的脚步从未停止过，截至 2011 年年底，中国城镇人口占总人口的比重超过 50%，这意味着中国城市化水平首次超过 50%④。这就暗含着中国社会从传统社会向现代社会的过渡正在取得长足的发展，现代化的风暴正在以前所未有的速度席卷着中国社会的各个角落之中。“现代性以前所未有的方式把我们抛离了所有类型的社会秩序的轨道，从而形成了其生活形态。在外延和内涵两方面，现代性卷入的变革比过往时代的绝大多数变迁特性的意义都更深远。在外延方面，它们确立了跨越全球的社会联系方式；在内涵方面，它们正在改变我们日常生活中最熟悉和最带个人色彩的领域。”(吉登斯，2000)[4] 在经济物质文化的飞速发展的同时，中国的社会生活领域却似乎出现了危机的先兆。

这种先兆最直接的表现出现在新闻媒体领域中，新闻媒介开始频频显现有关“道德危机”的报道。在家庭中，父子为了经济利益可能反目为仇，子女不赡养父母的案例比比皆是，“无人赡养父母怒告子女”⑤“六个子女为何赡养不起一个父亲”⑥

---

① http://www.advashem.org/.

② http://www.gov.cn/ztzl/kzjz/content_1169936.htm.

③ 国家统计局，http://www.stats.gov.cn/.

④ 社会蓝皮书：2012 年中国社会形势分析与预测。

⑤ http://news.ifeng.com/gundong/detail_2012_03/11/13112529_0.shtml.

⑥ http://opinion.hexun.com/2012-01-31/137604022.html.

“中山不孝子房产4套不养父母，送父看病收车费”[①]等事件成为新闻报道的热点问题；在社会生活中，是否搀扶老人的话题自“南京彭宇案”之后成为讨论的中心，“88岁老人菜场门口摔倒无人扶窒息身亡”[②]“老人晕倒无人相助 抢救无效中秋不团圆”[③]等报道也是屡见不鲜，发生在广州佛山的“两岁女童遭碾压，18名路人路过而不施救”[④]的小悦悦事件更是引起了整个社会关于中国道德现状的大讨论；在经济领域中，食品安全问题成为关注的焦点问题，从三氯氰胺奶粉事件到地沟油，再到现在的以皮革做药用胶囊原料，这其中固然体现了中国在产品质量监控上出现了很大的空缺，但也似乎从间接的角度说明中国的某些企业，为了增加自身的经济利益，几乎不存在任何指向消费者的利他。

大众传媒对社会事实的描述和反映作用是不容置疑的，但是新闻舆论所具有的聚焦与夸大问题的严重性特征也是客观存在的，尤其是在一个较短的时间段中，对某一类型事件的连续报道，无疑会增强这一问题在公众认知中的严重性程度。因此，就当前新闻媒体中所反映出的利他性缺乏的问题而言，合理的做法应当是回归到问题的本身，确定当前社会中利他性的现有存在水平，收集客观的数据资料去反映当代中国人所具有的利他性水平。这就引出本书的主要研究问题，即现今社会中，基本成员的利他性水平处于一种怎样的存在状态？哪些因素对利他性的发展变化具有影响作用？这些影响因素的分布特征又是否会有助于寻找到培养利他性的合理路径？对这些问题的解答构成了本书的主要研究目的。

第二节 主要研究思路

中国社会自古有“礼仪之邦”的美名，“老吾老，及人之老；幼吾幼，及人之幼”等类似的劝诫遍布于传统的思想教化之中，劝导人去行善积德、鼓励人去关心他人的思想更是比比皆是。在灾难饥荒的年代，经常会有普通的社会成员涌现出来，做出施粥、济贫、赈灾等义举，在中华民族处于衰败的危机面前，那些为了他人牺牲自己，为了整个社会的利益奉献出自己生命的民族英雄也是屡见不鲜。这些事实的存在都证明，虽然利他这一概念是在西方的文化背景下被提出，但在中国也源远流长。早在传统的中国封建社会中，利他性就有了萌芽的种子，并且切实地表现在社会生活的各个方面。

随着中国经济的飞速发展、城市化水平的逐步提高，社会处于由传统社会向现

① http://news.gd.sina.com.cn/news/20120424/1282839.html.

② http://news.cn.yahoo.com/ypen/20110904/568321.html? source=tbwwfc_news_1.

③ http://www.sd.xinhuanet.com/news/2011-09/15/content_23702122.htm.

④ http://news.sina.com.cn/s/2011-10-16/152723311730.shtml.

代社会的过渡时期，人们的社会生活同经济生活一样，经历了翻天覆地的变化。当前社会中反映国人利他性缺失的新闻报道屡次出现，引发了各种关于道德缺失和道德危机的全员大讨论，其中最明显的一个疑问就是：当前社会中现有的利他性是一种怎样的存在状况？为了找到这一问题的答案，本书从具体经验调查的统计数据入手，试图通过数据分析，描绘出当前利他性的存在现状，并尝试去寻找对利他性具有显著影响的各种因素，从而为在当前社会背景下培养乃至提高利他性水平提供可能的路径选择。

在具体分析过程中，确定社会利他性的现有存在状况主要通过对普通社会成员的利他态度和利他行为水平两类对象的测量而加以实现的，这是本书所采用的基本分析路径，主要来源于社会利他性所具有的特殊性。社会科学研究中，大体有两种主要测量指标类型，即客观指标与主观指标。比如在确定一个社会的经济发展水平时，一般采用一些客观的经济指标加以衡量，比如国内生产总值、人均收入水平，等等；而在确定一个社会中的幸福感时，则主要通过询问社会成员主观的幸福程度加以衡量，比如个体的快乐感、归属感，等等。在测量社会利他性的存在状况时，则出现了主观与客观指标共同测量的需要。一个社会中所存在的利他性水平，既反映在每个社会成员所实际表现出的利他行为之中，比如个体在日常生活中是否帮助过他人，主要通过何种方式进行帮助，以及这种帮助所涉及的主体自身利益的损失程度，等等；也同时反映在社会成员所持有的主观利他态度之中，比如个体是否愿意帮助他人，愿意在何种程度上帮助他人，等等。将客观行为与主观态度指标进行结合的分析路径，将有助于更为全面地确定当前社会中利他性的存在状况。

沿袭着利他态度和利他行为的分析路径，借助于定量的数据资料收集方法，确定利他态度和行为的实际存在状况，并且寻找出对两者具有影响的因素分布成为本书的中心任务。结合现有关于利他的诸多研究结果，本书首先提出了利他态度与利他行为概念的明确界定，并在综合整理有关利他来源的理论文献之后，确定了在探索利他态度与行为的影响因素分析中所依据的两条主要路径，即资源理论与社会化理论。此后，在这两个主要理论内容的引导下，确定主要的研究假设，且对实证研究中的主要自变量与因变量进行操作化，引入具体的测量工具。然后是正式的资料收集与数据分析阶段，通过对实际收集到的数据进行推理统计以检验研究假设，确定利他态度和利他行为的影响因素分布特征，并最终得出本书的主要结论。最后，通过将数据资料的分析结果，与现有的理论研究相结合进行讨论，为寻找出培养社会利他性的有效途径提供一定的经验研究支持，从而实现本书的最终研究目的。本书的具体过程在图 1.1 中得到了清楚的体现。

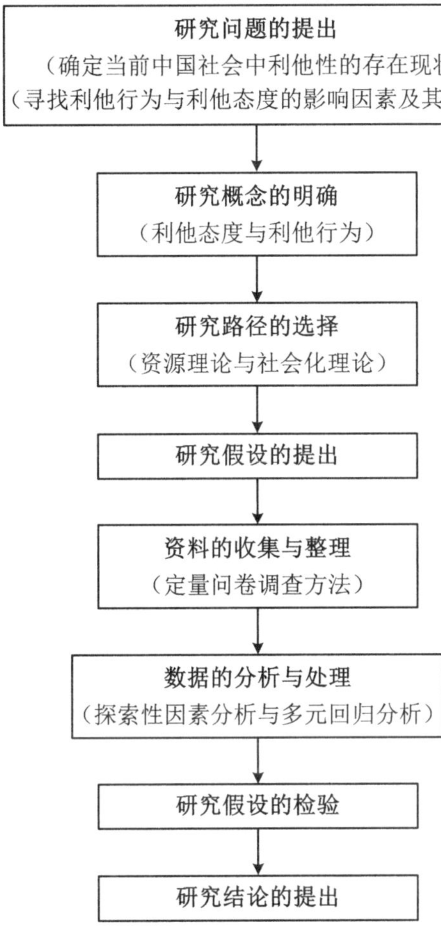

图 1.1　本书的研究框架图

第二章　文献回顾

第一节　利他的概念

韦伯斯特词典对于利他[①](altruism)一词的解释有二：一是利他是一种“对他人幸福与福利的无私的关注与奉献”[②]；二是“一种动物多表现出来的行动，对其本身不利甚至可能损害自身的状况，但有利于其所在物种的生存和延续”[③]。在《中国大百科全书》中，与利他一词有关的有三个词条，分别为利他主义、利他行为与利他。利他主义指“一种形式上与利己主义相对立的道德原则和道德理论，从某种所谓人的本性，如仁爱心出发，或者为了更有利地实现个人利益而要求关心他人利益，甚至为他人利益牺牲某些个人利益”[④]；利他行为指“个人出于自愿而不计较外部利益帮助他人的行为。利他行为者可能需要做出某种程度的个人牺牲，但却会给他人带来实在的益处”[⑤]；利他则是“一种不期望任何报答(不包括自我感受)自觉自愿的助人行为。利他是人类社会中一种高尚的行为。动物也有类似的利他行为”[⑥]。从这些通识性的介绍中，可以发现利他这个概念的内容是十分丰富的。那么应该怎样准确地去界定利他呢？首先要做的还是去考察现有的各种文献中有关利他的阐述，包括传统的思想文化与现代社会科学的诸多学科领域。

---

① 需要注意的一点是，本书的中心概念是利他，强调的是去关心、帮助他人以及牺牲自身去增进他人利益的现象，是一种一般性存在的社会现象，并不具有价值判断中的褒义或贬义特征，同理可言的还有利己概念，此处是作为与利他所相对应的一种社会现象，同样具有中立的价值意义。但是，利他主义是一种伦理哲学中所提倡的不惜一切去帮助他人的道德原则，体现出强烈的价值判断的褒义情感，这是目前一些哲学研究者的关注对象。本书的重点在于确定利他性的自身存在层面，并非是对利他主义道德原则的专门分析，因此，在后续的文献综述整理中，会提到这种道德原则中有关利他概念的些许叙述，但不会专门整理利他主义流派的发展脉络，这是为了明确本书的研究概念的需要。

② http://www.merriam-webster.com/dictionary/altruism.

③ http://www.merriam-webster.com/dictionary/altruism.

④ http://ecph.cnki.net/Allword.aspx?objid=156782&vol=%u54f2%u5b66.

⑤ http://ecph.cnki.net/Allword.aspx?objid=30600&vol=%u5fc3%u7406%u5b66.

⑥ http://ecph.cnki.net/Allword.aspx?objid=51929&vol=%u793e%u4f1a%u5b66.

一、文化视野下的利他

早在人类社会的最初起源阶段中，具有利他性质的各种社会现象就有着诸多的存在形式，在利他这一词组被明确创造出来之前，其所指涉的内容就已经被许多学者和思想家所注意并加以研究讨论。在20世纪之前，利他内容的研究更多地被冠之以“善意”“友好”“美德”等指称而发散开来，利他与道德之间有着密不可分的关系。回顾早期的文化起源，无论是在西方先贤的道德哲学论著中，还是在中国的儒家墨家等思想流派的讨论中，关于人类利他性的思考都无处不在。在西方的道德哲学论述中，比较典型的代表就是康德“责任论”的观点，康德将人的利人行为分为两大类，一类是为了自身的利益而去帮助他人，即为己利人，虽然其行为也是符合责任的要求，另一类则是单纯从责任出发，完全是为了他人的利益而去帮助别人，即无私利人，“在康德看来，只有出于职责的无私行为才可以称为责任”（王海明，1990）。

此处可以看出，虽然在康德的笔下，并没有直接出现利他这一概念，但是这种“利人”、对他人的帮助的叙述，完全等同于利他的概念，并且其对于为己利人和无私利人的划分与现代利他科学研究中对于利他的类别划分也不谋而合，都是在共同强调利他行为的利他动机与利己动机的情况下所作出的分类。康德对于无私利人的推崇更直接的体现是在其对于促进他人幸福的阐述之中。“我应该努力提高他人的幸福，并不是从他人幸福的实现中得到什么好处。不论是通过直接爱好，还是间接理性得来的满足，而仅仅是因为，一个排斥他人幸福的准则，在同一意愿中，就不能作为普遍规律来看待。”（康德，2005）[95]进一步而言，在康德的义务哲学中，所谓的利他必须也只能是，出于无私的责任所产生的帮助他人的态度与行为，那些为了个人的利益，哪怕是内心的情绪满足这样的隐性利益，也是不符合其所推崇的利他概念的，也就是所谓的绝对利他主义的观点。

与此同时，在中国的传统思想文化中，对于利他的界定也是十分丰富的。孔子所提倡的“仁”的概念无疑就是利他，“志士仁人 ，无求生以害仁，有杀身以成仁”（徐志刚，2000）[197]，仁者爱人，“亲之，欲其贵也，爱之，欲其富也”（朱熹，1992）[110]。从中可以看出，孔子所提倡的“仁”，与康德的“义务责任”一样，强调的都是要去除自己的私利，不能从自身的利益满足出发去利人，必须是从他人利益的角度去帮助他人，甚至是要牺牲自己的幸福来增进他人的利益，“舍生求仁”。“仁的含义是克己而为人的一种利他的行为，要人们除掉一些自私自利的心计，而养成为大众献身的牺牲精神”（郭沫若，1996）[88-89]。此外，墨子的诸多著述中也涉及利他的界定，最典型的代表就是其兼爱非攻的思想。“以兼相爱，交相利之法易之，视人之国若视其国，视人之家若视其家，视人之身若视其身”（施明，2004）[96]，所有人应该“为其友之身若为其身，为其友之亲若为其亲”（施明，2004）[85]。与孔子的无私利他思想一样，墨子也认为利他就是那种出于对他人的关爱而做出的帮助他人的行为，将他人的事情视为自己的事情，将他人的问题当作自身的问题，尽己所能来帮助他人。与孔墨强调利他必须是不为己的无私利他观点不同的是老子所提出的“道”的观点。在老子的思想中，道的核心地位不容置疑，他所推崇的利他是一种在实现途径中不考虑自身利益去帮助别人，但在最终结果上却对自己有利的形式，即不为己的利他最终有利于己。“天地之所以能长且久者，以其不自生也；故能长生。是以圣人，退其身而身先；外其身而身存；不以其无私欤？故能成其私”（沙少海，徐子宏，1989）[11]。其最突出的特点在于，利他的最终落脚点还是为了自己本身的发展，从其对于圣人的叙述中就可见一斑，“圣人无积；既以为人，己愈有；既以与人，己愈多。故天之道，利而不害；人之道，为而弗争”（沙少海，徐子宏，1989）[162]。

由此可以看出，中国的儒家、墨家关于利他的界定与西方康德的观点非常类似，都是强调只有那种无私为他人的帮助行为才是所要大力提倡的利他，利他的出发点必须只限定为他人，而非自己，利他所欲达到的目的是为了增进他人的幸福与利益，而不是充当提高自己状态的途径和手段。孔子的“仁”、墨子的“兼爱”以及康德的“责任”都是利他的代名词，其背后所指涉的意思与利他的界定表现出极大的重合。此外，在中国，还有道家的代表老子对利他的阐述，与儒墨不一样的是，老子提倡的利他并非是完全无视自己、牺牲自己的利益去帮助他人，而是在行动的开始不注重自身得失，但是利他的结果最终一定会反过来促进自己的利益和幸福，即利他最终也会利己，实现共赢。老子对于利他的界定与其学说的起源点之间密切相关，道家讲的是个体自身的修炼，强调的是清静无为，然后事情会按照原有的的秩序顺利进行，最后自己也会有所进益，利他也不例外。之所以老子并不和孔子、墨子一样去提倡无私利他的根本原因，也在于此，虽然是帮助别人，增进他人幸福的利他，最终的落脚点依然是自身，帮助他人的最终目的在于促进自身的修炼，不与他人争夺利益，让渡自己的利益提供他人的幸福，最终自己也会顺理成章地得到幸福，圣人的经历就是这一观点的集中体现。

在中西的传统思想文化中，利他一直处于讨论与关注的中心位置。利他是要帮助他人，提高他人的利益，增进他人的幸福感，克制只追求自身利益而损害他人幸福的极端利己欲望。这种对于利他内涵的界定，无论是在中国的儒家、墨家和道家，还是在西方以康德为代表的道德哲学，都表现出一致性。其主要的分歧在于利他行为的动机内容。一种是强调只有利他动机的利他行为才是社会所要大力提倡的，是道德伦理的中心内容，从自身利益出发的利他是不值得，也不应该被广泛讨论的。持有这种观点的包括中国的儒墨和西方的康德哲学；另一种则不反对出于利己的利他行为，认为利他和利己之间不存在截然的区别，并应该把两者切断开来，利他的最终落脚点还是要回到个体自身上来，同意这种观点的典型代表就是中国道家的老子。

此阶段中，虽然利他的概念没有被创造出来，在传统文化的著述中也没有直接出现“利他”这一指称，但是关于利他的讨论从未间断。此时利他概念的界定并不十分清楚，往往表现为比较含糊的，在总体层面上展开的一般性阐述。利他的代名词也多种多样，比如儒家“仁”的概念、墨家所提出的“兼爱”以及康德所论述的“责任”概念等，并且思想家们关注的焦点落在了利他动机与行为之间的关系之中，去讨论不同动机所产生的相同行为，虽然其结果都体现为利他行动的形式，但是却存在着质性上的差异，尤其从道德文化教育的角度而言，社会所需要提倡的利他，并不是仅仅需要在结果层面对他人有利，而且必须在动机层面也满足利他的要求，是一种无私利他，即完全排除自身利益，单纯为了增进他人利益的利他。这一界定表现出非常浓重的道德伦理教化色彩。总体而言。在传统的文化思想视野下的利他概念界定，虽然并没有一个统一清楚的区分标准，也没有明确的概念内涵与外延的限定，但是已经开始涉及利他概念的核心，即利他行为的边界应该划在何处，利他动机对利他行为的界定应该起到何种作用。此外，虽然传统文化对利他的描述仍然属于一种非常宽泛的讨论，但其所阐述的利他概念，并不仅仅包括具体的利他行为，即在实际生活中去增加他人利益的行动，还开始涉及利他态度的培育，这就为本书对利他态度和利他行为的概念界定提供了先行依据。

总结而言，在利他概念明确被创造出来之前，在中西方传统的思想文化探讨中，已经存在着大量对于利他概念的思考与探索。此时所探讨的利他，尽管被冠之以诸多其他的名义，如“仁”“兼爱”“爱”“慈悲”等，但是都体现了利他的本质所在，即超脱于个体自身利益之外，强调对于他人的关心和考虑，为增进他人的利益和幸福而行动，并且此时所推崇的利他，大多是一种无私利他，即出于利他动机，而非利己动机所产生的利他。但是，这种对于利他概念的讨论，由于更多的是在道德伦理的教化下进行的，同样表现出一种松散的含糊性，没有形成对利他概念内涵和外延的明确界定，只是一些宽泛的观点和观念以及一些涉及利他内容的引导性描述。这种空缺在现代科学领域中得到了有效的补充，尤其是在孔德创造利他一词之后，包括社会学、社会心理学、社会生物学、经济学等学科在内的诸多社会科学对利他进行了极为丰富的研究，产生了许多杰出的理论观点，也逐渐形成了各种对于利他概念的清晰界定。

二、社会科学视野下的利他

自法国社会学大师奥古斯都·孔德创造出“利他”一词之后，许多学科领域开始涌现出一批有关利他的研究论文与书籍，讨论的范围从对于利他概念的界定，到利他的类型区分，再到利他的存在来源以及利他的影响作用等各个方面。此处主要回顾总结了现有各学科研究文献中所提出的有关利他的概念界定。

在社会学领域中，当利他概念的创造者——孔德在提出利他时，强调的是一种作为利己主义的对立面而存在的概念，将利他界定为“一种真诚地并形成习惯的做好事的意愿，或者是为他人生活与存在的行为倾向”(Elvira del Pozo，2002)[40]，强调增进他人的幸福和利益，甚至以牺牲自身利益为代价。此界定中，一定程度上体现出孔德所提的利他，是一个态度与行为的统一体。他最大的贡献之处在于促使利他这一概念，终于脱离了宽泛的思想讨论，获得了独立的概念定义。其开始使用“利他-利己”这一对立的模式概念来解释人类的各种行为。继孔德之后，包括涂尔干、韦伯等在内的诸多社会学大师在其论述中也或多或少地提到利他，比如涂尔干提出的“利他主义自杀”等。之后最引人注意的应该是索罗金对于“创造性利他”的研究，其将利他定义为“一种为他人在心理上和身体上增进和维持利益的行动，是由爱和移情所塑造出来的，并且其最极端的表现形式可能需要个体为他人无偿地牺牲自己的全部”（Elvira del Pozo，2002）[44]。这一界定更多地强调了利他的具体行为表现，以及个体为利他行动所可能付出的代价。

另一个对利他概念进行深入研究的学科是社会生物学。为了厘清这种表面上看来完全不符合达尔文进化论的现象，诸多学者针对利他这一问题，展开了丰富多彩的讨论与研究。比较具有代表性的概念界定包括威尔逊（Wilson）和特里弗斯（Trivers）两位学者的论述。威尔逊认为，“当一个个体以牺牲自己的适应来增加、促进和提高另一个个体的适应时，那就是利他主义行为”（威尔逊，1985）[125]。其中衡量个体适应的标准，是指其所留存的“后代的存活量”（威尔逊，1985）[125]，包括数量与质量两方面，即后代的人数与其个人的发展程度。他将利他主义行为分为两大类型，一是有条件的利他主义行为，即“利他者期望社会为自己或其亲属获得报酬”（威尔逊，1985）[141]，其帮助他人的行为是一种个体有意识的利益权衡之后的行动决策，是在个体选择基础上产生的，并且受到文化进化的影响，被称为软核（soft-core）型的利他；另一种则是无条件的利他主义行为，即“利他主义的冲动可能是非理智的，单方面为了别人，贡献者无意要求同样的回报，也不为了得到报酬而有意识地做什么”（威尔逊，1985）[141]，这种类型的利他一般不太容易受到社会奖励或者惩罚的影响，被称为硬核（hard-core）型的利他。

此外，在社会生物学领域比较重要的还有特里弗斯对于利他行为的界定，他认为“利他行为是那种有利于与个体关系并不十分亲密的其他生物体的行动，且这种行动会产生比较明显的不利于行动主体的后果，此处的有利与不利的程度是以对生物总体适应性的贡献度来衡量的”（Trivers，1971）[35]。特里弗斯与威尔逊最大的不同在于，他认为利他行动所指向的对象应该是一个和行动主体关系并不密切的他人，而非与个体分享血缘关系的亲友。当个体去救一个落水的男孩时，如果这个男孩与个体关系并不密切，则个体的营救行为可以被称为利他行为，但是当这个男孩是个体的儿子时，这种行为就不一定符合利他行为的界定，很有可能只是个体为了延续其基因而做出的投资行为。这种排除亲缘关系的利他行为的界定，究其本源而言，是为特里弗斯所提出的互惠利他模型而服务的，不过也引发了一些学者“关于利他行为指向对象的边界究竟应该划在何处”的讨论。

一些经济学家也对利他概念进行了界定，马格鲁伊斯（Margolis）认为，利他行为是指那种“个体出于考虑其行动对他人所可能产生的后果，而放弃去做那些对其本身有益的行为”(Piliavin, Charng, 1990)[29];在研究囚徒困境的社会博弈理论中,李班德(Liebrand)将利他主义行动者界定为那些“在进行行动决策时,更加看重他人的需要和利益,而非自己所需要付出的代价”(Piliavin, Charng, 1990)[29];西蒙认为,“如果为了另一个人的财富或权力而牺牲了自己的财富或权力,那么行为就是利他主义的,如果寻求最大化财富或权力,则行为就是自私的”(西蒙,2002)[4];贝克尔则将利他界定为“一个人因其他人的效用增进而感到高兴,或者是从对他人所做的财务或劳务无偿支出中获得满足”(贝克尔,2002)。总体而言,经济学家对利他概念的界定都非常强调其对行动主体所带来的客观后果,强调利他行为对其接受者所产生的利益增加的结果,并且没有将个体可能从利他行为中获得物质或精神上的满足这一条件排除在定义之外,利己动机并未排除在利他概念的界定之外,客观的利他行动结果是经济学家对利他概念进行界定的主要衡量标准。这与经济学本身的学科性质密切相关,在“经济人”假设的大前提下,经济学家对于利他的研究更多的是作为利己的补充和调整而展开的,利他更多地被视为是利己的一种间接表现形式。

中国的经济学家基本沿袭了西方经济学对于利他的界定,在此基础上明确细化了利他概念的分类。如叶航将利他分为“‘亲缘利他’‘互惠利他’‘纯粹利他’”三种类型(叶航,2005)[22-23];杨春学则将利他分为两大部分,即“具有亲缘关系群体内部的利他主义行为和非亲缘关系者之间的利他主义行为”(杨春学,2001)[82];胡石清、乌家培则在叶航的分类基础上,增添了一个新的类别,即“从广度上分,利他行为可以分为亲缘利他、互惠利他、纯粹利他以及强互惠利他”(胡石清,乌家培,2009)[4];张旭坤则是使用了四个衡量维度来给利他行为进行分类,“一是纯度,是纯粹利他还是有利己动机;二是程度,是倾囊相助,还是有所保留;三是广度,是普度众生,还是只施惠于特定人群;四是频度,是经常为之,还是偶尔为之”(张旭坤,2005)[14]。基本上而言,这些不同的分类还是沿袭了威尔逊关于“软核和硬核利他”的大方向,只不过在此基础上更加细致化了,经济学学者们主要围绕着论述“软核型利他”,即期待对方或社会的回报的“互惠利他”展开的。

此外,利他也是社会心理学的主要研究对象之一。与社会生物学、经济学中对于利他的客观行动结果的强调不同,社会心理学家更加强调利他的动机,强调行动主体本身的自发自觉自愿性。比较公认的一个对于利他的界定来自 Bar-Tal,利他概念的界定必须满足以下条件:必须对他人有益,必须是个体自愿进行的,必须是个体有意识地开展的,增进他人利益必须是该行为的目的,且个体在做出行动时并不期待任何外在的奖赏和回报(Piliavin, Charng, 1990)[30]。对比而言,经济学对利他的界定更倾向于强调行动带给行动主体和行动对象的后果,包括利益的增加和减少,而社会心理学的界定则更为强调行动背后的动机,强调行动主体的自觉自愿性与不期待回报的动机,因此,索伯(E. sober)将利他分为两大类型,即“进化主义的利他”(evolutionary altruism)和“本土主义的利他”(vernacular altruism),前者强调利他行动的客观结果，后者则着重于利他行动的主观动机。简而言之，在社会心理学研究视野下的利他，必须要满足两个条件：一是要在实际行动结果中有利于行动对象，且这种有利必须是行动主体本身所自觉自愿产生的；二是必须具备利他性的动机，而并非因为期待行动对象或者外在的社会所给予的回报或奖励去进行这种行动。此处的利他界定，强调了利他性的动机与行动结果两者的统一，基本将经济学和社会生物学中所关注的互惠利他类型排除在利他的概念界定之外，比较接近于前文中提到的纯粹利他和硬核利他类型。

除了上文所涉及的主要利他研究学科之外，政治学、伦理学、人类学等学科中也存在着一些对利他的探讨。比如克里斯滕·门罗(Kristen Renwick Monroe)在《利他的本质：对于普遍人性的理解》一书中对于利他所做的界定，即“利他是那种自愿去帮助他人的行动，即使这种行动极有可能导致行动者本身利益的损害和牺牲”(Monroe，1996)[6]。在这个定义中，门罗强调“利他一定要涉及具体的行动，行动的目的必须是改善他人的处境，行动的动机比行动的结果更为重要，行动一定存在可能给行动主体带来利益损害的不利结果，且利他行动没有任何的先决条件可言，不是由于期待回报与奖赏而产生的”(Monroe，1996)[6-7]。这个界定类似于无私纯粹利他的概念，不过门罗提出了一个“准利他行为”的概念，指那些符合一部分利他概念描述特点的行动。同时，她将人类的所有行为视为一个连续统的存在，一端是极端的利己，即只关心自身的利益，另一端则是其所界定的利他，而准利他行为则是处于两者之间，从利己这一端持续不断地向利他的方向进行过渡与转化。这种连续统概念的提出，避免了将利己与利他绝对对立起来的二元分割，有助于从一个动态的角度来了解与分析人类社会中现有的利他现象。这一“利他-利己”连续统的提出，一定程度上综合了社会生物学、经济学和社会心理学对利他概念的各种界定，也避免了利他和利己概念之间绝对的二元划分，这就为本书的概念确定提供了重要指引。

综合上述各学科中现有的对于利他的界定，一些共同特点表现得较为明显。一方面，与传统文化思想视野相比较，社会科学研究视野下的利他概念呈现出较为明确清晰的内涵与外延，开始从宽泛的哲学思辨和道德教化中独立出来。现有利他概念的诸多界定，虽然呈现出多种多样的表现形式，但基本上都同意一点，即利他一定是有助于除个体之外的其他生物体的利益、幸福和福利的增进和改善，并且都存在损害个体自身利益的可能性。如果一种行动可以被称为利他的，则必定对他人有利，同理可言，一种态度之所以被认为是倾向于利他的，也必然是同意、赞同或者认可这种帮助他人的观点与看法。但是，目前对此概念的界定也存在着较为明显的争议，主要表现在以下方面：

首先，也是最关键的一点，是行为与动机之间的关系，即界定利他的标准应该在动机和行为之间进行怎样的选择与权衡。是更看重某一方面还是两方面都重视，怎样确定两者在利他概念中的比例，成为现有各学科对于利他定义的区分点。

这种动机和行为之间的争议，归根结底，还是由利他与利己这一组相对立的概念所导致的。问题的核心成为是否可以仅按照客观的行为结果有利于他人的标准来界定利他。经济学和社会生物学认为，利他概念最核心之处就在于它的客观结果，在于其对他人和社会所带来的利益增加和福利改善。至于行动背后的动机则不应该加以明确的限制，即使这种行动最初起源于个体期待他人的回报或者社会的奖赏，只要最终的结果依然有利于他人，那么该行动就应该被纳入到利他的概念之中，应该在利他研究的领域中去探讨这种行动的发生机制与影响。也就是说，即使是利己的动机，只要其所带来的结果是利他的，这种类型的行动就不应该被排除在利他概念的外延之外；与这种观点直接针锋相对的就是社会心理学的界定，它强调的是行动背后的动机与行动的结果对于利他概念的界定具有相同的重要性，一种行动可以被称为是利他的，就必须是那种在起因上不追求个人的利益回报，不期待未来可能获得的奖赏，并且是主体自觉自愿、有意识的行动。那种被强迫的，或者偶然的主体无意识发生的帮助他人的行动是不可以被称为利他的，而经济学所研究的“互惠型利他”则更不符合利他的概念界定。可以看出社会心理学视野下的利他，与传统文化中那种“无私利他”，具有很多的相似之处。关于行为和动机的争议直接表现为对于利他概念的外延讨论，在经济学和社会生物学的界定中，利他是一个非常宽泛的概念，既包括出于利己目的的助人行为，也包括大公无私的利他行为，比如威尔逊关于软核型利他和硬核型利他的分类。而社会心理学则将利他的概念精简缩小化，将出于利己目的的利他行为排除在利他的概念之外，认为利他的界定必须同时满足动机和行为的双重要求，缺一不可。正是出于这种原因，在社会心理学研究中，还存在一个与利他十分相似的概念，即亲社会行为。此概念的外延要宽广很多，既包括利他行为，也包括那种出于个人利益考虑而帮助他人的行动。即经济学和社会生物学中所讲到的利他概念，更多地等同于社会心理学中的亲社会行为这一概念。

另外一个对于利他概念界定的分歧表现在“他人”的范围界定标准之中。这种利他概念中的“他”，即接受者，其包含范围的边界应该划在何处也成为一些学者讨论的中心，尤其集中在“利他的对象是否应该限制在那些与个体关系并不紧密的他人身上”这一问题之中。比较明显的就是社会生物学中对于亲缘利他的探讨。当一个行动的指向对象，是与该主体分享血缘关系和相似基因的个体时，这种致力于增加此个体的福利和幸福的行动是否可以被纳入到利他的概念之中。也就是说，同样是帮助他人，如果这个他人是你的子女或父母，和这个他人是你所不熟识的朋友或者完全的陌生人，是否都应该被当作利他行为来看待。此分歧就聚焦在“自己”与“他人”的区分边界之中。但从生物学的角度而言，当个体与亲友分享血缘关系时，他们之间就具有一些共同的基因，那么个体对于亲友的帮助，就有可能只是为了去保存和延续与自己所相同的那部分基因，而不是针对亲友这个个体的，那么在行为的结果上就是利己的，而非利他。但从文化的思考角度，人类区别于动物的最大特点在于其意识的独立性，当一个母亲牺牲自己的生命去保护她的子女时，此时她考虑的不是其基因的延续，而只是针对其子女这一独立的个体所产生的行为，这应该是一种极致的利他形式，而非利己。

以上两种层次的差异性，反映出人类行为与动机之间错综复杂的关系特征。两者之间的不同十分明显，行为一般具有外显性，动机则更多地表现为内隐性；行为一般具有客观性，动机则主观性色彩更为浓厚；行为一般出现在动机之后，更多地被认为受到动机的引导作用。这种差异性的存在，只能说明两者性质的不同，却无法确定两者的重要性程度。在对利他概念的界定过程中，动机与行动应该被视为最起码相等的重要位置，应该是同等重要的区分衡量标准，而不应过分抬高某一方面的重要性，更不能从一方面的性质直接推导出另一方面的性质特征。客观产生的结果并不能完全等同于主观的意愿。当一种行动在最终结果上表现为对其自身有利，并不能推论得出这一行动就是出于有利于该主体的意愿而产生的，更不能依据这一原因来界定该行动的性质（kohn，1990）。那种单从结果来推论主体意愿的倾向，本质上就是一种简单的心理还原主义。比如当个体见到他人处于危险之中时，主动自发去实施帮助，甚至有可能以自身受伤为代价，之后获得了受助者的感谢，甚至还得到了社会的物质奖励，那么这种利己的结果是不应该抹杀这种行为所具有的利他性质的。

因此，总结而言，本书中所使用的利他概念，一定程度上结合了几个主要学科中的利他概念界定，既强调利他动机对利他概念的重要性，但却并不像社会心理学那样将动机作为唯一的既定标准，明确将行动动机和行动结果视为对利他概念界定具有同等重要的两个标准，关注的是一种较为宽泛的利他性，而非仅仅是社会心理学中的“纯粹利他”，更不主张通过推断行动结果的性质而得出行动动机的性质，并以此作为确定该行动是否属于利他行动的做法。

三、本书所使用的利他概念

研究概念的界定有助于确定研究的主题，明确研究的问题以及厘清研究的框架和逻辑，尤其重要的是研究中心概念的界定。利他（altruism）作为本书的中心概念，在研究的开始，更加需要一个清楚明晰的界定。本书回顾了传统文化与现代社会科学学科等许多领域中对于此概念的描述，探讨了现有界定存在的分歧与共通之处。在结合了现有的各种利他概念的界定之后，依据本书的主要目的，将本书中所使用的利他界定为：

利他是一种以让渡个人自身利益来增加他人的幸福与福利为中心主旨的存在形式，这种个体利益的放弃必须以其自觉自愿为前提，且增进他人利益必须是构成主体行动动机的一个组成部分。利他性既应该包括具体帮助他人的行动表现，也应该包括个体所持有的有关增进他人利益的看法、观点与信念。利他态度与利他行为是利他性的两种主要表现形式。此处所指的个体主动放弃的利益，既包括物质财富的减少，也包括时间、精力与情感的付出；他人所得到的幸福和福利也是如此，既可以是经济物质生活的改善，也可以是精神心理上得到的关爱和抚慰。他人是指除主体之外所有其他社会成员，包括主体的亲友和家人。虽然此处在概念的界定过程中并不否认亲缘关系群体也可以成为利他的对象，但是该种类型的利他却不是本书的重点。尤其在定量研究过程中，所使用的利他概念主要集中在针对与个体不太熟悉的他人类型之中，更为关注以此类他人为对象的利他态度和行动，比如志愿行动、慈善捐赠，等等。这种利他概念，排除了被社会所强迫或者个体无意识的行动，强调了利他主体的独立性与能动性。比如在灾难援助中，个体被工作单位要求强制捐款的行为，就不符合此处对利他的界定，同理而言，本来只是出于提高自身利益与改善个人处境的行为，即使在结果上也有利于他人，但这种有利不是主体自觉意识的结果，是一种突发性的行为，也是不能被称为利他的。

总结而言，本书中所界定的利他概念，虽然并不强调利他结果的产生一定要是纯粹的非利己的动机，但是强调利他结果的产生一定不能是完全出于利己的行为意愿，不能唯利他结果而是从。并非所有最终对他人产生积极结果的行动都属于利他概念，一种行为被称之为利他行为的必要条件是其产生的动机中，必须有部分来源于其帮助他人的愿望，并且这种愿望是主体自觉有意识产生的结果；利他态度就更是如此，一种态度被称为利他态度的必要条件是其内容中必须包括对他人利益的积极关心和考虑，并且是个体主动自愿形成的结果。

沿袭着这一界定，利他态度与利他行为成为利他性的两种主要表现形式。从两者的本质特征而言，以让渡、牺牲自身的一部分乃至全部利益为代价去增加他人的利益、改善他人的处境成为利他性概念界定的共同要求，是界定利他行为与利他态度的核心标准。具体而言，利他行为侧重于客观的行动结果，是一种在实际行动过程中主动将自身利益让渡给他人，并在客观结果层面确实带来他人处境改善的助人行为。那些被强制要求进行，有违行动主体自主意愿的助人行为，或者在实际结果中造成他人利益减少乃至受损的具体行动，都被排除在利他行为的概念之外。与之相对应的概念是利他态度，其侧重点是主观的行动意愿，是一种存在于个体主观层面中，自主、自愿、自发地以自身利益的减少为代价去帮助他人的助人意愿，强调个体主观上具有的旨在增加他人利益、改善他人处境的意愿。这一界定将那种为了增加自身利益的助人意愿也排除在利他态度的外延之外。当行动主体的主观意愿完全集中于自身处境的改善和利益水平的提高时，即使其可能在具体的实际生活中进行了一些助人行动，但这是充当了增加主体自身利益的直接手段和途径，就无法被称为利他态度，不应该被纳入本书对利他态度概念的界定范围之中。

本书中所定义的利他态度和利他行为的概念，分别代表着当前学界所流行的两种对利他性界定的主流界定类型。一方面，书中所界定的利他态度，强调的是个体主观动机层面的利他性质，与社会心理学中对利他动机的强调具有一致性；另一方面，此处所使用的利他行为概念，更为关注个体行动层面的利他性质，与经济学、社会生物学等学科中对客观的利他结果的强调保持了一致。但是，除了在概念界定来源中的一致性之外，本书中所使用的利他态度与利他行为概念，在对两者关系的认知上与以上学科的观点也存在着不同之处。利他态度与利他行为被视为是体现社会利他性的两个重要的表现形式，两者所处的位置应该是同等重要的，并且在反映社会利他性的作用上具有均衡性，而不是仅仅强调某一方面，这就与经济学所强调的客观结果的利他性观点，以及社会心理学所强调的主观动机的利他性特征的观点，划开了距离。如果说将社会利他性的存在状态，按照其发展水平分为几大等级时，毫无疑问，兼具利他态度和利他行为的存在，即在利他态度的指引下，由利他动机的驱动所最终产生的利他行动结果，无疑会表现出最高等级的社会利他性水平，这也是社会心理学一直强调的无私利他的最高状态；同时，只具有某一方面的存在，如单一的利他态度，或者单一的利他行为，其所具有的社会利他性水平也不应该被完全无视，或被完全排除在社会利他性的概念范围之外。正相反，基于现实的社会发展状况，这种单一层面的社会利他性的反映形式，无论是其分布的范围，还是发展的水平，或者覆盖的人群，都远远高于兼具利他行动和利他态度的纯粹无私社会利他性的表现形式，是一种社会的常态现象，而无私利他，由于其严格的要求，即态度与行为的统一体，决定了其在一般社会存在中的稀有性质。

厘清利他态度和利他行为两者的概念，以及确定双方所具有的关系特征，对顺利进行下文的研究分析工作具有非常积极的意义，尤其是在定量调查阶段中对这两个概念的变量操作化工作。在实际调查过程中，对利他行为的测量工作将会集中于客观的行动结果层面，主要任务是确定社会中的普通成员，在日常生活中是否确实进行了助人行动，且这种助人行动被严格限定为客观结果会带来受助对象处境的改善；对利他态度的测量工作则将关注点落在主观的行动意愿层面，主要目的在于确定普通社会成员是否具有帮助他人的主观意愿，以及这种主观意愿的存在水平，将对他人利益的关心和在意视为界定利他态度水平的临界点，这就成为了本书中概念测量所遵循的主要指导标准。

那么，在厘清利他态度和利他行为两者的概念界定和相互关系特征之后，寻找两者的影响因素分布就成为下一个需要解决的问题，这也是本书实证研究工作的重点所在。究竟哪些因素会对利他态度和利他行为具有影响性，这种影响的作用机制又是怎样的呢？本书认为，对影响因素的寻找，应该回归到利他性本身，而非关注于态度和行为某一方面。这也是本书的基本假定，即一因素之所以对利他态度和利他行为具有显著影响，一定是因为其会影响到利他性的存在状态，而非源于其对个体主观态度或客观行动的影响。利他态度和利他行为的影响因素，与利他性的影响因素之间应该具有一致性，归根结底，两者所扮演的主要角色是社会利他性水平的两种反映形式，虽然态度和行为本身的特征有可能导致两者的影响因素出现一定的差异性，但这只是存在于两个概念的关系内部，而两者的主要影响因素，应该主要来源于利他性的本源特征。因此，在寻找利他态度和利他行为的影响因素过程中，最基本的假定是认为对两者具有影响的因素分布在总体程度上是相同的，是需要从利他的性质本源出发去加以确定的。那么如何去寻找对利他性具有影响的因素呢？这就需要回归到现有的利他研究文献之中，去归纳、整理和分析当前社科研究中已经提出的利他性来源的各种观点和研究结果，从中提取出本书的主要研究假设，这就构成了下一节文献梳理工作的中心内容。

第二节 利他的来源

基于本书对利他态度和利他行为分别进行测量以反映社会利他性水平的分析路径，并且主要认为对利他态度和利他行为具有影响性的因素分布也应该来源于利他性本身，因此，为了确定寻找这种影响因素的基本路径，对已有利他性来源的研究进行归纳、总结与分析是十分必要的。前文已经提到，针对利他性的研究在当今社会科学领域中已经形成规模，包括社会生物学、经济学、社会心理学、社会学以及发展心理学等。探寻利他因何产生，寻找利他性的来源也成为关注的中心，对这一问题的回答纷繁复杂，不同学科的研究者所持有的观点相差较大，归总而言，按照其讨论分析的对象为依据，当前被提出的解释观点大致可以分为两大类，一类侧重于对客观利他结果的解释，即不关注利他性动机，而只关注利他性结果，比如经济学中提出的“互惠利他”理论、“理性选择”理论以及社会生物学中的“基因选择”理论和“群体选择”理论，等等。这一类型解释中，虽然并不否认那种兼具利他动机与利他行动的“无私利他”的存在及重要性，但却并不将这一类型作为其来源解释的主要对象，而只去分析实际利他行动出现的原因，因此自然出现了一种将利他视为利己的简单还原形式的总体发展趋势；另一类解释的重点则落在了主观利他意愿层面，其更多地关注于去研究行动主体为何会形成这种自发去关心、帮助他人的意愿，利他性动机成为此类解释的主要对象，并且，那种由利他性动机所直接导致的利他性结果的存在，即兼具利他行动与态度的纯粹无私型利他也被纳入了该类解释的分析对象之中，甚至成为一些个别解释的核心内容，最典型的例子就是社会心理学所提出的“移情”理论。此外，社会学中强调的社会化理论也是这类解释的组成部分之一。具体而言，现有被提出的利他性来源的解释主要分为以下两种类型。

一、从个体利益的角度去解释利他

这一类型的解释，关注的焦点落在了社会中所实际发生的那些客观利他性结果为何会产生的解释之中。虽然这类解释并不是完全否认利他性意愿的存在及重要性，但是却有意识地忽视了这部分分析对象，将其排除在了其解释理论的适用范围之外。虽然自然界和人类社会中屡次出现的纯粹利他现象,迫使其无法完全将利他还原为利己,但是这并未阻止其在研究社会中存在的一般利他现象时,更多去推崇从利己的角度解释客观利他性结果之所以产生的原因。具有代表性的解释主要出现在社会生物学和经济学领域中,比如亲缘选择理论、互惠利他理论,等等。

1. 亲缘选择理论

自达尔文所著的《物种起源》一书问世之后,作为一种表面上看来完全不符合进化论观点的存在,利他成为了社会生物学者关注的中心。生物进化论认为,自然界中现存的生物体是自然选择进化的结果,这种自然选择是一个竞争的过程,物竞天择,优胜劣汰。竞争的核心在于生物体的适应性的增加与减少。衡量生物适应性的标准是其所留存的后代的数量与质量。那么在这样一种竞争中,如果存在着利他主体与利己主体两种类型,利他主体的活动是以牺牲自身的适应性去增加他人的利益,而利己主体则是只关注于自己的利益,从适应性的角度而言,即利他者的后代的数量不断减少,利己者后代则不断增加,利他在适应性的角度上是处于劣势地位的,那么随着代际交替延续发展,在自然选择的生物进化过程中,原本存在的利他者的数量必然会明显地少于利己者,最终利己者会完全取代利他者,利他就应该不复存在了。

但是现实世界中诸多的利他存在案例极大地反驳了上述推论,不管是自然界,还是人类社会,利他行为存在的证明都无处不在。因此,在试图去解释这种看起来与进化论不相符的利他现象的过程中,亲缘选择理论开始被提出。这一理论解释了客观利他性结果的产生,尤其是发生在具有血缘关系的个体之间所出现的利他性现象的原因,主要归因为个体希望保存并提高其基因延续可能性的主观意愿。

亲缘选择理论(kin selection),由汉密尔顿于 1964 年提出。在沿袭了进化论主要路径的前提下,从解释血缘关系中的利他现象出发,试图在不违背达尔文进化规律的条件下,为这种存在于亲友间的利他的存在寻找一个合理的解释。该理论提出的核心概念是基因总体适应度(inclusive fitness),基因被用来作为解释自然选择的基本单位。“这里所说的基因,是指一个遗传单位,小到不致在分裂和重组中被破坏,从而能延续许多代,并能以许多拷贝的形式分布在基因库里。”(威尔逊,1985)[39]该理论认为,从基因延续的角度而言,发生在生物体的血缘关系中的利他现象,与自然进化论之间并不存在矛盾之处。在人类的自然进化过程中,基因与个体的最大的不同在于,这种承载着人类遗传信息的载体,不仅可以通过单个生物体进行延续,同时还可以在与该生物体分享血缘关系的其他生物体身上实现传递。所谓的基因总体适应度,测量的是基因本身后代延续过程中复制和传递的能力,并不仅仅指单个生物体独立的个体适应度,还体现在与其血缘相联系的其他生物体的延续之中。因此,亲缘关系中的利他行为得到一个符合自然选择进化论的解释。发生在亲缘关系中的利他行为,比如父母牺牲自己的生存可能性去增加子女生物适应性的行动,虽然在个体层次上表现为适应度的减少,但是从基因的层次来看则表现出不同的特点。因为子女与父母分享着相似的基因，当父母为了增加子女适应度来牺牲自己的适应度时，与父母分享着相似基因的子女适应度却得到了增加，父母的利他主义基因则通过子女适应性的增加获得了保存与延续的可能性。

需要指出的是，在汉密尔顿的亲缘选择理论中，并不是指所有类型的亲缘关系在增加基因总体适应度中都分享相同的可能性。他提出了一个测量这种可能性的汉密尔顿法则（Hamilton's rule），认为只有当公式 $b/c > 1/r$ 成立时，利他的基因才可以获得延续与增加的可能性，即利他才可以在亲缘选择的过程中实现存续和进化，并且"$1/r$ 的值越小，该公式越容易被满足，个体彼此之间的利他倾向就越强"（陈晓平，2010）[71]。在此公式中，b 指利他行为给行动对象所带来的适应度的增长程度，c 是利他行为主体所付出的适应度的减少程度，r 则是形容利他主体与对象两者之间的亲缘关系程度，又称亲属关系指数，描述的是两者之间分享相同基因的程度。从平均的概率角度，父母与子女、兄弟姐妹之间的亲属关系指数基本相同，都是 0.5，叔侄之间的指数为 0.25，堂兄弟之间为 0.125。"换句话说，一个人的两个侄子加在一起，等同于他的一个儿子，带有这个人身上的一半基因。如果他的利他行为减少了自己生存和繁衍的机会，却大大增加了其兄弟姊妹的生育繁衍，那么这种利他行为仍然可以导致其基因的传递乃至增添，并因为其中可能包含的利他基因的传递而使得亲族内的利他行为得以持续。"（郑也夫，2009）[42]同时，亲属关系指数的提出，将亲缘关系中分享基因的相同程度用数量化的形式表现出来，也是为了强调亲缘选择本身所存在的差异性。利他与主体之间的关系越亲密，彼此之间所分享的相同基因越多，主体的基因获得延续的可能性就越大，即基因的总体适应度就越大。这被用来解释在血缘关系中存在的利他行为的差异性，即近亲之间的利他行为，似乎比远亲之间的利他行为出现地更为频繁。

亲缘选择理论将基因作为自然选择的基本单位，使用基因的复制与延续来解释血缘关系中利他的来源，一定程度上补充了利他与进化论之间的不相符。但是这种基因论的提出，也引起了两方面的质疑。一方面，亲缘选择理论的核心在于认为利他依然是自然选择与生物遗传的结果，是通过在基因层面上的复制与延续来得以实现的。这种牺牲了自身适应性的利他，增加了与自己分享相同基因的他人的利益，最终带来了基因的发展。虽然这样一来，利他的演化就与自然进化的基本规律所相符，但是这种带来基因延续的利他是否还可以依旧被称之为利他。如果一个个体是为了保护自己的基因存续的可能性，而去帮助自己的亲友，去牺牲自己利益去增加亲友的利益，那么这种行为是否依然还符合利他的界定。基因论的解释暗含着一种倾向，用基因的自私性去解释行动的利他性，存在着将人类利他还原为利己的基因存在的倾向。这种倾向在基因论的继承者、社会生物学者道金斯的身上发展到了极致。他在《自私的基因》一书中提到，"成功基因的一个突出特性是其无情的自私性，这种基因的自私性通常会导致个体行为的自私性。然而我们也会看到，基因为了更有效地达到其自私的目的，在某些特殊情况下，也会滋生为一种有限的利他主义。尽管我们对这种情况可能觉得难以置信,但对整个物种来说,普遍的爱和普遍的利益在进化论上简直是毫无意义的概念"(道金斯,1981)[2]。另一方面,亲缘选择理论所针对的解释对象仅仅局限在分享血缘关系的个体之间所发生的利他现象,但是这只是诸多利他现象中很小的一部分,更多的利他是发生在那些联系并不紧密的个体之间,甚至是完全的陌生人之间,而该理论对这些类型的利他是缺乏有效解释力度的,这就限制了该理论的适用范围,而经济学中提出的互惠利他的理论,则对这一局限进行了填补,延续着对客观利他性结果的关注,并且依然存在着将利他还原为利己的趋势,互惠利他理论开始将发生在关系并不紧密的个体之间的利他行动纳入在其解释范围之中。

2. 互惠利他理论

互惠与利他首次被联系在一起出现在人类学家特里弗斯(R. L. Trivers)于1971年发表的论文《互惠利他的进化》(Trivers,1971)[35-37]之中。特里弗斯将利他的对象界定为与主体关系不太密切的他人,认为指向这种类型的他人的利他行为,起源于行动主体对于未来可能获得的回报的一种期待,并且只要这种预期可能获得的回报大于当前利他行为所付出的代价,那么利他行为就会不断地延续下去。"当未来连个人从事重复交易的机会足够高的时候,自然会选择偏爱双边交易中的互惠利他行为。互惠利他理论的本质是帮助那些以后可以帮助自己的人。"(黄少安,韦倩,2008)[100]在互惠利他的演化过程中,对于将来所获回报的期待是否可以实现成为决定利他是否可以持续下去的关键部分。社会生活中存在的"搭便车"现象就是典型的分享利他带来的好处而不给予回报的表现。针对这一问题,特里弗斯认为互惠利他过程本身就存在一种自然选择机制,即那些搭便车行动的主体,虽然可以短暂地享有不求回报所获得的利益,但是却无法持久下去,并且会遭到利他行动者的集体抵制,即所谓的"利他性惩罚",再也无法去分享到利他者所带来的各种利益增加。那么,只要个体所需要付出的回报小于其所获得的利他行为带来的利益,给予回报就会成为理性人的合理选择,互惠利他就可以持续进行下去了。重复进行的合作博弈与对违约者的惩罚成为互惠利他的保证机制。

互惠利他理论的扩展表现为两种类型:一是经济学中博弈理论与囚徒困境的研究,另一则是社会交换理论的研究。在博弈理论的研究中,艾克斯罗德(R. Axelrod)与汉密尔顿(W. Hamilton)对合作进化过程中策略性质的研究最为典型。在其研究中,个体的利他与利己反映了两种不同的生存策略,在其设计的多次重复的囚徒困境博弈模型中,一种最简单的策略在诸多策略中取得了优势地位,即一报还一报(Tit for Tat)的策略。"该策略是一种基于回报的互惠合作策略,它第一步试图合作,第二步再根据对方的反应决定如何行动,即对方合作,下一次相遇时继续合作,对方背叛,则下一次背叛。"(绕异,2010)[61]这一策略体现了初始利他的本意与惩罚利己的相结合,较大地扩展了互惠利他理论对于合作的解释力度。当然这种非常严格的惩罚不回报的策略也引来了一些质疑,尤其是对其不是一种稳定进化策略的批判。这种质疑与批判也促使了许多对于"一报还一报"策略的补充与替代策略，如慷慨的一报还一报策略（generous tit for tat）、冷酷引发策略（grim trigger），等等。

由霍曼斯与布劳所建构的社会交换理论对于互惠利他也进行了深入的研究与分析。这种分析，与经济学中定量化研究不同，是一种定性的理论探讨。互惠利他成为一种类型的社会交换被进行细致的剖析。人类的社会行为，与经济行为一样，也表现出为了目的而进行交换的特点。但是，与赤裸裸的经济利益的交换不一样，社会交换表现出一些独有的特点：其交换的媒介并不局限于经济货币，还包括精神上的关爱与回馈；交换具有延迟性，不是经济交换中那种"一手交钱，一手交货，钱货两清"的形式，付出与回报之间往往表现出时间上的不一致；社会交换并没有明确清晰的经济契约作为保证，其依靠的是主体之间的信任，并且与经济交换中的等价交换不同，社会交换是一种不等价的交换，其回报一般会大于付出。互惠理论中的利他无疑符合社会交换的各种特点，也因此有一些学者在社会交换理论的视野中去研究互惠利他。与经济学的博弈理论角度不同，社会交换视角下的互惠利他，表现出了更多的社会文化的影响作用，尤其是个体之间的信任，成为互惠利他的保证机制之一。

在互惠理论中，对于违约不回报行为的惩罚是其最重要的保证机制。在博弈理论中，这种惩罚可以通过重复合作带来的对成员的利益损失约束来实现；在社会交换理论中，则可通过成员间的信任以及群体中的规范来避免。此外还有桑塔费学派所提出的"强互惠"理论。"当严酷的生存竞争迫使人类把合作规模扩展到血亲关系以外，而普遍存在的单次囚徒困境又无法为互惠行为提供条件时，在基因突变产生的强互惠或利他惩罚，可以侵入完全自私的人类群体，从而有效维护族群内部的合作规范，显著提高族群内的生存竞争能力。"（叶航，汪丁丁，罗卫东，2005）[88]此处所指的强互惠，是指愿意去牺牲自己个体的利益，以对那些违规不回报的行为进行惩罚。社会生物学家，借助于脑科学的研究成果，发现一些表现出强互惠行为的个体，当其在进行这种以自身利益为代价的惩罚行动时，其大脑皮层的一部分显示出强烈的情绪活动。这种强互惠是以主体强烈维护互惠利他的需要为基础的，也即这种主体并不是为了获得社会外在的奖赏与认同，而只是出于个体本身的原因，去表现出这种强互惠的行为，且这种行为在个体生理上就获得了满意的结果，强互惠者在这种利他惩罚行为本身中获得了预期的满足，这一观点得到了现有脑科学研究的支持。"位于中脑系统的纹体（striatum）包括尾核与壳核的神经回路，是人类及灵长类动物整合激励信息与行为信息的关键部位。如果利他惩罚的发生是惩罚者预期从惩罚行为本身得到满足，通过 PET 应该观察到这一脑区的激活，且惩罚行为的强弱与其活跃程度正相关，实验结果证实了这个大胆的推断。"（叶航，汪丁丁，罗卫东，2005）[89]

将利他现象视为互惠进化的产物这一观点中的利他概念，表现出来明显的经济学与社会生物学的意义，是强调那些出于回报的利他，即部分带有利己动机的利他行为。不管是囚徒困境的博弈理论，还是社会交换理论，或者强互惠理论，其预设是一样的，利他行为是个体期待未来可能获得的回报而产生的行动，也经常被称作"开明自利的利他行为"。一方面，这一类型的利他行动在普通的现实生活中比较普遍，具有较高的发生频率，因此互惠利他理论的解释力度与范围也比较高；另一方面，利他行为中那种出于无私动机的类型，无法在互惠利他理论中找到一个合理的解释，用"精打细算的谋划"的动机去理解无私的纯粹利他行为，无疑是行不通的。总结而言，互惠利他理论扩大了对客观利他结果类型的解释范围，开始关注那些发生在并不具有血缘关系的个体之间的客观利他结果，但是其依然将主观的利他意愿，包括兼具利他结果和利他意愿的无私利他现象排除在其分析对象之外，这构成了其理论使用的最大局限之处。

3. 理性选择理论

从试图将利他还原为利己角度出发去解释客观利他行动的理论，在经济学中，除互惠利他理论之外，还存在着其他的研究角度。比如，一些学者开始将利他视为个体的一种偏好，认为利他结果是行动个体理性选择的产物，而持有此观点的典型代表就是经济学家贝克尔（G. S. Becker），体现的是对于理性选择理论的一种补充，并使得利他这一研究对象重新进入经济学的研究视野之中。贝克尔将利他纳入到个体的偏好之中，与个体自利的偏好并列，认为个体效用的增加，不仅包括其自身的利益增加，还包括他人效益增加对自身所带来的结果。其分析的核心概念是社会收入，"是个人的自身收入（个人的报酬等）同其他人的有关特征（笔者称为社会环境）对他的货币价值之和"（贝克尔，1995）[330]。通过分析利他主义在家庭中实际运行的过程，贝克尔认为，利他这种不利于自身的现象，在现实生活中不一定就等同于没有效率，尤其是在家庭之中，当家庭的"户主"表现出利他主义的行为时，可以促使家庭其他成员同样表现出利他的特性，从而使得利他产生的影响扩大化，并最终实现家庭利益的最大化，因此，"利他主义可以作为一种个人的理性的结果而加以选择"（贝克尔，1995）[335]。

在关于利他的一般性研究中，个体的利他被视为有损于自身利益的增加，并且会导致主体在与利己者的竞争中失败，从而被利己者占据利他所带来的效益增加，即所谓的"搭便车"的现象，并直接导致利他者的消亡。如果没有外在的控制机制防止这种"搭便车"的现象，那么利他现象就会大幅度减少，这在互惠理论中有很明显的体现，尤其是对那种不回报只占有的个体的控制与排斥。但是在贝克尔看来，在家庭中，利他主义可以带来效率的增加，尤其是"户主"的利他，即使家庭中其他社会成员是利己者，也不会做出损害利他者的事情，并会最终带来家庭总效益的提高。"不仅户主的行为爱护所有成员，而且，即使其他成员实际上是自私的，他们的行为也似乎爱护所有成员，就是说，他们是使家庭收入达至最大，而不仅仅是他们的自身收入增加。"（贝克尔，1995）[330]贝克尔所指的"户主"，并非按照家庭中血缘的延续来指称的，而是把“由于关心其他成员的福利而将一般购买力转移给所有其他成员的人成为户主”（贝克尔，1995）[330]。当家庭中户主表现出利他主义行为时，家庭中其他成员的利益都会因此而得到提高，此处的受益者就可能包括利己主义者。但是此处的利己者所追求的利益已经由原本局限于自身的利益转化为整个家庭的利益，并且不会为了自己的利益去损害家庭中户主和其他成员的利益，相反，其会表现出利他主义的行为，致力于增加家庭的整体利益。“因而一个利他主义者的人情帮助，可以使一个利己主义的受益者也尽职尽责，仿佛他对利他主义者的照顾就是对自己的照顾，所以，稀缺资源‘爱’被节俭地使用。”（贝克尔，2005）[334]促使这种转化的原因来自户主的利他主义行为，即户主所转移给家庭成员的利益。当户主利益减少时，每个成员所可能获得的利益就会相对减少，当家庭中某些成员的利益受到损害时，户主会给予这部分成员较多的补偿利益，那么利己者本人所获得的转移也会相对减少，这样的结果最终是不利于利己者的利益；相反，家庭整体利益的增加，由于户主转移利益的存在，会大大增加利己者的个人利益，因此也就成为一种理性选择的结果。而户主的利他主义行为，所带来的是家庭中的利己者表现出更多的利他行为，带来的是整个家庭利益的增加，也就表现出较高的效率，并得到了较好的传递与延续。

同时，因为利己者出于转移利益的考虑，不会做出损害家庭户主利益的行为，这就帮助户主避免了可能的损失，而这种损失可能还会大于户主所转移给家庭成员的那部分利益。“一个利他主义者从帮助他人中获得的效用总量增量仍可能超过他努力的负效应，或者他所承担的风险，因为那些遭受不幸的人的福利要大幅度地下降。”（贝克尔，2005）[349]利益成为贝克尔分析利他的主要出发点，利他的效率性主要表现为它不仅带来了利他对象利益的增加，而且避免了利他对象之间的利益争斗和减少，并且通过促使利己者成员表现出利他行为的方式，来最终推动利他者所在家庭整体利益的增加，使得利他主义得到了传播和延续。“因为一个利他主义者会使得受益者的家庭收入最大化，并且他绝不会逃避自己的责任，也不会在其他方面以牺牲他人为代价来增加自己的福利，所以，利他主义扩大了劳动分工和自愿配置的效率。”（贝克尔，2005）[349]

虽然贝克尔关于利他来源于个体的理性选择结果的论述是在以家庭为大背景下进行的，但是他也提及利他在小规模的企业组织中所能产生的效益。这种论述也引导了经济学家对于利他在家族企业中的位置和作用的相关研究，尤其是在国内学界，很多学者沿袭了贝克尔的观点，研究中国家族企业中利他所表现出来的作用。比如李东（2006）、郝云宏与杨松（2007）对于家族理性和利他主义关系的研究，何轩与朱沆（2008）有关利他主义和家族企业治理的研究，以及李巍与李建升（2007）以利他主义为中介对于家族中小企业模式的探索，等等。

简而言之，贝克尔对于利他研究最大的贡献在于他将利他视为一种与利己相等的个人偏好，将之纳入经济学的分析视野中。其强调的是利他性在影响、促使利己者做出有利于他人和整体的行为方面所表现出来的总体效益的增加。不同于互惠理论中强调的对于违反利他约定的外在惩罚措施，贝克尔关注的是如何使利己者自觉地表现出不损害他人且有利于他人的行为的机制。但是需要指出的是，在贝克尔提出的整体分析框架中，依然沿用着经济人所具有的衡量其行动付出与回报的权衡机制，依然存在着将利他还原为利己的倾向。他所论述的利他性的传播过程，个体主动去复制、模仿以及进行利他性行动的主要原因依然来自其为了保证自己可以分享利他性结果带来的各种利益，确保自己不会被排除在利益的受众范围之外，从而最终可以提高自身所具有的利益主动复制的强烈要求。所谓的理性选择本身，就暗含着个体的利益驱动性，包括其对效率的渴望与追求。在这一解释中，那种主体对他人利益的关心，希望去改善他人处境的利他性意愿依然被排除在了分析对象的范围之外。

二、从他人利益的角度去解释利他

现有关于利他性来源的理论中的第二种类型解释，其关注的焦点主要集中于个体主观层面的利他性意愿的形成过程和机制之中。这种类型的理论，有些将那种完全由利他动机所导致的利他现象作为其主要的分析对象，并且执着于将利己成分完全排除出其分析之外，甚至认为只有那种在任何层面都无利于个体本身，且对他人非常有利的主体自觉自愿的实际行动，才是其所提出的利他性来源理论的适用对象，典型的代表就是社会心理学所提出的移情理论，其甚至将主体从利他行动中所获得的主观满足感和快乐感也排除在了利他性的范围之外；另外一些理论则更为和缓，开始跳出仅仅局限于行动个体本身的研究层次，转而从个体与群体的关系、个体之间的关系、个体与社会的关系等角度中去寻找利他性意愿的解释，比如社会生物学中所提出的群体选择理论、基因-文化的综合解释理论以及社会学中的社会化理论，等等。

1. 移情理论

将个体的移情过程视为利他行动的来源的观点来源于社会心理学，主要代表有巴特森(C. D. Batson)提出的移情——利他主义假设(Empathy-Altruism Hypothesis)以及霍夫曼(M. L. Hoffman)等人对于移情—同情—利他过程的研究。一般而言，移情是指“一个人在观察到另一个人出于一种情绪状态时，产生与观察者相同的情绪体验，也就是一个人设身处地为他人着想，识别并体验他人情绪和情感的心理过程”(王雁飞，朱瑜，2003)[38]。巴特森认为，个体的利他主义行为有可能来自其完全指向他人的动机，纯粹是因为帮助他人的愿望而去表现出助人的行为，这种愿望就是个体移情的结果，即纯粹无私的利他主义行动在现实世界中是真实存在的，并直接来源于人类的移情过程。当人们发现他人处于痛苦的困境之中时，一般会产生两种体验：一是个体本身的心理困扰(personal distress)，即因为看到他人的痛苦而产生的悲伤、忧郁等消极的体验；二是移情(empathy)，是对处于困难中的他人的同情与关心。这两种心理体验都可以产生助人的行为，前一种助人行为的目的是缓和与消除主体自身的消极情绪，在巴特森看来，是一种自私性的动机；后一种则是出于帮助、关心他人的愿望而形成的助人行为，是一种直接指向他人的利他行为，并没有涉及主体本身的利益，因此是一种无私利他的动机。巴特森等学者通过实际的经验研究来试图证明这一观点。

在巴特森所进行的经验研究中，他试图将个人困扰的动机与移情动机区分开来。在实验中，先通过量表测量实验对象的助人动机，同时设置一个情境性的问题来确定这种动机是否符合移情的界定。其最著名的实验就是通过观察一组大学生对一名女性遭受电击的情况的反应来确定移情与利他之间的关系。他认为，当实验者为被试对象提供可以离开的情境条件时，那些最终选择离开而非助人行为的对象所表现出来是较低的移情状态，而那些即使可以选择不去观看他人困境却依然选择助人行为的对象所拥有的移情程度则比较高，因此可以证实来源于移情的无私利他是真实存在的。同时，在可以停止观看的选择条件下，当这种推出的选择所付出的代价小于助人的代价时，那些移情程度低的个体会更多地选择离开实验室，而非助人，而那些移情程度较高的个体，无论离开场景的难度是高是低，都更倾向于去帮助遭受电击的女子，而非离开。由此，个人的移情与无私的利他之间表现出相关关系，这种利他行动并非是为了减轻缓解自己的负面情绪，而是来自个体对于他人的真诚关心与考虑（Batson，Duncan，Ackerman，Buckley，Birch，1981；Toi，Batson，1982；Batson，O' Quin，Fultz，Vanderplas，Isen，1983）。

同样将移情视为利他来源的还有霍夫曼（M. L. Hoffman）的研究。他认为，当个体观察到他人的困难处境时，并不应该划分为个体困扰和移情两种情况，而是一种从移情困扰（empathy distress）向同情困扰（sympathetic distress）转化的心理状况。移情困扰指涉的是个人所感受到的自身可能出现这种所观察到的困难的痛苦与忧郁，而同情困扰则是针对他人在困境中所感受的痛苦，并且这种困扰一般都与直接指向受困者的助人行为相联系。针对巴特森的实验，霍夫曼认为其中设置的可选择推出的情境并不能作为衡量助人行为背后的动机属于自私和无私的标准，对于那些情感上更为敏感的个体而言，离开实验不去观看受困者的困境，并不能减轻其个人困扰的程度，虽然不在现场，但是依然受到痛苦的影响，在这样的情况下，选择留下来帮忙而非离开的个体是不能被完全界定为无私的。同样，那些选择离开而非助人的个体也不能被简单地形容为是出于自私的动机，因为感受到他人的痛苦所产生的移情困扰本身，就不符合完全自私的界定。这种来源于他人痛苦的移情困扰，可以直接导致帮助他人的行为，并且困扰的减轻与消除完全取决于他人利益的增加，这些特点决定了其不符合自私动机的界定。更为重要的是，许多个体在承受移情困扰的时候，做出帮助他人的利他行为，可能并非出于减轻本人痛苦的目的，而是为了帮助他人减轻痛苦，即不能从结果推论到行动的动机。同时，霍夫曼指出，在儿童的认知能力逐渐发展的过程中，移情困扰会逐渐转化为同情困扰，即不再只是为行动主体本身的痛苦，而是指向利他对象的痛苦。那些移情程度较高的个体，会与移情对象之间形成更高的认同感，会更多地关注于移情对象所遭受的痛苦而非主体所感受的移情困扰，也自然会表现出较高的利他性倾向（Hoffman，1975，1978，1981，1982，1991）。

将移情视为利他来源的观点，究其本质而言，是一种强调个体的动机对于利他行为的重要作用。与经济学和社会生物学强调行动结果的作用不同，强调利他的移情来源体现出社会心理学中对于利他动机的强调，不管是巴特森关于移情和利他关系的观点，还是霍夫曼的同情困扰与利他的研究，两者的共同点都在于，真正的纯粹利他行为，必然是出于无私的动机，出于减轻受助对象的痛苦，增加他人利益的动机，而不是为了缓解和消除行动主体自身的消极负面情绪。与移情观点直接相反的一种对利他的解释是，当个体在帮助他人时，并不是出于改善受助对象困境的原因，而仅仅是为了获得帮助他人所获得的心理满足，以及消除自己所感受到的消极情绪，即将利他还原为简单的利己动机的做法。但是区别巴特森与霍夫曼两者观点的最大不同在于对于自私动机的界定。巴特森认为，为了减轻他人困境给主体心理带来的痛苦的助人行为，是一种自私的动机，不符合利他的要求；而霍夫曼则认为这种减轻困扰的动机并不能完全等同于自私的动机，因为这种困扰在本质上是由个体对他人困境的感知而产生的，是一种在起源、内容和目的上都指向他人的困扰，不能被简单地归为自私的类型。并且如果很多时候个体在进行利他行为时，并不是有意识地为了减轻这种困扰而去行动的，只是在最终的结果上出现了消除负面情绪的附带结果，这种结果并不等同于动机，不能从结果的性质来推论行动动机的性质。因此，霍夫曼认为，移情所产生的利他存在着一个发展阶段，从简单的移情困扰的消除动机发展到专门指向帮助他人的动机，而非巴特森所区别的利己与利他的二元断裂。

2. 群体选择理论

这一理论是在社会生物学中针对亲缘选择理论所表现出的解释对象局限性所提出来的，其强调应该从个体与群体之间的关系角度去寻找利他性意愿的分析路径，将群体视为自然进化的一种基本单位。尤其是在解释利他现象时，正是因为群体也是自然选择的一种基本单位，利他这种牺牲自身增进他人利益的现象才可以存在并延续至今，利他来源于群体选择的结果，尤其是那种大公无私的纯粹型的利他。“该理论主张，遗传进化是在生物种群层次上实现的，当生物个体的利他行为有利于种群利益时，这种行为特征就可能随种群利益的最大化而得以保存和遗传。”（陈晓平，2010）[70] 该理论的发展经历了两个阶段，前一阶段以爱德华兹（W. Edwards）为主要代表，后一阶段以索伯（E. Sober）与威尔逊（D. S. Wilson）所提出的多重群体选择模型为代表。

群体最早进入自然选择的研究视野之中可以追溯到达尔文。早在《人类的起源》一书中，他就提到，“一个部落，如果拥有许多的成员，由于富有高度的爱护本族类的精神,如忠诚、服从、勇敢与同情心等品质,而几乎总是能随时随地进行互助,又能为大家的利益牺牲自己,这样一个部落会在绝大多数的部落之中取得胜利,而这不是别的,也就是自然选择了”(达尔文,1983)[204-205]。达尔文开始考虑到群体作为自然选择基本单位的可能性。之后,爱德华兹(W. Edwards)观察到生物界中,当一个物种中出现资源短缺的情况时,有些动物为了所在物种的利益,自发地放弃生育后代,限制本身后代的数量来保证整个物种可以延续下去。因此,他认为这种自发地为了群体的利益牺牲自身利益的行动是一种利他行为,类似于人类社会中纯粹无私的利他。这种现象只有放在群体的层面上才可以进行解释,当群体是自然选择的基本单位时,纯粹利他,虽然对个体有害,但却有利于群体适应度的增加,也因此可以随着群体的延续而保存下来。纯粹利他现象的存在是自然选择在群体层面演化的结果。此处所指的群体必须满足封闭独立性、无流动性以及完全依赖群体内共有食物资源的要求。正是由于这种严格的群体限制,爱德华兹(W. Edwards)的群体选择论遭到了许多学者的质疑与批判,群体选择是否可以在个体选择之外独立存在,并在自然选择的过程中延续下来成为讨论的中心,这种批判导致了前一阶段群体选择论的衰败。

但这并不意味着群体选择理论的消失,20 世纪六七十年代,一些学者开始重新关注群体在自然选择中的位置,最具代表性的就是索伯(E. Sober)与威尔逊所提出的多重群体选择理论,又被称为新的群体选择论。这一理论构建了自然选择的多层次模型,从最基本的个体选择到整体的群体选择,通过研究群体间的竞争过程来解释群体选择可以在自然进化过程中延续下来的原因。该理论假设,一个社会中存在着许多不同的群体,群体之间存在着竞争,一些群体中存在利他主义行动者,另一些群体则没有。那么在竞争中,由于利他主义行动者会牺牲个体利益来增加群体利益,即存在利他行动者的群体的利益增加会超过那些只有利己个体的群体。因此,在自然选择过程中,由利他主义行动者构成的群体会处于优势地位,其延续的可能性就会大于其他群体,利他就通过此群体的延续而获得了继续传播的可能性,群体的进化就成为了现实的一种选择。此处的基本逻辑是:利他虽然在群体内部处于不利地位,但却可以大大提高群体之间竞争的优势地位,有助于本群体总体适应度的增加。“利他性合作者在群体中相互帮助,而自私的人不存在任何利他互助行为。一些纯粹合作性的群体,其生存质量和发展速度要远远大于纯粹自私的群体。所以,自然选择在低水平上(群体内部)更偏向自私的个体,而在高水平上(群体间)更偏向利他的合作者”(张雷,2007)[427-428]。

索伯(E. Sober)认为,利他这种在个体层面上不利的存在却可以在群体层面中实现延续与进化的主要原因在于“辛普森悖论”(Simpson's paradox)(Sober,1988)[91]的存在。他假设存在两个群体,每个群体都由自私者与利他者构成,虽然在每个群体内部利他者的处境都劣于利己者,但是将群体综合起来却可以发现,在整体层面上,利他者的适应度却又大于利己者,具体情况在表 2.1(Sober,1988)[91]中得到了清楚的展现。

表 2.1 群体内与群体间利他与利己的利益得失

群体一	群体二	总体平均利益
1(S):4	99(S):2	100(S):2
99(A):3	1(A):1	100(A):3

在此表格中,S 指的是利己者,A 指利他者,假设群体一与群体二各由 100 名成员构成,群体一是利他行动者占明显多数,比例为 99∶1,群体二是利他者占极少数,为 1∶99,表中的 1 至 4 是用来描述个体所获得的逐步递进的利益情况,4 为最高,1 为最低。那么,我们可以看到不管是在哪一个群体中,利己者所得到的利益都要高于利他者,在群体一中,因为存在大量的利他者,利己者所得到的利益是最高的,而在群体二中,利己者占绝大多数,与其并存的利他者的利益则表现为最低。辛普森悖论的情况就出现在最终的总体平均利益之中,虽然利他者在每一个群体内所获得的利益都要小于利己者,但是在总体层面却出现了反转,利他所得的平均利益高于利己,因此,利他才可以在自然进化过程中以群体为选择的基本单位而延续下来。

由此也可看出,新的群体选择论中依然存在一个前提要求,这种利他行动者占主体的群体必须符合群体成员之间联系紧密且群体规模较小的要求,并且还需要在这种群体内部存在一种对抗利己者的策略,表格 2.1 中利他的优势结果的出现直接取决于不同群体中利己者与利他者的数量差别,即要保证利他的这种优势,群体一中利他者的数量必须多于利己者。此处暗含了一个预设,在群体一中,利他者更多倾向于与其他的利他者进行合作,而利己者为了可以继续分享利他带来的群体利益,不但不会主动地去损害利他者的利益,甚至可能被同化为利他者。

这种群体成员的选择与同化机制,暗含着群体与社会对利他意愿的产生所具有的影响作用。即群体内的利他规范是否可以达到利己者向利他者转化的结果。新的群体选择理论,虽然依然着眼于自然进化的群体单位,表现出比较浓重的生物进化的解释色彩,但是已经开始强调社会性对利他的影响,体现出利他的生物性与社会性的综合。

3. 基因-文化的综合解释理论

这一理论最早由威尔逊(E. O. Wilson)提出,之后在社会生物学中得到另一种形式的传播,即苏珊·布莱克摩尔(S. Blackmore)的谜米-基因进化模式。虽然其中所使用的具体词语并不相同,但在其对利他的解释方向上表现出一致性。两者都开始离开单纯从个体的生物性遗传角度来研究利他,开始考虑到文化传递所起到的作用,试图将文化性与生物性结合起来,建立一个综合的解释模型。可以说,威尔逊建立了一个起点方向,提出了文化与基因综合模型成立的可能性,而布莱克摩尔在这种起点上走得更远,用谜米一词指代文化传递的内容,通过分析谜米所具有的复制性特征,将其视为与基因处于平等位置的一种复制因子,对利他行为的存在与延续具有重要的影响作用。

威尔逊的基因-文化综合模式介于纯粹的基因传递与纯粹的文化传播模式之间，将人类的行为视为基因与文化共同作用的结果。“虽然有许许多多的可能性进行学习，但是感觉器官和大脑的生物学性质，使得某些选择将会胜过其他的选择。”（威尔逊，1990）[82]可以看出，在这一模型中，威尔逊虽然承认文化对于人类行为的影响，但是这种影响依然存在着对于基因的依赖，基因在这一综合模型中依然出于核心位置。“基因和文化由一条具有伸缩性而又不可断掉的纽带联结在一起。随着文化的汹涌向前——通过来自外部的发明、新思想和新人工产品的引入——它在某种程度上受到基因的制约和指导。与此同时，文化发明的压力，也影响着基因的生存，最终改变着遗传纽带的强度和扭力。”（威尔逊，1990）[83]同时，威尔逊也指出了文化与基因的相互作用模式，认为人类的行为正是在这种相互作用的过程中实现了进化与延续，利他行为也是其中一种类型，这种不利于主体自身的行为一方面通过构成文化后生规则的一部分得到传递，这种传递也没有超过基因的存在限度，并推动了基因与文化双重传递过程的顺利进行。“基因与文化是不可分割地连在一起的两种因素。在一种因素中发生的变化，不可避免地要迫使另一种因素也发生变化，从而导致我们所说的基因-文化协同进化。”（威尔逊，1990）[149]“两种遗传系统共同进化着——创造后生规则的基因，和提供选择这些规则的文化。所有的事件都与因果关系循环连接着，这种循环从基因到精神发育规则到文化再回到基因。”（威尔逊，1990）[152-153]这一综合模型是作为威尔逊所提倡建立的社会生物学的扩展而被提出的，其中，威尔逊开始将人类行为演化的结果不仅仅局限在基因方面，开始引入文化的概念，承认这种双重因素对于利他的影响，但是并没有摆脱基因中心论的影子。即使在这一综合理论中，基因对于文化的决定作用依然占据着重要位置。“在赐予纯粹文化传递的特定意义上讲，基因并没有给精神以自由。它们在适中的程度上掌握着思想与文化对它们的依赖，我们感到，这里面可能包含着人类大脑加速度进化的秘密。”（威尔逊，1990）[100]从这一角度而言，布莱克摩尔所提出的谜米-基因模式走得更远一些。

谜米（meme）一词最早出现在道金斯《自私的基因》一书中。道金斯认为，不能无限地将基因称作地球中唯一的传递机制，基因只是复制因子的一种，必然还存在其他与其平行的传播机制，谜米就作为一种可能存在的文化传递机制设想被提出了。这种设想得到了布莱克摩尔的深入扩展。在《谜米机器：文化之社会传递过程的“基因学”》一书中，布莱克摩尔将谜米界定为与基因相同的复制因子，“所谓复制因子，是指任何能够被复制的东西”（布莱克摩尔，2001）[9]。与基因不同，谜米这种复制因子所传递的是各种人类文化传统与社会规则，模仿成为界定谜米最重要的条件。“任何事物，只要它以这种方式从一个人身上传递到另一个人身上，那它就是一个谜米，既包括你所掌握的全部词汇、你所知道的每一件事、你从别人那里学会的全部技能和习惯……，也包括你所遵守的各种规则等。”（布莱克摩尔，2001）[12]

其中,谜米这种传递文化的机制被界定为可以独立复制传播的存在,并且是独立于基因之外,并不受到其决定和影响。这就与威尔逊的模型形成了鲜明对比,谜米的机制更加关注文化传递本身的过程,强调其表现出的独立性。

在这种谜米模型中,对于利他的解释占据了中心位置。在布莱克摩尔看来,“利他主义乃是一种深深地扎根于我们人类本性之中的精神,而绝不仅仅是一种表面的行为表现。”(布莱克摩尔,2001)[277]利他主义的传递正是通过谜米存在于传播而顺利进行的,其遵循的逻辑如下:“假如一个人是利他主义的,那么他就会变得非常受人欢迎;正因为他是受人欢迎的,所以他就会受到别人的拷贝;正因为他受到别人的拷贝,所以他所拥有的谜米将能够得到更为广泛的传播。而那些不那么具有利他主义精神的人,他们所具有的谜米则很难得到广泛的传播,包括他们的利他行为本身。这就为利他行为的传播提供了一个内在的机制。”(布莱克摩尔,2001)[281]这个逻辑的预设是,最初的利他行为可能是由基因的进化而延续下来的,但是当这种利他作为一个谜米存在于普通的社会生活之中时,利他的传递就更多地受到谜米机制的影响,基因的作用则逐渐减弱。“一旦人们把开始对利他主义者进行拷贝,那么,基因是无法对这个拷贝过程加以阻止的”(布莱克摩尔,2001)[287],并且当利他的谜米传递过程发展到一定阶段时,可以通过谜米向基因的转变,影响到在基因中利他的存在与延续,即谜米与基因之间的关系表现出相互影响与转化。“就最初的利他行为依赖于基因的差异性而言,这些基因的差异性也将被传递给更多的后代,利他行为因而也就不仅以谜米的方式而得以传播,而且也能够以遗传的方式而得以传播。”(布莱克摩尔,2001)[289]利他传播的谜米-基因的双重特性通过两个策略所实现,即“对于利他主义者的模仿与学习”和“与利他主义者进行婚配”。

谜米-基因模式最大的特点在于将文化传递的过程视为一种与生物遗传相似的复制传播,文化传递中人类所表现出的模仿学习被比拟为生物遗传中基因的复制,由此,文化传播的过程被赋予了等同于生物遗传的位置,这是布莱克摩尔不同于威尔逊的最大区别。利他的传播被放在了社会生物学的研究逻辑中进行分析,以谜米这一概念为中介变量,社会文化对于利他的影响表现出传递过程的一致性,一定程度上解释了利他这种对个体不利的现象得以延续至今的原因。但是,这种分析框架并没有脱离社会生物学的研究视野,利他的谜米传递过程,虽然不同于生物遗传的严格,但依然表现出固有机制的强制性。尤其是其中“利他主义者的行为会被大多数人所模仿与学习”的假设,忽略了这种模仿学习过程中主体的自觉意识。在这一理论的预先设定中,对利他主义者的模仿与学习成为一个必定会出现的策略,却并没有论述其产生原因,即使这种利他主义者本身很受欢迎,但这种欢迎是以本人的利益受损为代价的,那么他人是否会不顾自己利益受损而直接去模仿利他这种行为有待商榷。与利己有利于本身利益不同,利他产生的最重要问题在于它是不利于主体自身的。这种不利与个体的延续直接相矛盾,而谜米并没有直接解释这种矛盾,反而通过直接假定利他可以被模仿,来回避这一矛盾,从而得出利他可以通过谜米来进行传播。并且,对于利他的模仿是否是导致他人做出利他行为的原因也未可知,直接将利他界定为一种谜米,一种可以通过个体模仿而传递的存在的观点也有待更多证据加以证明。

将利他视为基因与文化共同起作用的结果的观点体现了社会生物学尝试关注文化作用的努力,一定程度上将文化的影响纳入到研究视野中进行考察,与原本纯粹从生物性的角度研究利他相比,是一个很大的进步。但是这种努力,不管是威尔逊的基因主导、文化辅助的模型,还是布莱克摩尔的基因与文化同等起作用的观点,都带有浓重的社会生物学的学科色彩,都存在着将文化往基因上靠拢的倾向,试图在两者之间找出共同特点,并以此特点作为综合模型的基础。但是作为两种不同的机制,文化与基因在产生起源、作用过程以及产生结果方面表现出巨大的不同,将两者的综合应该是一个容纳双方所有特点的模型,确立的标准应该从双方出发,建立一个对话交流的机制,而不是单单依据一个从单方面出发的标准。即使是布莱克摩尔所提出的谜米,依然存在着将文化还原为基因的倾向,更像是一种从社会生物学角度对文化进行定义的术语。这种倾向直接就导致在描述谜米对个体行为的影响过程时,更像是一种外在的强制影响力,而非文化所特有的内化个体的作用,这与社会生物学的学科特点直接相关。因此,建立起一个从文化性与生物性的双方面角度解释利他的模型是非常有必要的,但是这种努力必须是来自双方面的,必须考虑到文化性与生物性的共同基础,而不能将生物性所具有的特点直接套用在文化机制中,这也是有待于未来的后续研究应加以关注和解决的一个重要问题。可以说,社会生物学中这两种模式的提出,为这一问题的解决建立了一个良好的开始。

4. 社会化理论

有关利他是生物遗传还是社会教化的结果的争议在社会科学研究领域中一直没有停止过,主张利他来源于社会教化结果的学者主要集中在社会学、社会心理学以及发展心理学之中。其中,将利他看作一种社会化的结果是其中较为公认的观点。社会化指“个体在社会环境的影响下从自然人发展到社会人的过程,是通过个体的学习而使社会文化逐步内化的过程”(社会心理学词典,1988)。将利他视为来源于社会化的观点主要表现在两大方面:一方面是社会规范理论,强调个体的利他性来自特定类型的社会规范的规训作用;另一方面则从社会学习理论出发,认为个体的利他行动来源于其在个体社会化过程中的模仿与学习。比较典型的有发展心理学的认知发展与道德归因理论、西蒙的驯顺性(docility)理论,等等。

强调社会规范作为利他来源的观点主要来自社会学与社会心理学的研究中。社会规范“反映了在某一既定群体、文化或社会中,什么是被人们认为正常的和可接受的,是对我们如何行为有强大影响的人们普遍持有的态度、信念及行动”(克里斯普,特纳,2008)[228]。其对于行为的影响既表现在社会对个体满足要求的奖励和违反要求的惩罚,也表现在通过社会化促使个体将这种规范内化为自身行为指引的过程之中。一般而言，帮助他人的要求在世界各国的社会规范中都有所体现。作为利他行为的规范来源，主要包括三个常见的组成部分，即互惠（reciprocity principle）、社会责任（social responsibility）与社会正义（social justice）。互惠的规范要求个体去帮助那些曾经给予其帮助的人，去回报他人之前针对主体的利他行动；社会责任规范则认为“我们应该帮助那些需要帮助的人，不管他们是否帮助过我们，或者他们是否有能力在将来帮助我们”（克里斯普，特纳，2008）[228]；社会正义规范主张社会应该是一种公平正义的体现，当他人处于需要帮助的困境时，个体应该施予援手，但是这种困境的造成不能是由他人自身的过错而导致的，必须是由于个体不可控制的外力因素所带来的。如人们都倾向于同意“好人有好报，恶人有恶报”的说法，并且愿意对那些遭遇到困难的“好人”伸出援手。

以上规范构成了衡量个体行为是否符合社会所认为的“正确”的标准，这种标准通过社会化传递给每一个社会成员，促使其接受、认同并内化这种观念。在Oliner，Oliner对于犹太救援的研究中，个体所持有的这种社会规范与其利他行为之间表现出密切的联系，同时，在许多对于个体献血、捐献器官以及捐献骨髓的相关研究中，都发现那些在社会规范的接受与认可程度上表现出较高水平的个体，更倾向于做出利他行为，反之亦然（Schwartz，1970；Schwartz，Howard，1984；R. G. Simmons，1991）。在这种社会规范的视野中，个体的利他行为更多被视为服从社会规范要求的结果，社会规范与个体行动是一种自外向内的发展过程，先是通过外在的惩罚与奖励来强化个体接受规范的要求，然后通过这种强化促进规范在个体内在观念层面上实现内化。与经济学中所持有的个体利他行动来源于理性地衡量行动的收益与付出的观点不同，社会学强调的是利他来源于个体所持有的关于社会认为的“正确”的观念。因为助人的要求来自社会公认的规范的认可与提倡，因此是一件正确的事情，是个体需要去履行的义务，利他行为也就产生了。其中，为了获得社会所承诺的奖赏与回报也是驱动个体做出利他行为的原因之一。

与社会规范理论从外至内的解释角度不同，社会认知理论对于个体利他的来源的分析采取了一种自内向外的路径，从个体利他动机的培养到对于利他态度的认同最后到利他行为的表现，强调的是行动主体在利他过程中所表现出来的自主意识与自愿的特征。比较具有代表性的是发展心理学中对于个体利他习得过程的相关研究。这种研究的基础来源于皮亚杰（J. Piaget）所提出的认知发展阶段论以及科尔伯格的道德归因发展理论。皮亚杰将个体的认知发展过程划分为四个阶段，即感知运动阶段（sensorimotor stage）、前运算阶段（pre-operational period）、具体运算阶段（concrete operational period）以及形式运算阶段（form operations）。在四个阶段的发展过程中，个体开始学会认识和了解社会，开始学习与理解社会规范的各种要求；科尔伯格（L. Kohlberg）的道德归因发展理论的研究对象也是处于年龄增长过程的个体。他认为，道德归因的发展过程是一种个体逐渐摆脱绝对自我主义，并开始提高抽象学习能力的过程。抽象学习能力主要体现在个体开始关心他人的意见和观点，开始学习从他人的角度去看待社会，了解道德规范的要求。道德归因的发展没有止步于个体的青春期，个体从儿童过渡到成年阶段，并不意味着他的道德归因水平达到了最高峰。这两个理论成为发展心理学中有关利他行为和亲社会行为研究的基础和引导。在个体年龄逐渐增加的过程中，出于其对于文化规范了解程度的增加，自身社会责任感与道德水平的增长，其表现出越来越多的利他性，这一点在许多相关研究（Chambers，Ascione，1987；Bar-Tal，Nissim，1984；Eisenberg，1984；Pilavin，Charng，1990）中也得到了证实。这一解释角度的出发点回归到行动主体本身，依据主体年龄增长的过程，分析其对于社会规范接受程度的动态发展，从而得出个体利他性增长的来源，强调的是社会化过程中，社会化主体自身的能动性角色的重要性。同时，这一角度还强调了个体行为的产生，也受到利他榜样的影响以及个体所在同辈群体的利他行动的影响。

另一个和发展心理学研究角度相似的理论是经济学家西蒙（H. A. Simon）所提出的驯顺性（docility）理论。他认为，在日常社会生活中，未成年人的成长需要成年人的引导与帮助，由于每一个人本身精力有限，不可能去参与所有的社会活动，因此儿童的成长与成熟的过程是一个不断模仿、观察和学习的过程，即社会学习的过程。这种社会学习的内容，包括两大组成部分：一是生存与生活的技巧和能力，二是在社会中与他人发生联系的方式方法，即学习社会所认可的达成目的的正规行为。其所指的驯顺性，就是个体善于社会学习，善于接受社会规范的能力与程度，这部分来源于个体自身的智力发展程度。在现实社会中，每一个社会成员的驯顺性是有差异的，而在竞争中，那些驯顺性程度较高的个体，必然会表现出比驯顺性低的个体更多的优势，因此更有可能在竞争中取胜。“顺从的人善于通过社会学习，掌握生活技能和正当行为并倾向于学习和相信他们觉察社会中的其他人想要他们学习和相信的动机，大大提高了自身的适合度，因此比非顺从的人产生更多的后代。”（刘鹤玲，陈净，2008）[33]西蒙将驯顺性与利他性的学习结合在一起，认为只要社会规范中存在利他主义的要求，那么驯顺性较高的个体就会自发地去学习利他主义的要求，表现出具体的利他行动，加上社会中驯顺性高的个体在成员数量上具有优势，因此利他主义也就可以在社会中传播开来，可以在社会竞争中延续下去。“只要社会强加给顺从个体的利他主义要求，由于顺从性与有限理性一起起作用，顺从者在社会学习过程中接受了利他观念和利他行为。利他行为虽然降低了本身的适合度，但这种成本的花费远远小于通过社会学习所获得的益处，其结果是顺从利他者的适合度会大于非顺从自私者。”（刘鹤玲，陈净，2008）[33]

西蒙的驯顺性理论，与社会规范和发展心理学的角度最大的不同在于，从生物性的角度去解释人类的利他行为。整个理论的最大预设是，社会中已经存在一部分人在接受社会规范的程度上高于他人，对于社会的要求更加顺从，这种顺从并不是个体自主选择的结果，而是由其自身的遗传特征和智力发展所决定的。虽然驯顺性并没有把人完全还原为生物性，即没有将其单一地归结为个体的生物遗传性，但是这种强调与发展心理学所强调的个体自主意识的观点还是形成了鲜明的对比。这种理论体现了社会学习理论与个体生物性的结合,一方面它重视社会化的过程,关注个体通过社会学习掌握、理解和内化社会规范的重要性,另一方面它则认为这种学习程度和能力的差异主要由生物特征所决定,受到个体智力程度的影响。此处体现的是西蒙有限理性理论的观点,与传统经济学中"完全理性人"的假设不同,他认为人类是不可能表现出完全的理性特点的,必然会存在非理性的部分,因此只能是一种有限理性的部分。他认为人类的驯顺性,其实就是一种非理性的表现。完全理性的人,在决定其行动时会衡量付出与回报的比率,不会一味地盲从于社会的要求,也不会有所谓的顺从性,而有限理性的人,则会由于社会学习在过去的经验中给个体带来的较多利益,而表现出对于社会规范要求的顺从,即驯顺性。也正因为这一特点,利他主义这种对个体不利的行动,才可以通过驯顺性在社会层面上获得发展与延续。

不管是社会规范、社会学习或驯顺性的理论,其所共有的观点是认为利他来源于社会化的结果,重视社会文化对于个体利他行为产生和延续的影响。这一观点最重要的意义在于揭示了人类的利他性并不完全来源于生物进化的结果,而是更多地受到社会文化的影响,是可以通过规范的教化与个体的学习过程来加以培养和提高的。如果将利他仅仅还原为一种固有的生物性,其暗含的意思就是当社会中利他的表现程度较低时,是没有其他办法去改善和提高这种状况的。但是如果将利他的社会性来源放在较重要的角度去理解时,当一个社会中出现利他缺乏的危机时,社会就可以通过寻找影响利他态度与利他行为的各种因素,来找到缓解这种危机的措施与手段。简而言之,将利他视为社会化结果的观点强调的是利他的社会性,暗含了利他的可培养性与可增长性,为现实的社会调查提供了理论来源。

三、小结

沿袭着前文所提出的本书的基本分析路径,即分别从利他行动和利他态度的角度去反映社会利他性的存在水平,去寻找两者的影响因素分布,并且需要从利他性本身的来源中去确定本书的研究立场,这也是本节文献梳理的主要任务。从上文所整理出来的两条解释路径而言,可以说两者并不存在好坏优劣之分,只是在解释对象中存在着使用范围的区别。而从本书的研究视角出发,从他人利益的角度做出的利他性来源解释更符合此处所界定的利他性概念,与利他态度和利他行为具有更高的一致性,因此,也成为本书所坚持的基本立场。

同时,认同应该从他人利益的角度去解释利他的分析路径,并不代表着笔者完全同意以上所整理出的四种理论观点。具体而言,本书认为,个体的利他态度和利他行为,并不能仅仅局限于自身所具有的人格特征之中,既不能将利他完全归因为个体的移情过程,也不同意将利他动机的重要性绝对化的做法。简而言之,兼顾利他行动与利他动机两者的重要性,更多地从个体之间、个体与群体、个体与社会之间的关系角度去寻找利他态度和利他行为的影响因素，这是本书所持有的基本书立场。

在这一基本书视野之下，本书主要坚持的分析路径成为去探索在个体之间、个体与群体以及个体与社会之间的关系发展过程中，个体自身是如何开始形成、发展并持续地具有利他意愿与利他行动的。这一分析路径与前文所提到的“亲缘选择理论”和“理性选择理论”形成了鲜明的对比。这两种理论都将利他行动视为由个体自身的生理欲望所导致的，不管是为了保存自己的基因，增加其延续的可能性，还是将利他视为个体的一种固有偏好，为了去追求利益的获得和效率的提高，都暗含着将利他性结果视为由个体本身的特征所导致的。这也引发出其中所指涉的一个基本假定，如果说利他性结果的出现，只是为了去保存个体自身的基因，或者是受到其本身所固有的偏好的驱动所致，那么利他行动就应该被视为一种个体自主做决定的结果，而不会受到他人的影响。

比如亲缘选择理论所强调的保存延续基因的要求导致了利他现象的出现，那么社会中的每一个成员，从其出生开始，就应该具有这种天然的本能要求，也就应该具有同等的可能性去做出利他行动，利他被视为一种普遍存在于所有人群中的基本存在，而并不在人口群体特征中出现显著的差异性。比如男性和女性、已婚和未婚、青年和中年群体，等等，应该大都会表现出相似的利他行动水平。并且因为这种希望保存基因的要求更多源于生理性原因，那么社会中处于不同等级的个体，拥有着不同程度资源的个体等也不应该会出现利他行动水平的差异性。无论男女、贫穷或富贵，当利他性结果被视为来自保存其基因的需求时，应该表现出同样的几率去进行利他行动，而不应该出现水平的差异性。因此，这种无差异性的假设，实质上将基因对个体的影响放在了最为重要的位置，表现出浓厚的基因决定论的色彩，将社会对个体的可能影响基本排除在了其分析框架之中。

持有相似分析框架的还有贝克尔提出的理性选择理论。利他被视为个体所具有的一种自然偏好，而现实中所存在与出现的利他性现象则是这一偏好所发挥作用的结果。这一观点虽然并不像亲缘选择理论一样充满着浓厚的基因决定论的特征，但也并未摆脱从利己的角度去分析利他的倾向。贝克尔虽然将利他视为行动主体所具有的一种内在偏好，但是却并未赋予其独立的位置，从其关于利他偏好产生的论述来看，为了保证自己的利益依然是其解释的主要角度，利益驱动性占据着十分中心的位置，而利他偏好只是被视为这种驱动性发生作用之后所产生的一种表现形式。尤其是在其所阐述的家庭利他现象的过程中，子女之所以不去进行利己行动的根本原因，依然来自分享他人或者说户主利他结果所带来的利益增加的好处，而唯恐自己的利己行动会导致被排除在受益人群的范围之外，究其本质而言，利他偏好其实被视为是个体为了获得增加自身利益的最终目的而选择的一种表面性的表现形式，利益驱动性依然深埋在这种利他偏好的根基之中，追求效率的最大化是经济人假设的根本基础，而利他偏好只是实现这一目的的一条间接途径。

但是，理性选择理论对利他结果的解释，又与亲缘选择理论具有一定的差异性，这种由利益驱动性所产生的利他偏好，究其本源而言，并没有被完全限定在其生理基因的特征之中，利益驱动性，虽然被视为经济人所固有的一种偏好，但也包含着可能受到他人、群体乃至社会的影响所产生或发展的诸多可能性，个体的偏好并不完全因为其生理基因的特征而产生，偏好的内容与特征也不会完全的一成不变，不出现任何的差异性，其产生与发展的过程中，必然存在着受到外在力量影响的可能性，利他偏好的产生也是如此，从这个角度而言，理性选择理论的解释开始淡化了决定论的色彩。

此外，虽然同样延续着从个体利益的角度去解释利他现象的基本分析路径，但是互惠利他理论中所包含的决定论色彩却更为淡化。这一理论将互惠的期望视为导致利他结果产生的主要原因，认为社会中所存在的诸多利他性现象，很多都是因为行动个体期望得到他人的回报，期望利他结果最终依然会带来自身利益的增加，实现双赢的结果。在这一理论视角下，不管是经济学所讲的互惠规范，还是社会学中所提到的社会交换理论，都暗含着个体的行动选择会受到他人、群体乃至社会的影响。虽然互惠利他的理论一直推崇利他性结果产生的背后，是那种精打细算的利益谋划在起作用，当个体进行利他行动时，会对行动所付出的代价和将来可能获得的收益进行衡量，短期内为了进行利他行动而需要让渡、付出和牺牲的自身利益程度。在互惠利他规范的背景下，会有很大的可能在将来获得更高的利益回报与补偿，既包括受助者的回报，也包括社会的奖励和补偿；既包括实质的经济利益，也包括所带来的无形的声誉，等等。这一理论解释突破了完全孤立的个体角度，开始扩展到个体之间、个体与群体及个体与社会之间的关系层面之中。依据这一解释理论，当个体期待他人的回报和社会的奖励时，很有可能会主动做出一些利他行动，自然会带来客观的利他性结果，虽然主动的利他性意愿依然无法在这一解释框架中找到依据，但是这种对回报与奖励的期待，其中涉及了个体对他人、群体乃至社会的判断和信任，包括这一期待所产生的原因，即个体为何会具有或认同于互惠规范的过程，他人、群体乃至社会都扮演着非常重要的角色。因此，虽然这一理论无助于主观利他意愿的解释，甚至一定程度上漠视了纯粹利他性的存在，但是这种解释所形成的基本路径是值得本书去借鉴的。将互惠规范理论与社会化理论进行比较，可以发现两者呈现出较高的一致性，其所论述的规范的产生、传播以及得到落实的过程，在本质上具有相同性，只不过前者仅仅强调的是“互惠”规范的传播和影响，而后者所关注的规范类型更为广泛，包括分析“社会责任”等规范的传播所可能导致的利他性意愿产生的过程。

从亲缘选择理论到理性选择理论到互惠利他理论，虽然三者都延续着从个体利益获得的角度去解释利他性来源的分析路径，本质上都存在着将利他视为利己的一种还原形式的理论倾向，但同时也在具体的分析过程中存在着分歧。三者的理论阐述中，存在着两种分析取向：一种强调着个体自身的原因，具有明显的生物基因决定论的色彩;另一种则开始引入外界的影响因素,将个体与他人以及社会的关系引入了分析框架之中,尤其是互惠利他理论,其与从他人利益角度去解释利他的一些理论阐述开始分享着许多一致之处,尤其是其所探讨的互惠利他规范的形成过程,对不互惠的惩罚机制,以及社会交换过程中人际关系的影响作用,等等。在一定层面上而言,本书在寻找利他态度和利他行动的影响因素分布时,实际上是借鉴了这种一致性,将个体之间、个体与群体以及个体与社会之间的关系作为全书分析的基本立场,并且从群体规范的传播、社会化等理论中得到了更多的引导。

在从他人利益的角度对利他进行分析所形成的解释理论中,社会心理学中的移情理论显得比较特殊。从分析主张来看,移情理论,与其余理论如社会化理论,等等,都面对着相同的主要分析对象,即自主的利他性动机和意愿形成的过程,但是这一理论的特殊性也表现得十分明显,与其他理论所关注的个体在群体和社会中所受到的影响不同,这一理论将利他性意愿的产生,或者说利他性动机更多地视为是行动个体主观移情的结果,并且认为只有那种完全由利他动机所产生的利他行动才可以反映社会利他性的存在水平,经济学以及社会生物学中所分析的客观利他行动结果,如果不具有利他性意愿,是无法反映利他性的,甚至这类现象不应该被称为利他行动,其性质应该属于利己的范围。非常明显,移情理论中使用了一种非常狭窄的利他定义,这在前文所提到的 Bar-Tal 的概念界定中有明显的体现,可以说将经济学和社会生物学中所形成的一系列解释理论完全排除在了利他理论的范围之外,直接反对这两者的分析路径,即反对从利己的角度去分析利他,反对将利他视为一种简单的利己还原形式,并且直接将互惠型利他,即因为期待他人的回报或社会的奖励而进行的利他行动,直接排除在了利他的概念范围之外。延续着其所使用的十分狭窄的利他概念,移情理论的分析对象的使用范围非常具体,必须是兼具利他意愿和利他结果的行动类型,必须是在利他动机的影响下所产生的利他行动,即所谓的纯粹性的无私利他类型。针对这一类型的利他现象,移情理论将其产生的结果主要归因为行动者个体本身的移情水平和能力,认为无私利他是个体移情所产生的结果,只有那些具有更高移情能力和水平的个体,才会更多地表现出更高的无私利他的行动水平,移情被认为对利他行动和利他意愿具有十分重要影响的因素之一。从其分析内容来看,移情理论表现出比较明显的心理学色彩,移情被视为个体的一种人格特质,并且只有在这一人格特质水平中程度较高的群体之中,无私利他的现象出现的可能性才会更高。这一理论的优点与局限都比较明显,其最大的优点在于完全不避开对无私利他现象的研究,甚至进化到将这一类型的利他作为其分析的核心对象,将个体的移情这一人格特质与其建立联系,为无私利他现象的解释贡献了较为完整的一套理论,填补了社会生物学和经济学在分析利他过程中因为刻意忽视这一对象所形成的研究空白;但是该理论的局限也较为明显,它不仅推崇无私利他的重要性,甚至将这一类型视为衡量是否具有利他性的基本标准,将一些不具备或仅具备一部分利他性意愿的利他行动完全排除在了利他概念的界定之外，将利他概念完全等同于无私利他的概念，只要一个利他行动的结果，并不是完全由帮助他人的意愿所导致的，就不应该被称为具有利他性，这种严格的限定无疑具有明显的片面性。虽然本书也坚持认为，那些完全由利己欲望所驱动的利他结果应该被完全排除在利他的概念之外，但是只要行动意愿中存在着利他的成分，就不应该完全否定这一类型的利他性水平，更何况，客观的利他性结果，当无法判定其暗含的主观动机的性质时，也不应该完全否认其所反映的利他性质，也许其无法达到无私利他的高度，但是只要其结果最终对他人有利，或者其主观意愿中存在着愿意帮助他人的成分，就一定具有一定程度的利他性质。尤其在实际生活中，这种纯粹利他现象是非常罕见的，单方面的利他行动和利他意愿才是普遍存在的。一个社会无法要求或者培育其全部的社会成员都进行无私利他的行动，但是却总是可以找到一些途径去提高其利他行动和利他态度的存在水平，因此，移情理论中对利他的解释，虽然填补了理论上对无私利他的解释空白，但却具有很大的局限性，无法用于解释社会中所表现出的纷繁复杂的利他现象。并且移情理论，将利他视为个体人格特质的结果，暗含着利他型人格存在的可能性，关注点也集中于个体层面，与本书所推崇的从个体之间乃至个体与群体、社会之间的关系去解释利他的路径存在着一定区别。

坚持从他人利益角度去解释利他性意愿的其余理论类型，如群体选择理论、社会化理论，等等，虽然在具体的分析阐述中依然具有很多差异性，但是三者所选择的分析路径却显现出一致性，开始依据个体之间、个体与群体以及个体与社会之间的关系发展过程来解释利他性产生的原因，而非仅仅局限于孤立的个体层面之中。具体而言，群体选择理论，虽然依然关注于生物进化的研究角度，但是却将分析层次从个体转移到群体之中，认为虽然利他现象，尤其是完全牺牲自我的无私利他现象，在个体层次中与达尔文的自然进化论存在着冲突，但却可以在群体层次中实现两者的调和。他认为，社会中存在着不同类型的群体，彼此之间为了共同的资源而存在着竞争关系，那么当利他现象存在于某一群体之中时，该群体就会获得更多的竞争优势，尤其是相对于那种仅仅充斥利己性的群体而言，因此，为了保持并延续这种群体竞争的优势，群体会通过各种手段鼓励、推动群体中的人员去做出各种利他行动，去培养成员的利他性，提高该群体内部的利他性水平，此时，利他性就会在该群体中得到推崇，为培养成员利他性而制定的各种群体规范也会得到更多成长的空间。此处的基本预设是，当一群体中的成员之间关系非常紧密，彼此之间的利益休戚相关，并且群体之间的界限十分严格，群体内和群体外的差异性非常明显时，个体会为了增加群体的利益，而接受各种利他性群体规范的影响，从而自发进行各种利他性行动，甚至会为了帮助群体内其他成员而做出自我牺牲的决定。简而言之，群体选择理论中依然体现着自然进化的色彩，只不过将个体之间的优胜劣汰转移到了群体之间，通过提高分析层次而找到一个兼顾个体利他与生物适应性进化两者之间的平衡点。虽然本书的研究并不关注这种群体之间的竞争带来的影响，但是这一理论中所提出的群体规范对个体的影响，群体内成员会受到利他性规范的引导，自发形成利他性态度，并进行利他行动的过程，为本书寻找利他态度和利他行动的影响因素的工作提供了一定的指引工作，尤其是个体在群体中的位置，个体与群体联系的紧密程度，等等，都有可能推动个体利他态度和行动的形成，影响其变化的可能过程。

同样延续着对群体规范的强调的理论还有基因-文化的综合解释模型，只不过此解释中，对利他产生具有重要影响的利他性规范，不再仅仅存在于群体层面之中，已经被扩展到了整个社会的文化层面之中。该解释模型将利他结果的出现，尤其是无私利他的现象，视为文化复制因子在整个社会层面中扩展与传播所产生的结果。它认为，如同基因在生物代与代之间的遗传一样，文化因子也会在社会范围内得到传播，前者是一种自然基因的演化进程，后者则是各种文化规范在普通社会成员之间传播开来的机制。而社会中之所以会出现许多类型的利他现象，甚至会出现完全牺牲个人去帮助他人的无私利他行为，其中所隐含的机制就是文化复制因子的作用过程，也就是布莱克摩尔所提出的谜米机制。这三种机制中，个体对他人行动的模仿、对社会中流行的文化规范的接受、学习与实施是主要实现途径。该理论最基本的预设是，当利他性因为生物基因的原因而最先在社会中有所体现时，它所显现出的利他性规范会由于其本身为他人所带来的巨大利益而受到他人的尊敬，那么最先进行利他行动的个体则会成为社会关注的焦点人物，其他社会成员为了促使自己也成为这种焦点人物，就会自发地去向利他行动主体学习，模仿个体的利他性行动，接受利他的主观规范，并最终在实际生活中也自发地去进行各类利他行动。个体对利他规范的了解、接受、模仿、学习以及实施的过程，就是利他性作为一种谜米，或者说作为一种文化复制因子在社会中得到扩展与传播的过程。在这一预设中，那些与他人之间具有更为紧密关系的个体，在群体和社会中表现得更为活跃的个体，以及对文化规范更为认同的个体，都会有更大的可能性去主动地加入上文所提的文化复制因子的传播过程之中，也更有可能表现出较高的利他行动与利他意愿的水平。从这一角度而言，利他性来源的基因-文化综合解释模型，与下文将要提到的社会化理论，保持了较高的一致性水平。

继续强调他人、群体以及社会对个人利他行动与利他态度具有重要影响性另一种解释就是社会学中的社会化理论。严格而言，社会化是社会学研究中的基本概念之一，强调的是社会中的个体，从出生之初的完全自然人状态，在一生的过渡时间中逐渐转变为社会人的漫长过程，其中，社会规范对个体的影响被视为这种转变的核心机制。判断个体社会化的重要标准，就是衡量其是否了解社会中各种规范对他的要求内容，以及个体在日常生活中是否按照社会规范行事的程度。社会化的理论从社会学作为一门学科产生之初，就占据着十分重要的位置，与其相关的论述也多种多样。一般而言，家庭、学校、社区以及社会都被视为个体社会化过程的主要场所，而父母、教师、同辈群体等大都被视为促进个体顺利经历社会化进程的主体类型。社会规范是社会化理论的核心概念之一,包括社会以及群体对普通社会成员各个方面的基本要求和期待,推动、保证社会规范对其成员发挥影响,确保个体将社会规范作为其日常行动的主要引导和依据,是社会化的中心目的。究其本质而言,社会化的过程是一个以社会规范为手段,对社会成员实施教化的过程,并且是一种涉及个体生活各个方面的教化,这与社会心理学中所提出的"文化濡化"的机制具有很高的相似性。

当然,社会化理论促使规范与个体之间融合的方式也并非是单向的,并非完全依靠简单粗暴途径去迫使个体按规范行事,而是表现出许多不同类型的实施手段。其中,促使社会成员完全接受规范的要求,并将社会规范完全内化为个体自身的行动规范的结果,通常被视为社会化最为理想的状态,理论上而言,一个成功的社会人,应该非常了解各种有关其行动的社会规范的要求,在主观层面上自发地认同现有的各种规范,并且自愿地去按照这些规范的要求展开各种行动,并不需要社会或外在力量,设置奖励或惩罚等刺激措施与制度,来确保个体会按照规范行事。个体与规范之间,最为和谐的状态应该是一种双向互动的关系,社会化并不是一种简单粗暴的社会控制的手段,更应该是一种帮助社会成员更好地去学习如何适应社会的有效途径。为了使这一有效途径得到良好的运用,个体了解、学习、接受以及内化社会规范的过程则显得十分重要,这也成为一些理论关注的焦点,比如角色互动论、社会学习理论,等等。

在对利他性产生的原因进行分析时,社会化理论将其视为社会规范与行动主体之间互动关系的结果,认为个体之所以会形成利他意愿,会在实际生活中进行利他行动,主要源于其所接受的一些特定规范的要求,因为行动主体在与他人的交往过程中,在家庭、学校、社区以及社会等场景中接触到了这些社会规范,开始了解并学习规范的要求,并最终受到规范的影响,表现出规范所要求和期待的利他行动。此处特别提及了几类主要的社会规范,比如社会正义、社会责任规范,等等,甚至还包括互惠利他理论中的互惠的规范。正是因为在社会中,这些规范处于主流的位置,得到了较大范围的推崇和传播,才会最终为普通的社会成员所了解,并被认为"按照这些规范去行动是正确的选择",为他人着想、关注他人的利益、自发去帮助他人等要求成为个体所理解的社会规范的要求,并在其价值观层面中,开始认同这些要求,从而推动了利他态度和利他行动的产生。在该分析框架中,利他行动和利他态度的存在水平被认为与个体社会化的程度具有正向的发展关系,当个体对这些社会规范的接受和认同程度较高时,其更有可能会具有较高的利他态度和利他行动水平,当含有利他性要求的社会规范完全被内化为行动个体的价值观时,个体会更愿意牺牲自己去帮助他人,这种对自身利益的牺牲程度与规范的内化程度之间也应该呈现出正向的发展关系。

将群体选择理论、基因-文化的综合解释模型与社会化理论三者进行比较,三者的一致性表现得较为明显。其在解释分析利他性来源时都强调脱离孤立的个体层面，应该从群体以及社会的层面中去寻找可能的来源和影响因素。社会中的每一个普通成员，都是处在错综复杂的关系网络中，都需要也确实是与他人进行各种类型的接触，形成各种性质的关系，都会受到他人、群体和社会的影响。个体的利他态度和利他行动也不例外。其所形成的助人意愿与实际进行的助人行动，应该是受到各类外在因素的综合作用而得以产生并持续下去的，而不应该完全由人的生物基因所决定。这就暗含着不同特征的个体，应该会具有不同水平的利他态度和行为。从群体选择理论的角度而言，那些与所在群体形成更为紧密联系的个体，更有可能受到群体规范的影响，也更有可能接受利他性的要求，从而形成利他态度和行动；在基因-文化的综合模型的分析视野下，那些更容易受到文化规范的影响，更认可所在的文化规范，对其所在的社会有更深的归属感的个体，也更有可能受到利他这一文化复制因子的影响，更有可能去学习他人的利他行动，从而最终产生自己的利他态度和行动；在社会化的分析层次中，当个体表现出更高的社会化程度，对利他性规范的接受、学习、认可与同化的水平持续增加时，其也更加有可能去按照含有利他性要求的规范行事，也最终促使利他态度和利他行动的产生。结合这三种分析视野，坚持脱离孤立的个体层次，强调群体、社区以及社会规范的重要作用，从个体与他人、群体、社区乃至社会的关系层次中，去探索对利他态度和利他行动的影响因素分析，确定其背后所包含的运行机制是否存在，构成了本书所坚持的基本书视野，也直接引导出研究假设和模型的构建。

第三节 现有的利他经验研究

本章前两节主要回顾整理了目前学界针对利他概念与利他来源所提出的一系列理论分析成果。同时，在这些理论的指引下，各种类型的经验研究也在许多学科中扩展开来。一般而言，经验研究的主要目的在于通过实际的数据分析，对抽象的理论分析起到检验和扩展的作用，实现将抽象的理论叙述与实际发生的社会事件两者结合的目的。本节对现有利他经验研究的梳理，主要目的一方面是确定现有的经验研究成果对主要理论解释的检验状况，另一方面则通过分析整理现有的经验成果，为本书将要进行的实证研究工作寻找可以加以借鉴的对象。此处所指的借鉴，既包括使用在现有经验研究中已经被证明对利他态度和行动具有影响的因素，也包括在本书所进行的实证研究中重新检验那些在现有研究结果中没有得到数据支持的影响因素。简而言之，对现有利他经验研究结果的整理工作，将会有助于研究者更为全面了解他人在这一领域中的经验研究工作所取得的进展情况，为本书现在进行的研究提供支持和对话的对象，从而有利于本书所使用的研究假设模型的构建工作。

目前现有的经验研究结果之间也表现出明显的差异性，尤其是随着其所使用的理论分析框架的不同，研究的侧重点和关注角度之间的差异性较为明显。比如在移情理论的指引下所进行的研究，关注的焦点在于检验个体的移情能力与无私利他行为的水平两者之间的紧密联系特征；而那些沿袭着互惠利他理论指引下的经验研究，侧重点是使用经验数据去证明个体对于回报的期待水平与实际进行的利他行动水平两者之间的正向联系特征等。基于这种差异性的存在，结合前文所梳理出的理论分析的基本路径类型，此处对经验研究成果的梳理，对象是国内外已有的利他研究的经验成果，梳理的层次由三部分组成：第一部分是在总体层次上，概括现有经验研究的主要分析成果；第二部分主要整理在个体层次对利他进行分析的研究成果；第三部分梳理的重点是总结那些从个体与他人、群体以及社会关系的层面中所进行的利他研究的成果。因为本书所坚持的研究立场与第三部分具有很高的一致性，所以此节的重点内容也落在了第三部分中。

一、总体研究现状

从利他一词被孔德创造出来之后，许多社会学科领域中都展开了一系列将利他作为分析对象的经验性研究，所取得的成果也比较显著。总体而言，对其研究较多的学科依然集中于社会生物学、经济学、哲学、社会心理学、社会学之中。研究层次包括微观的个体、中观的群体乃至宏观的社会，等等，既存在直接将利他性作为分析对象的经验研究，也有一些研究去探讨以不同形式所表现出的利他性运行机制的问题。本部分主要目的是总括性地介绍现有经验研究发展的状况，分别介绍西方与国内学界现有的研究成果。

从总体发展趋势和发展程度上而言，对利他的研究，无论是抽象理论的建构和分析，还是具体经验研究所取得的成果，都主要集中于西方的社科研究之中，这在前文对利他概念和来源的文献梳理中就有明显的体现，尤其是在理论建构层面，目前所提出的用于解释分析利他的主要理论，不管是经济学或社会心理学，都是由西方学者所提出的，国内的利他研究还处于起步阶段，缺乏原创的理论建构，更多的是经验分析的研究，这也是为什么在前两节文献梳理中并未单独区分西方与国内的原因。鉴于在经验研究层面中，目前国内开始有越来越多的学者进入利他性研究领域，也取得了一定的结果，所以此处的文献整理将西方与国内的研究做了区分。

1. 西方学界的利他性研究

基于西方学界中业已形成的众多有关利他的抽象理论分析，旨在分析利他性在社会中的存在状况的经验性研究也呈现出多元化扩展的趋势与特点，并且依据其产生的不同学科表现出鲜明的分析特征。此处主要梳理了现有不同学科中已存在的利他研究的主要特征，主要包括社会生物学、经济学、社会心理学、社会学等。

社会生物学领域中，流行的主要观点认为利他现象的产生，源于利他基因作用的结果，因此许多经验研究的主要目的在于探索哪些选择机制，可以促使利他性基因在社会发展过程中形成并延续下去(Pilavin,Charng,1990)。通过现代计算机模拟技术的使用，一些社会生物学家提出，三种独立的选择机制将会有助于确保社会中利他性基因的产生，并可以在人群中得到有效的传播(Boorman,Leavitt,1980;Morgan,1985)。这三种选择机制分别是亲缘选择机制(Kin selection)、互惠选择机制(Reciprocity selection)以及群体选择机制(group selection)。这三种机制的确立与亲缘选择理论、互惠利他理论以及群体选择理论之间具有密不可分的关系。此处的经验分析主要借助于现代计算机模拟技术，在电脑中模拟出具体的情境，将社会成员以部落的形式进行聚居，并限制社会竞争的总体情境，最终发现，当这种部落的聚居形式并没有分裂为小群体时，只有互惠选择机制有助于利他基因的存在与延续；而当部落由于整体人口规模的增加而逐步分裂为各类小群体时，社会中的利他性基因就可以在全部三种选择机制的作用下都得以形成并延续下去(Morgan,1985;Pilavin,Charng,1990)。这一经验研究结果的得出，被视为对前文所提出的几种主要分析理论，如亲缘选择理论、互惠利他理论等，提供了坚实的数据支持。

对互惠利他的研究分析是经济学中利他经验研究的主要组成部分。许多研究大量地借助于博弈理论的使用，建构出众多社会中利他现象存在背后所暗含的互惠选择的运行机制，并提出了许多用于测量利他性存在状况的游戏设置(game model)。比如被广泛使用的独裁者游戏(dictator game)等。同时，经济学专家与社会生物学专家两者在研究利他所展开的经验分析中，也出现了合作融合的特征。最为典型的例子就是桑塔菲学派对"强互惠"机制的研究。这一理论在前文中有详细的叙述，此处就不再多提。值得注意的是，大脑 CT 技术在此研究中得到了运用，研究者通过观察分析利他行动主体的大脑神经的变化过程，从生理层面中找到了"强互惠"的存在可能性，并提供了科学证据的支持。

社会心理学中为分析利他所进行的经验研究的主要目的是去寻找对个体利他行动与利他态度产生重要影响性的人格特质因素，并认为正是这种人格特质倾向的存在，利他态度和利他行为才得以形成，并在不同群体中表现出极具差异的分布特征。现有的经验研究中，个体移情的能力水平、社会责任感、冒险精神、自我尊严感等被认为对利他态度和行为具有影响。此外，一些情境因素也同样被视为影响因素，尤其是在对社会冷漠事件的分析中，旁观者效应被认为是影响利他现象产生与否的重要原因之一。有关这一部分的研究成果，将在下文有详细的阐述，此处就不再赘述。

利他同样也是西方社会学领域中的一个主要研究对象，并且主要坚持从个体与群体以及社会之间关系的角度所进行的经验分析从未间断。早在经典社会学家迪尔凯姆所著的《自杀论》一书中，利他就被认为与社会整合具有密切的关系，其提出的利他主义自杀的概念，即因为过度的社会整合而导致个体选择自杀的类型。

此后，对个体的慈善捐赠、公益志愿活动、无偿献血行动等的研究更取得了非常丰富的成果。虽然利他行动并没有在许多经验研究中有直接的提及，但是其中所包含的利他性是毋庸置疑的。同时，这类型经验研究中，还提出了许多对此类型行动具有显著影响性的因素，比如个体所拥有的人力资本、社会资本，以及个体的亲社会倾向等，都被认为对个体是否进行慈善捐赠、参加志愿活动和无偿献血活动具有重要影响。尤其是这类型经验研究中提到了一种资本假设，即认为大多数的社会成员都愿意帮助他人，只是因为每个人所拥有的资本存量的不同，而最终在实际行动中表现出了不同的助人程度。这一假设本质上是将利他现象存在的差异性从“个体愿不愿意帮助他人”的方向转移到了“个体能不能帮助他人”的问题，当社会成员非常愿意牺牲个人利益改善他人处境时，但却因为自身所拥有的资源非常短缺（包括人力资本和社会资本），而最终没有做出帮助他人的实际行动。一些经验研究的结果表明，资本假设具有一定的可能性，尤其是个体所拥有的社会资本，对其是否参加志愿活动、慈善捐赠以及无偿献血活动，具有比较显著的影响。社会学中这一经验研究所取得的成果，也为本书所建构的研究假设提供了参考借鉴的对象。

同时，社会学领域中对利他进行的经验分析还包括默顿对制度主义利他规范的分析阐述。同时，利他作为一种专门的规范在许多特定职业中有很明显的表现。有关专门的利他职业规范的研究中，最突出的代表是默顿所提出的制度化的利他主义的概念。他认为，这是利他主义的一种特殊表现形式，“通过结构性机制，特别是奖赏与处罚的调节，以激励那种有助于他人的行为。制度化利他主义关注行动的选择性，社会结构有助于提高个人选择利他行动的比率，并远远超过了其他可能的行动”（默顿，2001）[126]。这种利他的制度化既包括一些社会所建立的固有的奖罚利他行为的政策和措施，比如中国目前推行的见义勇为奖金政策，也包括在一些特殊职业中所提倡的利他主义规范，比如医生所提倡的“救死扶伤”、教师的“教书育人”，甚至包括政府官员的“人民公仆、为人民服务”等理念。

制度化的利他主义最重要的特征是其将报酬间接返还给施助者的机制，“以制度化方式使报酬（不管何种）从最初的受助者返还给施助者，而施助者的报酬，更有可能来自他们所参与其中的社会系统中的其他个人”（默顿，2001）[127]。默顿将医药、法律、教育、宗教等职业指称为专门职业，认为利他主义的规范在这种专业职业中具有被更广泛推广的可能性。但是这并不意味着利他主义规范是一种必须性的要求，也不意味着所有专门职业的从业人员都必然表现出较高的利他主义特点，只是在与其他职业相比，无论是从业者、普通民众或是整个社会，都对其持有更高的利他主义的期望。

利他主义规范更多的是针对赞许性行为，“规定专门职业者应该为其当事人尽可能做他能做到的事情，有时甚至最大限度牺牲他们自己的利益，并且禁止专门职业者在行事时，为个人的私利和金钱利益，以牺牲当事人的利益为代价”（默顿，

2001)[132]。这种利他规范以专门职业所提供的职业声誉和物质的奖励惩罚为保证机制，即前文所提到的制度化的保证机制，也是区别于那种个体自发的利他行为的最大差别。因此，在这些专门职业中，利他主义的制度化形成的可能性要远远超过其他职业。“通过一定的奖励制度使在专门职业中道德责任和自我利益常常趋于一致和融合，专门职业的这种制度化机制有利于促使个体从业者的自我利己性转变为利他性行动。”(默顿，2001)[136]并且这种转变所欲达到的目的是指向长远的行为倾向变化，当制度不断促使个体行为向利他方向转化，逐渐形成位置高责任重的观点，以制度保证并促使社会中利他性的形成与延续。

此外，政治学、人类学、道德哲学中也存在一些对利他的经验分析，西方早期的哲学研究中还形成了一个利他主义学派，主要提倡无私利他的道德培养。现有有关利他的研究还分布于对选举行为、灾难救助以及象征交互作用的文献之中。对于个体选举行为意愿的研究发现，虽然个人利益构成了原因的一部分，但是出于利他意愿而参与选举的原因也在其中开始体现，包括个体市民责任的要求、对于他人与公共利益的考虑与关心和对于社会正义的追求和期望等(Rasinski & Tyler，1986；Katosh，Traugott，1982；Wilson，Banfield，1964；Tyler，Caine，1981；Piliavin，Charng，1990)。

灾难中的救助行为被认为是个体以及整个社会中利他性程度的最典型的体现，这种灾难不仅包括自然灾害，比如中国的汶川大地震，还包括人为造成的困境，比如第二次世界大战期间对于犹太人的屠杀、南京大屠杀以及非洲的种族灭绝事件等。研究发现，这种大灾难发生时，大量的个体会主动参与到志愿救助之中，甚至会迅速地超过原本所需要的限度。这种灾难救助最大限度地揭示了人类自身的利他性程度，虽然在自然选择过程中体现了人类种族的竞争性，但是人类利他性的一面也始终存在，并且似乎在这种大灾难的救助中体现得非常明显(Dynes，Quarantelli，1980；Hornstein，1976；Zahn-Waxler，1986；Krebs，Miller，1985；Simmons，1977)。门罗对于第二次世界大战中救助犹太人的个体的研究发现，促使人们做出救助行为的最大相同点来源于其对于共同人性的认知，认为救助他人的利他行为是因为人类的普遍人性的存在，个体有义务为了维护这种人性而去救助他人(Monroe，1996)。

2. 国内学界的利他性研究

目前国内学界对于利他研究的范围是比较狭窄的，分散于伦理学、经济学、社会心理学以及社会学等学科之中，按照其研究的内容为标准，大致可以归纳为以下几类：

第一类是对西方有关利他理论的介绍与述评，其中涉及的理论包括前文所提及的论述利他来源的主要观点。这种综述基本上是按照学科特色而展开的，比如黄少安与韦倩(2008)依据个体从利他中所得利益是直接还是间接的性质，梳理了利他经济学研究中最近20年的观点与成果，包括亲缘选择理论、互惠理论以及贝克尔的解释，等等。刘鹤玲(2007，2008，2010)、赵妍研(2011)、程晓平(2010)等人对利他的社会生物学解释进行了详细的介绍与总结，尤其强调了新的多重群体选择理论所取得的新进展以及所存在的问题和局限性。彭茹静(2003)、王雁飞与朱瑜(2003)、郑显亮与顾海根(2010)等总结介绍了社会心理学中有关理论的相关解释与观点，包括移情、个人的道德归因、社会规范的教化，等等，还罗列出可能影响个体利他行为的各种因素，比如助人者的特征、情境特征，等等。此外，郑也夫(2009)在介绍了社会生物学有关利他的理论之后，沿着达尔文道德问题笔记中"道德的先天性基础"的路径，结合社会心理学中有关利他促进个人利他的观点，将利他视为人类的本能之一，利他与利己之间是一种本能之间的冲突。

第二类是哲学研究中有关中西利他主义观念与思想之间存在的差异研究。王海明(1988，1990，2001，2004)比较了中国儒家与墨家中利他主义思想之间存在的差异，认为儒家所提倡的利他主义是一种依据个体的亲疏远近关系的利他观念，而墨家的利他则是一种普遍无差异的利他主义；同时，他还将中国的儒墨思想与西方的利他主义哲学，包括康德的道德哲学中的利他主义思想进行比较分析，提出这种伦理哲学中所提倡的利他都表现出一种无私利他的特点；他还探讨了哲学思想中的绝对无私利他与现实的利己不损他主义之间的关系。谢维俭(2004)依据利他行为所指向对象的不同，比较了儒家与墨家所含利他主义思想的不同要求，并将其与社会对于保护弱者的要求结合起来，分析了社会平等实现的机制。陈坚(2007)对于儒家与佛教中利他思想的比较，儒家所强调的是在义利关系中以义为基础，而佛教则从自利为前提获得自利与利他之间的平衡。林滨(2004)通过比较中西方社会中的血缘和契约关系、农业和商业经济以及道德和理性优先的差异，以此得出中西方文化中所显现出来的不同的利他主义思想所表现出来的独特特点。

第三类是经济学中以互惠利他和利他偏好为导向，对于利他所具有的效率与效益的分析。张旭坤(2005)通过建构群体内个体的博弈模型，确定奖罚措施对于利他的群体效益的影响，并以此分析利他主义的存在对于群体间竞争的影响，得出"一个富有牺牲个体成全群体的利他主义传统的群体，比一个没有或者缺乏这种传统的群体更可能在生存竞争中胜出"(张旭坤，2005)[19]的结论。杨春学(2001)分别分析了利他作为一种经济偏好以及作为一种合作行为所表现出来的特征，并探讨了利他的两种可能存在机制，即生物遗传和文化继承以及社会行为的互动机制，以此来分析利他主义所具有的效率问题。叶航、汪丁丁、罗卫东(2005)、叶航(2005)通过引入合作剩余和生物演化稳定策略两种模型，认为利他从早期作为社会规范的产物演化为一种内在偏好，并从现有的脑科学研究成果中寻找支持，介绍桑塔菲学派的"强互惠"理论，由此建构出一个对人类利他行为，尤其是纯粹利他行为进行解释的机制模型。与此相似的还有胡石清和乌家培(2009)将利他视为一种社会理性的观点。此外，王玉珍(2003)针对现有的经济人假设，建构出一个"道德人"的概念与假设来对利他行为进行解释。将利他作为一种偏好进行研究的还有夏纪军等人(2003)对于利他与信任类型之间的研究、程民选(2008)有关利他性和自立性在信用主体中的体现和作用的研究,等等。饶异(2010)对互惠理论进行了详细的介绍,分析了该理论在解释社会现象的适用性,并将其引入到对于商业合作和国际合作现象的解释之中。

最后一类是描述分析中国社会中利他现象的经验研究,其中既包括宏观的对于中国社会利他性的分析,也包括具体地分析中国青年利他程度的研究以及网络利他现象的研究,等等。李柏洲(2008)将利他分为四种类型,认为中国社会目前所处的经济发展阶段与利他主义行为的数量之间表现出相关关系,并提出了一些促进利他的建议措施。梅光耀(2006)、杨美荣与李建明(2007)、刘争先和毕红梅(2007)等针对大学生群体的利他性现状进行了探索性的研究与分析;张志祥(2005)、钟永淑和袁明锋(2011)对当前中国青年群体的利他主义行为进行了描述分析;安晓璐(2005)、王小璐和风笑天(2004)、彭庆红和樊富珉(2005)、郑丹丹和凌智勇(2007)、丁迈和陈曦(2009)以及李婉和郝新春(2008)等对网络利他行为所表现出来的特征进行了详细的实证分析与研究。景晓娟(2010)通过对青年志愿者利他动机的研究发现,随着个体参与志愿活动的时间和程度逐渐增加,其利他动机表现出从外源向内源的转变倾向。邵贵平(1999)则发现个体的利他程度的提高有利于其心理健康的状况维持。同时,井婷等人(2011)发现大学生志愿者的幸福感状况会直接影响到他的利他行为,并且这种影响以信仰作为其调节变量。何安明(2007)则通过问卷调查,证明大学生的移情能力与其利他行为之间表现出显著的相关关系。

通过整理中国现有的各种利他研究的成果,可以发现目前利他性已经开始进入很多学者的研究视野之中,并且也积累了一些成果,但是依然存在一些空缺需要填补。在理论层面,国内现有利他研究大都是对于西方理论的介绍,尤其是社会生物学和经济学理论的介绍,而社会心理学和社会学的理论则较少被提及。同时,中国古代伦理思想中所提及的利他思想,也没有得到一个系统的整理,尤其是这种利他思想与中国人的利他行为之间的关系这部分问题没有得到深入的研究与分析;在经验研究层面,现有对中国社会利他性的描述,主要集中于一些具体群体身上,尤其是青年人和大学生群体以及这两者的交集中,而缺乏对于整个社会中所有社会成员的利他性的整体分析。同时,理论建构与经验研究之间的断层现象以及各学科之间的分裂现象表现得非常突出。与西方的经验研究主题相比,国内的利他研究中,有关个体血液捐献、器官捐献以及慈善捐献的具体研究出现了空白,缺少明确的探索分析。此外,有关当前社会中现有的利他主义规范的研究也比较缺乏,尤其在目前医患矛盾不断突出的大背景下,医生群体的利他主义规范被普通社会成员所认可的情况急需通过经验研究来加以了解;包括中西方利他文化与规范的不同所带来的个体利他性的不同方面,也几乎出现空缺的状况。同时,在目前新闻媒体中所体现出来的各种利他性缺乏和社会冷漠的报道与现实的利他经验研究之间存在着巨大的鸿沟，很难从现有研究中得出支持或反对新闻报道事实的证据，而这正是目前中国社会所需要的，是防止“中国人利他性缺乏”这一观点变为一种自我实现预言的重要措施。

二、个体层面的影响因素

社会心理学中一些经验研究的结果大都表现为这一类型，主要强调的是个体的人格特质因素与利他行为和利他态度之间具有显著的相关关系。比较经常被提及的包括个体的移情能力水平、所具有的社会责任感、自我尊严感、是否具有冒险精神、自我控制的能力，等等。同时，个体的性别与年龄等人口学特征也被认为对利他态度和利他行为具有重要的影响。

影响利他的人格特质因素一般表现为个体的性别、社会责任感、对于他人的信任以及愿意去承担风险等因素。男性与女性所持有的利他态度与所表现出来的利他行为在一些经验研究中被发现具有很大的差异性。霍夫曼(1977)发现在面对受助对象的情感要求时，女性比男性表现出更高的倾向性；而奥斯汀(1979)也发现尽管男女在较高困难程度情境下表现出相似的利他倾向，但是对于那些困难较小的场景中，女性的利他性要高于男性。同时，艾森伯格(1988)提出，女性要比男性表现出更多的移情程度，对于处于困境中的他人表现出更高的同情心，并更容易产生悲伤等消极情绪。但是也有一些学者认为个体利他性在性别层次中的差异性更多地来源于角色认知，受到角色规范和角色社会化过程的影响。

个体社会责任感对于利他的影响直接来源于社会规范理论。当个体对于社会规范的程度较高时，他会对他人、群体以及社会表现出较高的义务感，认为自己有必要去帮助别人，增进社会的利益。施瓦兹(1970)发现在骨髓捐赠中，那些对积极社会规范更为认同并且具有较强的社会责任感的个体，会更多地参与到骨髓移植库的捐献之中；布里格斯(1986)也发现在骨髓捐赠意愿调查中，个体社会责任感的高低直接影响到其捐赠的自愿性。同样，在对于志愿献血的研究中，祖克曼等人(1977)发现，在社会责任感测试量表和积极社会规范认可性测量中得分较高的群体中，愿意献血的个体比例是34%，而整个社会中该比例不足10%。同时，还有研究发现，那些认同于消极社会规范的个体比不受任何规范影响的个体表现出更低的助人行为(S. Fleishman，1982)。这种消极规范的内容一般主张个体不应该去帮助他人，利他是一种没有效率且不被提倡的现象。

冒险精神和信任他人也被认为会影响到个体的利他性。在对第二次世界大战时期帮助犹太人的个体进行研究时，伦敦(1970)发现他们都表现出一种极具冒险精神的特质；那些经常献血的人也表现出比非捐献者更高的愿意尝试新鲜事物的倾向；在伯克维茨(B. Berkowitz，1987)对于积极社区服务组织的创始人的研究中，这些发起人也都普遍呈现出“愿意承担风险”的特质。

此外，一些研究也发现那些具有较高程度的利他主体，一般都具有较高的自我尊严感，表现出较高的社会能力以及自我控制能力。并且，这些利他程度较高的个体都拥有较高的伦理价值观，相信所有人都是平等的，追求社会正义的实现以及对他人表现出较强的同情心等（Staub，1978；Aronoff，Wilson，1984；Piliavin，1981；Rushton，1981；Oliner，Oliner，1988；Piliavin，Charng，1990）。在以上所提及的经验研究中，这些人格特质的因素都与个体的利他性表现出相关关系，但是却很难证明一个利他人格的存在。目前还没有明确的证据来确定一种人格特征是利他性较高的个体所独有的，因此，只能说有一些人格特征因素对个体的利他性高低具有影响作用。

这一部分主要梳理了行动主体本身所具有的一些可能影响其利他态度和利他行为的因素特征，既包括了一系列的人格特质，也包括了一些人口群体特征，比如性别、年龄，等等。虽然这些影响因素在具体内容上表现各异，但是都集中于行动者本身，基本的预设是具有何种特征的人群，有更高的可能性去做出利他行动和形成利他态度。当然此处所提及的一些个体特征，并没有排除其可能受到的外在条件的影响，比如社会化过程中的性别社会化对性别的影响，等等。但是从总体上而言，这一层次的影响因素，更多地集中于个体自身，集中于主体所具有的各种特征，而不是主体与他人、群体和社会的互动关系所带来的影响，这是第三部分文献梳理的主要对象。

三、群体与社会层面的影响因素

这一层面的影响因素主要集中于个体在社会生活中可能受到的各种外在因素的影响作用，主要存在于个体与他人的关系、个体在群体中所形成的关系乃至个体与整个社会之间的关系之中，其中，个体对他人的信任程度、对群体与社会之间联系的紧密程度、个体在社会所处的实际位置以及具体现象发生的情境特征，都被认为会影响到利他态度和利他行动的存在状况。

情境因素的影响在社会心理学家对旁观者效应（by-stander effect）的研究中有明确的体现。社会冲击理论（social impact theory）认为，个体所表现出来的心理状态、主观判断、动机、态度以及行为的选择都会受到他人的影响，这种影响不仅来源于他人的存在和真实的具体行动，还包括主体所想象出来的他人可能出现的情况（Latane，1981）。主体所在的旁观者群体的规模大小以及由此引出的个体责任的分散成为影响利他现象是否发生的主要情境性因素。西蒙斯（Simmons，1991）对于肾脏捐献者的研究发现，需要捐献者所拥有的兄弟姐妹的数量与这些兄弟姐妹愿意捐献肾脏的比率呈现反比例关系。“在那些个体只有一个兄弟姐妹的家庭中，有51%的兄弟姐妹愿意为其捐献；而当数量上升为3～5个时，只有三分之一的人愿意捐献；数量为7～9时，愿意捐献的比例降到27%；而在有10～11个兄弟姐妹的家庭中，捐献的意愿消减到完全没有。”（Simmons，1991）[4] 责任分散被更多地用于对于旁观者效应事件的分析之中，尤其是在紧急的危险的事件发生时，当有一群人在场时，个体的判断就会受到他人的影响，原本单一的责任主体也分散到每个人身上，因此反而会出现无人利他的现象。此外，利他对象的特点也会影响到利他行为是否会发生，在西蒙斯的研究中，那些受到利他对象直接请求帮助的个体表现出更多的意愿(Simmons，1977)。另外，当利他对象是女性时，利他行为发生的可能性也会增加(Eagly，Crowley，1986)。还有研究指出，当个体在之前的助人行为受到过奖赏时，在遇到相同的情境时也会表现出较高的利他性，而无此经历的人则没有表现出差异(Deutsch，Lamberti，1986)。

个体在社会中所处的实际阶层位置也被认为对其利他态度和行为具有影响作用。经验研究中一般通过研究个体在社会中所拥有的资源情况与利他行为之间的关系来检验这一预设的目的，这也是前文所提及的资本假设。具体而言，这类型的研究大都将利他行为具体化为公益志愿活动的参与、进行慈善捐赠行动或者参加无偿献血活动，甚至包括进行器官捐献活动等，将个体在社会中所拥有的资源主要分为人力资本和社会资本两大类，有些研究还涉及文化资本的类型。其中人力资本(human capital)主要指涉行动主体自身所拥有的用于创造价值的能力特征，比如个体的收入水平、受教育水平、职业等级，等等；而社会资本(social capital)则采用的是一般宏观的概念指涉，主要指个体从其关系网络中可调用的资源，主要通过其与他人、群体的交往程度以及参加社会内各种组织的频率等指标来加以测量。一些经验研究还将文化资本(cultural capital)引入到资本假设中，但是此处所使用的概念含义并不等同于布迪厄在研究教育不平等中所使用的文化资本，而更加倾向于用其指涉个体所处的文化背景对其所产生的教化作用，一般用个体所持有的判断他人及社会的价值观来测量文化资本的存在水平。此外，在具体的经验研究中，资本(capital)假设也被称为资源(resource)假设，以上所提到的资本也可被称为人力资源(human resource)、社会资源(social resource)与文化资源(cultural resource)的概念。

为了检验资本假设的真实性，一些社会学者进行了一系列的经验研究，所得出的众多结论，一定程度上为资本假设提供了有效的数据支持。比如，受教育程度被认为对志愿活动的参加频率具有显著的影响作用，那些拥有更高学历水平的个体，不仅更为经常性地参加各种志愿活动，而且还有更大的可能性会持续参加这种活动。同时，职业类别则被证明与志愿活动的参与具有反向的关系，那些从事全职工作的人，比不工作的个体参加志愿活动的可能性更小。此外，收入也被证明与慈善捐赠的频率具有正向关系，收入水平更高的个体，更为经常地做出慈善捐赠的行动。从社会资本的角度来说，许多研究都表明，与社会和群体关系更为紧密的个体，即那些更经常地与他人进行交往活动、更经常加入各类型组织的个体，也会更为经常地参加慈善捐赠和公益志愿活动，这一点不仅在验证资本假设的研究中得到了证实，同时在政治学家普特南对社会资本的研究中也有所提及。同时，一些研究还将社会资本与文化资本对志愿活动的影响进行比较，数据分析结果显示，文化资本与社会资本都同时对志愿活动具有显著的影响作用，但是前者的影响程度要大大高于后者，文化资本水平更高的个体，无论在参加志愿活动的持续性程度，还是愿意参加的程度，都高于社会资本水平增加所带来的志愿活动的增加程度(Janoski，Wilson，1995；Wilson& Musick，1997；Janoski，Musick，Wilson，1998；Wilson，Musick，1999；Wilson，Musick 1999；Musick，Wilson，Bynum，2000；Wilson，Musick，2003；Mustillo，Wilson，Lynch，2004；Bekkers，2006)。

从个体之间的关系去寻找利他影响因素的经验研究则集中在人际信任这一层面中，对他人的信任程度，被认为会影响到个体的利他态度和行为。个体对他人的信任程度也对其利他性具有影响作用，尤其是对于陌生人的信任感。在西蒙斯等人(Simmons，1977)对于肾脏捐献者的调查中，74%的捐献者表现出较高的信任得分，而在非捐献者中，只有43%的个体得分较高。在囚徒困境的研究中，那些表现出利他合作行为的个体所体现出的信任感与值得信任感都要远远大于那些选择背叛的个体，并且他人的毁约行为并不会使利他者的行为发生迅速的转变，即这种利他行为并非仅仅是一种利己的策略。研究者发现，在利他的合作者眼中，行为选择的判断标准是“正确与错误”，而利己的背叛者则将“强势与弱势”作为其选择标准(Cunha，1985；Kramer，1986；Liebrand，1986；Beggan，1988；Piliavin，Charng，1990)。

同时，与信任坚持同样分析角度所找到的影响因素还有利他对象与行动主体两者之间的互动关系因素。利他对象所代表的象征意义表现得较为明显。个体在做出利他行为时，利他的对象更多地存在于与个体相同的群体之中，即内群体中，而更少地出现在群体之外。这种群体内外的区别并非仅仅源于固定的外在群体界限，更多的来源于个体与他人所分享的相同的群体身份认同。这种身份认同起到一种象征性的意义，影响着个体对于他人的帮助行为。社会心理学的实验发现，个体会更多地去帮助那些与自己相似的他人，即使这种相似性程度很低(Hornstein，1976)。并且在提倡增加社会中利他性存在的呼吁中，号召个体扩大其内群体的范围，加入更广泛的社会组织也成为一种主要途径(Bellah，1985)。

最后，在宏观的社会层面中，一些经验研究还将城市的发展规模与经济发展水平视为利他态度和利他行为的影响因素。一项在全球36个城市进行的用于测量城市居民是否愿意帮助陌生人的定量研究结果表明，那些在规模较大、经济较为发达的城市中的居民，比生活在规模较小、经济较不发达的居民，更不愿意去主动帮助他人，其中，美国纽约(New York)在所有36个被测试的城市中，所测量的个体利他态度和行为的水平是最低的(Robert V. Levine，2003)。这一经验研究的结果，也为本书所建构的研究假设提供了参考。

总结而言，目前中西方学界已经围绕着利他现象展开了多元化的经验分析，不仅对业已形成的诸多理论起到了检验作用，也为一些预设提供了有效的数据支持，同时也扩展了抽象理论的适用范围，一定程度上将经验研究与理论建构结合起来，对目前发生的各种类型的利他现象进行了深入的剖析工作。虽然并不是所有的研究工作都围绕着利他态度和利他行动的影响因素而展开,并且已经被提出的各种可能影响因素并没有在所有的经验研究中都得到完全的证实,但是这些分散在各个研究中的影响因素,依然为本书后续的定量调查提供了非常好的借鉴学习的资源。通过这一小节对现有利他经验研究文献的梳理工作,基本上明确了从不同角度出发所可能寻找的影响因素。将现有的研究结果与前文所提到的分析理论相结合,继续坚持从个体与他人、群体以及社会的关系去分析利他的基本分析视野,本书建构出一套对利他态度和利他行为可能具有影响的分析框架,提出整体研究假设,并将之放入具体的定量调查中加以验证,从而最终达到解决研究问题的主要目的。

第四节　研究视角与分析框架

本章前三节分别总结概括了目前学界对利他概念的界定、利他来源的理论分析以及利他现象的经验研究三大类所进行的各类工作和产生各种成果。对文献进行梳理、回顾、总结与分析的最终目的在于帮助达成本书的主要研究目的,即为前文所提出的研究问题寻找合理的答案提供参考和借鉴。在前文整理结果的基础上,本书开始了建构用于解决分析研究问题基本框架的工作。将现有的抽象理论、已有的经验研究成果与本书的主要研究问题三者结合起来,确立了以下的研究视角和分析框架。

一、研究视角:社会组成的关系性

对个体与社会之间关系的探讨构成了社会学研究领域中经久不衰的核心主题之一,社会唯名论和社会唯实论之间的分歧更是表现得十分明显,究竟应该从怎样的角度去观察、对待与研究社会成为许多学者所探讨的核心问题。其中,在强调社会外在个体的独立性,强调社会对个体的外在重要影响方面,迪尔凯姆是坚持社会唯实论的典型代表之一。

一方面,在经验研究层次中迪尔凯姆将个体的自杀行为这一表面上十分个体性的行为形式,与整体社会的整合状态两者联系在了一起,“自杀与社会结构最根深蒂固的东西有关,因为自杀表现了社会的情绪,而民族的情绪像个人的情绪一样,反映了机体最根本的状态。因此,我们的社会组织必定在这个世纪里发生了深刻的变化,所以才引起自杀率如此升高”(迪尔凯姆,2001)[404]。提出社会的结构与整合状态与自杀现象两者之间具有密切联系的观点;另一方面,迪尔凯姆在理论探讨中也一再强调社会的重要影响作用,尤其在其所提出的社会整合的两种团结类型，机械团结向有机团结转换的过程中，“在社会生活所受的规定越来越多的同时，它的范围也扩大了。这充分说明，社会纪律也没有逐渐松垮下去。如果说社会已经不再强迫每个人去实施某种一致性的规则，但它却确定和规定了不同社会职能之间的特殊关系，那么社会的干预并不因为换了一种性质，就变成软弱无力的了”(涂尔干，2000)[163-164]，外在社会运行机制依然对个体具有重要的突出影响。

从个体与社会之间关系的角度去探讨现有的两种利他研究路径，即从个体利益角度分析利他与从他人利益角度分析利他，可以发现两者显现出两种截然不同的有关社会组成特征的观点。第一种研究路径，主要出现在经济学和社会生物学中，强调个人利益在利他概念中的重要位置，主张将利他还原为利己的表现形式。在这种研究路径背后，显现出对个体独立性的极大提倡，是一种市场性的研究观点。社会中的个体与个体之间是一种彼此独立的关系，个体自身的利益是最为重要的存在，是衡量其余事物与现象的主要标准。如同经济学所提出的“理性人”假设那样，个体是带着增加自身利益的目的去参与社会行为之中的，社会组成的基础是市场化的，利己是解释和分析个体所有心理和行为走向的唯一标准，利他也不例外。在市场化的研究视角下，社会是一种较为松散的存在，对个体并不具有重要的影响力量，个体的独立存在性才是第一位置的，利他的形成与发展都只是服务于个体利益增加的要求，利他是利己的还原形式。

第二种研究路径，主要出现在社会学和社会心理学中，强调他人利益在利他概念的重要性，重视利他的独立存在性特征，主张从外在社会运行机制中所提倡的利他性规范的影响角度去分析利他的形成与发展过程。与第一种研究路径所体现出的市场化的社会组成特征不同，该研究路径则显现出对社会组成的关系性特征的推崇，是一种关系性的研究视角。社会中的个体之间是一种相互依赖的关系，他人不仅是个体互动的一种主要对象，也成为个体关心和在意的对象之一。人们开始并不仅仅考虑自己的个人利益，也开始学会从关系的角度去关心怎样去增加他人的利益。在非市场化关系性的研究视角下，人们会带着对自己不利的目的去加入到社会之中的，会为了改善他人处境而主动放弃和让渡自身的利益。在这一过程中，社会是一种十分紧密的存在，对个体具有重要的影响力量。由于社会紧密度的存在，以及利他对整体社会所具有的重要积极影响，社会会运用一些具体的途径去鼓励社会成员的利他态度和行为的形成与发展，这就表现在一些特殊的社会运行形式之中，比如社会奖惩机制中对利他性规范的提倡，等等，从而影响社会中的利他性总体存量水平。

本书主要选择了第二种研究路径，沿袭着古典社会学理论中迪尔凯姆对社会重要性的推崇，主张从关系性的社会组成特征角度，去探索和分析利他态度和行为的影响因素。正是因为将社会组成视为非市场化的关系性存在，社会对个体的重要影响才得以显现，社会奖惩机制才可以影响到个体的利他态度和利他行为的变化发展过程。借助于一些具体的社会运行形式，社会组成的关系性特征对具体社会心理和行为走向的影响才会获得实现的机会和途径。

从基本书视角而言，本书主要坚持从个体与他人、个体与群体以及个体与社会的互动关系中去寻找研究问题解决的有效路径，而非局限于孤立的个体层次中，这种选择与本书的研究主题具有密切联系。社会利他性是本书的基本书对象，确定其存在的基本状态与寻找影响其发展变化趋势的因素分布是主要研究目的。但是由于社会利他性本身的抽象性，无法将其直接放入定量的数据调查和分析中加以解决，因此，分别从利他态度和利他行为两个角度去进行具体的研究分析，希望从这两种表现形式中所反映出的特征来推演确定社会中所存在的利他性的基本状况。

在前文的概念界定中已经提及，一社会中利他性的存在状况，主要指生活于其中的大多数成员，是否愿意主动让渡自身利益以改善他人处境的程度以及在实际社会生活中，每一个普通成员所实际进行的自发帮助他人的行动的经常性状态，当社会中大多数成员都具有较高的意愿去帮助他人，并且也在实际行动层面确实进行了助人行动时，该社会的利他性水平则被视为处于较高的状态；相反，若一社会中的普通成员，既没有帮助他人的主观愿望，也没有进行任何的助人行动，他人的处境、利益和福利对主体不具有任何意义，个体所关注的核心对象完全集中于自身的利益，那么此社会一般被视为利他性水平较低。因此，当需要确定某一特定社会的利他性存在状态时，比如本书所探讨的目前国内社会利他性存在状况，分别测量社会中的个体所持有的利他态度和进行的利他行动的存在水平成为一条有效的路径，这也是本书所采取的基本书路径。

正是因为这种研究路径，本书的基本着眼点是社会层面，研究对象的重点是社会中的大多数社会成员所共同体现出的利他态度和行动的存在特征，并非某一个单纯的个体，也并不局限于某一特定小群体之中。简而言之，本书所欲解决的问题，并不仅仅是弄清那些具有较高利他态度和行为的个体所具有的人格特质，而是要去探索为什么在一个相同社会生活的普通成员中，一部分人会更愿意牺牲个体利益去帮助他人，而另一些人则没有。那些具有更高利他态度和行为水平的个体与其余社会成员的差异性，是各种类型的因素起作用的结果。其中就暗含了利他态度和行为在不同特征群体中应该具有差异性，并且这种差异性不应该完全由生物基因所决定，而是一种脱离孤立个体层次的多种外在因素起作用的结果。借鉴社会化理论的相关观点，这种外在因素主要应该是个体所实际生活的社会特征所构成的，包括个体与他人的交往过程中可能受到他人态度和行动的影响，个体在群体中进行活动所可能接触的群体规范的影响，以及个体在实际社会中生活所可能受到的来自各个方面社会规范的影响。

同时，这种外在因素对个体的影响并不仅仅是单方向的、简单粗暴的或者具有强制性的特征，尤其是社会奖惩机制与个体之间的作用过程中，个体并不是一个完全受规范摆布的傀儡，并不需要时时刻刻受到强制性的奖惩措施来确保规范的要求得以实现；相反，两者的关系应该具有双向运行的性质，个体主动接受、了解、学习以及内化的过程，在奖惩机制影响个体利他态度和行为的过程中，应该是其中十分重要的一环。简而言之，群体或者社会，可以在一段较短的时间内强制性地将利他性规范施加给社会成员，使用各种奖惩的刺激性措施促使个体去做出具体的利他行动，比如工作单位强制职工进行慈善捐赠行动，政府设立极高的奖励措施去刺激社会成员参加无偿献血活动，但是这只能起到拔苗助长的作用，这种强制性的刺激措施只能带来利他行动水平在短期内得到一定提高，但却无法确保这种提高能够持续进行下去，也无法促使社会成员自发地形成帮助他人的意愿，从社会长期的发展而言，其所能带来的积极作用比较有限。而通过各种措施加强个体与他人之间的联系、鼓励个体积极地参与到社会生活中的各种活动之中，拉近个体与社会之间的紧密联系，为其了解和学习利他性规范提供各种有效途径，提高个体将群体和利他性规范内化为自身行动规范的可能性，将更有可能促使社会利他性在将来一个较长的时间段中形成持续增加的趋势，这也是本书所认同的一种可以培养和提高个体的利他态度和行动的有效途径。

因此，在寻找利他态度和行为的影响因素过程中，本书并不认同一些学者所提出的利他型人格的观点，并不主张将个体利他态度和行为存在水平中的差异性特征，完全归结为单独个体所具有的某种特殊人格特质特征，如前文所说的冒险精神、自我尊严感、移情能力，等等。相反，本书更为强调社会的影响，其关注点更侧重于外在于个体特质的因素之中，比如人际关系中所受到的他人的影响、群体互动中群体规范的影响以及社会生活中所可能受到的各类社会规范的影响，等等。总体而言，不同个体在社会生活中，很有可能会形成不同类型的利他态度观点，也有可能表现出不同程度的利他行为水平，这种差异性的存在应该具有普适性，并且在这一差异的形成过程中，个体所具有的人格特质因素不应该被视为具有完全的决定作用，群体与社会层面因素的作用应该得到相应地重视，最起码这种差异性的产生应该是个体特质与群体、社会层次因素共同起作用的结果。更进一步而言，影响这一差异的个体因素，也不应该来源于生物基因特征的决定作用，而应该是那些可能受到社会影响的因素。利他态度和行为的形成与存在的差异性水平，并不是某一类生物基因，比如社会生物学所说的“利他性基因”起作用的结果，而应该是一种个体与外在影响因素不断互动、相互影响作用的产物，这种外在因素主要来自他人、群体与社会所宣扬的各种利他性规范的影响。个体所具有的利他态度和行动水平，应该与个体向他人、群体和社会学习利他性规范要求的过程具有一致性。在社会学习的过程中，有些个体可能本身就占据着更好的资源，拥有更多的机会，从而更有可能去接受、了解乃至内化利他性规范，最终形成利他态度和行为；另外一些个体，则可能表现得更为孤立，与他人的关系比较疏远，也没有参加各种群体组织，对社会持有一种疏离、不信任甚至是反叛的态度，不太可能受到他人、群体以及社会的影响，也就不太可能具有较高的利他态度和行为水平。

二、分析框架：具体社会运行形式

在坚持社会组成的关系性特征的研究视角中，寻找具体的社会运行形式成为分析利他态度和行为影响因素的主要任务，这也构成了具体分析框架的主要内容。在参考借鉴群体选择理论、基因-文化综合模型与社会化理论的基础上，本书的分析框架主要包括以下几点内容：

首先，在对利他态度和行为的分析过程中，他人利益应该被视为占据核心位置，应从他人利益的角度去分析利他，而不应强调行动主体自身的利益。利他独立性建立的基石，应该是对他人利益的重视，那些尝试从个体利益角度研究利他，试图将其视为利己的一种简单还原形式的做法，在本书看来，与利他概念的本质要求存在着根本冲突，利他态度和行为的产生与发展过程，应被视为具有独立性，并不是依附于利己的态度和行为。同时，本书也不同意仅仅从行动的客观结果来推导行动动机的做法，尤其是社会心理学中对利他动机的严格限定。不能仅仅因为某一利他行为有助于改善他人处境的同时，也为行动主体带来了一些形式的利益增加，就完全将此类行动排除在研究对象之外，这一点在前文也有所提及。

其次，普通社会成员所表现出的利他态度和利他行为的存在水平，从整体社会的角度而言，差异性的存在是毋庸置疑的。一些个体的利他态度和行为水平可能都很高；另一些个体则可能两者水平都较低，又或者某一些个体在主观利他态度层次中表现出较高的意愿水平，但却没有表现在实际的利他行动结果中；或者完全相反，一些个体虽然实际做出了很多客观的利他行动，但却也没有特别表现出非常的利他意愿水平，等等。对这种差异性的原因分析所遵循的研究视角也同样具有多元性的特征，比如从生物基因选择的角度，或从人格特质的角度，抑或社会化过程中规范的影响角度，等等。具体到本书的视角选择而言，因为前文已经主张利他的概念应该更强调他人的利益，并且认为应该从人际、群体以及社会的层面中去分析利他态度和行为，所以本书也主要关注社会规范对个体态度和行动的影响这一层面，更多地受到了社会化理论的影响。同时，这种影响应该被视为双方共同互动作用的结果，而不是某一方面单向影响的产物。同时，群体选择理论中所主张的“由于利他行动会为群体的竞争带来优势而成为群体规范的构成内容”的观点，与基因-文化综合模型中论述的“利他规范在社会中的传播过程应该被视为是一种文化复制因子，由于得到普通社会成员的接受和赞同，使得个体自发地去学习并模仿这一因子，从而在社会中传播开来的过程”的主张，也被纳入本书的研究视角之中。

利他态度和利他行为所表现出的差异性特征，被认为是在社会化过程中，个体由于其所具有的不同资源、在社会中所处的不同位置以及对群体和社会具有不同认同程度等原因，而受到来自他人、群体以及社会各种规范不同程度影响的作用结果。比如，当个体对群体和社会的认同感更高时，则更有可能在社会化过程中接受其所被施加的各种类型的社会规范，更有可能将这种提倡利他性的规范内化为自身的行动规范，从而更有可能主动地形成利他态度，并自发去进行利他行动。个体与群体和社会之间关系的紧密程度，在很大程度上影响对规范的接受程度，从而影响规范最终发挥作用的程度。这是本书在寻找利他态度和行为影响因素时所遵循的最为核心的研究视角，直接影响到具体研究假设的构建内容。

最后，在具体的实证研究中，本书主要参考借鉴了社会学中所提出的“资本预设”的一些观点，尤其是经验研究中对个体人力资本与社会资本类型区分的做法。因为利他态度和行为的差异性特征，被认为受到了个体在社会中所处的具体位置、个体与群体和社会联系的紧密程度以及个体对社会规范的接受程度等因素的影响，而为了能够通过定量调查收集经验数据去为这一观点提供支持，需要将以上所提及的可能影响因素进行一定的界定和转化，而资本预设中所提出的人力资本、社会资本的概念则提供了可供参考借鉴的对象。因此，本书的研究模型中，首先假定利他态度和行为的影响因素在类别上具有相同性，主要提出了四种主要社会运行形式，即个体性因素、社会性因素、文化性因素与利他性组织的运行状况因素，如图2.1所示。

个体性因素用于反映个体在社会中所处于的实际等级位置，主要采用一系列衡量个体社会经济能力的指标，比如受教育程度、收入、职业以及所拥有的房产面积，等等。社会性因素用于反映社会中个体与他人、群体、组织以及整个社会之间关系的密切程度，主要采用了两个指标：社会参与和信任，前者用于客观衡量个体与他人互动的频率、个体参加社会活动的频率以及个体加入社会群体和组织的积极性等；后者则用于测量个体在主观层面上对他人、群体、组织和整个社会的归属感、认同感和相信程度。文化性因素则用于反映个体对各类有关利他要求的社会奖惩机制的认可程度，主要由亲社会观念指标组成，用于衡量个体对一般利他性规范的认可程度。此外，利他性组织的运行状况因素主要指涉个体对社会中专门利他性组织的运营目标和运营过程的总体判断情况。所谓专门利他性组织，是指将帮助他人作为基本宗旨的各类公益慈善组织，在社会中主要充当着利他行动主体与受助对象之间的中介的角色。比如组织个体去进行各类志愿活动的公益性组织，或者号召并接受社会成员捐款以用于帮助他人的慈善组织，等等。正由于这类组织所起到的中介者的角色，尤其对利他行动而言，个体对这一类型组织所做的判断，将很有可能影响到他是否在实际行动中会参加这类组织所组织的利他行动之中；同时，这种判断也被认为对个体的利他态度具有影响，主要源于此类组织由于利他行动的开展在社会中所形成的代表形象的作用，当个体对这一类组织较为理解并且具有积极性评价判断时，那么此类组织所提倡的利他理念将有可能影响到个体自身的利他态度，为其提供模仿、借鉴与学习的对象，发挥着一种作为利他模范的作用，同样的作用也可以通过广泛宣传那些无私利他的个体的行动加以达成。

总体而言，个体性因素、社会性因素、文化性因素与利他性组织的运行状况因素是本书提出的四种主要社会运行形式，正是借助于这些具体的运行形式，社会组

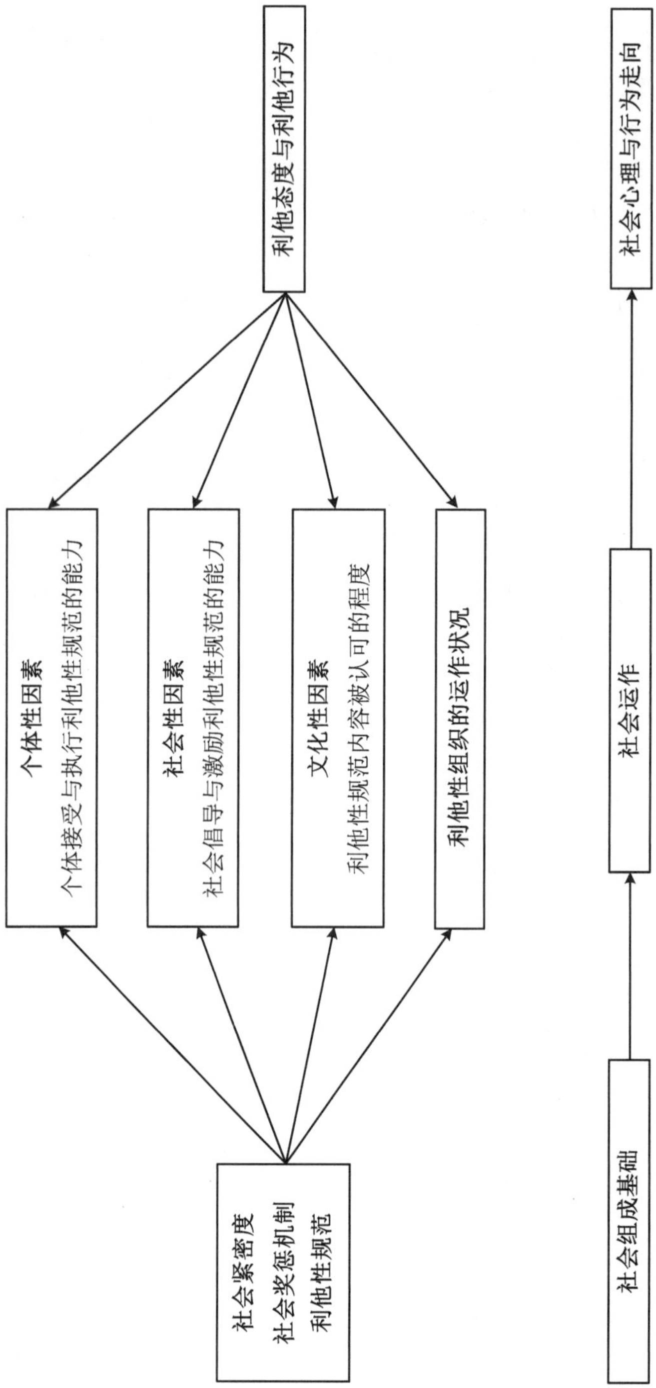

图 2.1　整体研究分析框架

成的关系性特征才得以对具体的社会心理和行为走向发挥影响作用。这四种影响因素，扮演着社会紧密度与利他态度和行为两者之间中介桥梁的角色，是社会奖惩机制发挥影响的主要实现路径。

这一研究模型的建立，确定了解决研究问题的主要分析路径，也为后文将要进行的实证研究分析提供了引导。在这一模型所确定的研究方向中，研究假设的提出和构建主要源于对该模型的转化，研究资料的收集与分析工作是为了获得经验数据资料去研究该模型。简而言之，不管是构建研究假设、操作化研究变量，还是收集研究资料、分析研究数据，都是为了确定此处所提出的利他态度和利他行为的影响因素分布模型的有效合理性。具体而言，研究假设的建构工作包括将模型中所提出的个体性因素、社会性因素、文化性因素与利他性组织的运行状况因素四种社会运行状况形式转化为标准一致性的陈述；研究变量的操作化工作是确定自变量和因变量的测量工具内容，包括四种影响因素的测量和利他态度、行为的测量两部分；研究资料的收集工作是收集定量经验数据的过程，包括调查样本的选取、问卷的发放与回收等；研究数据的分析工作是使用统计软件 SPSS，采用探索性因子分析以及多元回归的方法去实现用经验数据检验研究假设的目的，以上四个方面构成了下一章节的主要内容。

第三章　实证研究的过程与方法

实证研究的中心目的，是获得经验调查数据，将前文提出的利他态度和行为的影响因素分布模型转化为具体的研究假设，并将之放入定量数据中进行检验，通过使用各种数据分析方法而得到假设被证实或证伪的结果。简而言之，此章需要完成的主要任务，是对前文所提出的研究模型进行检验的工作。因此，为了完成这一任务，本章进行了构建研究假设、操作化研究变量、收集研究资料、分析研究数据等工作。

第一节　研 究 假 设

依据前文所提出的利他态度和行为的影响因素分布模型，针对四种主要影响因素对利他态度和利他行为的可能影响角度与作用性质，主要提出了四个方面的研究假设。从总体层面来看，利他态度和利他行为被认为会受到共同因素的影响作用，比如个体在社会生活中所占有的能力资源状况、个体与他人、组织以及社会之间的联系程度，以及个体对于社会奖惩机制中的利他性规范的认可程度等等；从影响因素的具体变量层面来看，鉴于利他态度和利他行为两者所测量的出发点存在着明显的差异，前者关注的是个体主观认知层面表现的利他性情况，后者则侧重于实际行动中的利他表现形式，因此对这两者具有实际显著影响的因素，也会在表现形式中出现差异性。对利他态度具有显著影响的因素，会更为集中地表现在主观认知层面，而对利他行为具有显著影响的因素，则会更多地体现在客观行动层面。

一、个体性因素

个体性因素，测量的是个体在社会中所处的实际等级位置，代表了其占有的物质资源状况与拥有的实际行动能力，反映出其能够按照利他性规范引导形成利他态度和利他行动的能力。个体所具有的此类型能力的差异性，对利他态度和利他行动的存在状况具有影响性。这种能力，分为主观与客观两种类型。收入、职业与房产面积变量，更多地体现出个体客观经济能力状况；受教育程度变量，则集中反映了个体的主观认知能力。无论是个体表现出的实际利他行为，还是所持有的主观利他态度，都需要建构在一定的物质基础之中。

当个体在参加各种利他行为时，需要让渡自己所拥有的各种形式的利益，比如慈善捐赠行为所要求的物资和金钱利益，等等，因此客观的个体性因素，被认为会影响到个体是否会参加利他行为，较为良好的经济能力，能提高个体参加利他行为的可能性；同时，利他态度的形成与发展，是个体与利他性规范两者之间不断互动所产生的结果，因此个体是否能够理解这些规范的要求和内容，对其所持有的利他态度状况具有较为重要的影响，而主观认知层面的受教育程度变量，则是测量个体对规范要求的理解能力的主要指标，受教育程度的增加，有利于个体利他态度水平的提高。

假设 3.1　个体的受教育程度，对其利他态度水平具有积极的正向影响作用。

假设 3.2　个体的收入水平、所拥有的房产面积状况以及其所处的实际职业等级，对其利他行为参与水平都具有积极的正向影响。

二、社会性因素

此处所使用的社会性因素概念，主要用于形容描述在一般日常生活中，普通社会成员与他人、群体、组织、社区以及社会之间所表现出来的关系密切程度，分为两种类型：一种是因为客观的交往和参与行动所形成的实际联系，主要表现在个体的社会参与过程之中；另一种则是由于主观的认同、归属感所形成的情感认知层面的联系，主要表现在个体对他人、组织以及整体社会系统的信任程度之中。将社会资本视为利他态度和利他行动的影响因素，所持有的基本观点是：社会中个体与他人、群体以及社会所具有关系的密切程度，反映着其在日常生活中受到各种规范影响的可能性程度，代表着其占有的去了解、接受、学习乃至内化利他性规范的机会与途径。其中，对其具有影响的规范来源具有多元性，既可能来自一般交往对象的传播与推崇，也可能来自所处群体的期待和要求，甚至可能是所在社会一般性规范的构成内容之一。

从具体组成角度而言，社会性因素分为社会参与和信任两种类型。前一概念用于测量个体在一般日常社会中与他人、群体、社区以及各种类型组织的交往和参与活动的状况，包括活动参与和团体参与两种类型。社会参与是社会整合程度的主要表现形式，反映了个体与社会之间关系的密切程度，既强调个体与个体之间的关系，尤其是非血缘关系的个体之间的交往与互动程度，又强调个体与其所处的组织、社区以及社会之间的互动，关注其积极、主动、自发地参加各种社会活动的状况。这种来自个体客观交往关系中的社会性因素，对利他行为的提高会有直接的影响。

后一概念则用于测量主体在社会生活中对其他个体、组织以及社会的主观判断情况，主要通过个体信任的测量来实现。在社会学的研究视野中，信任成为稳定的社会秩序的基础，是日常社会互动必不可少的基石。齐美尔曾经提出，“离开了人们之间的一般性信任，社会本身将变成一盘沙，因为很少有什么关系能够建立在对人们确定的认知上”（齐美尔，1990）[111]。尤其在当代社会，现代性的概念进入到社会学研究的中心视野中，信任成为一种简化社会复杂性的主要机制，并被认为在降低风险和提高社会整合程度方面具有重要的作用。同时，以卢曼、巴伯为代表的一系列社会学家对信任的类型区分进行了深入分析研究，系统信任和人际信任成为颇受重视的类型概念。巴伯在界定信任发生层面时，直接将利他与信任两者联系在一起，将信任产生的第三个层次界定为“对于自己交往的人能完全担负其被委以的责任和义务，即必要时为他人利益而牺牲自己利益的期望”（巴伯，1989）。因此，此处对信任的测量也主要分为两种类型，即主体对他人的人际信任与个体对组织和社会的系统信任。这两个变量，从个体主观认知判断的角度反映出社会性因素的存在状况，对个体的利他态度具有显著的影响作用。

假设 3.3 个体社会参与程度的增加，有利于其利他行为水平的提高。

假设 3.4 个体对互动对象的人际信任感，对其利他态度水平具有正向积极影响。

假设 3.5 个体对抽象组织机构的系统信任感，对其利他态度水平具有正向积极影响。

三、文化性因素

文化性因素主要反映出个体对目前社会中所存在的主要利他性规范的认同程度。个体的利他态度和利他行为的形成与发展过程，是主体与社会奖惩机制两者之间相互作用的产物。一方面，社会奖惩机制中的利他性规范，通过各种路径对个体产生影响，比如学校教育、家庭教育以及职业规范的要求，等等；另一方面，随着主观认知学习能力的发展，个体会主动去学习、理解利他性规范的要求，对规范产生认同感，并将之内化为自己的行动规范。在这种相互作用的过程中，个体自身对该规范的接受和认同程度，将会有助于确保规范所产生的影响可以在将来一个相对稳定的时间内持续下去，并有可能具有扩展传播的效果。因此在探讨利他态度和利他行动的影响因素时，个体对于社会主要利他性规范的认同程度被认为具有重要的意义。主体对利他性规范的认同程度，影响到其自发遵循和实现利他性规范所提出的具体期待和要求的可能性程度，从而最终对利他态度和利他行动具有影响。

具体而言，本书所测量的文化性因素，主要涉及一种重要的利他性规范，即亲社会规范。通过了解个体所持有的亲社会价值观状况可以测量亲社会规范指标。个体对这种利他性规范的认同程度，有利于提高其利他态度和利他行为的存在水平。

假设 3.6　个体越认同亲社会价值观的内容，越有利于提高其利他态度和利他行为水平。

四、利他性组织的运行状况因素

该因素得以确定的主要原因来自利他性组织在社会中所扮演的中介角色及其发挥的引导性作用。此处所指的利他性组织，主要指涉将无偿帮助他人作为主要宗旨与核心任务的各种公益慈善性组织。一方面，该类型组织在社会中扮演着号召、组织普通社会成员让渡个体自身利益去进行各类改善他人处境的利他行动的主体角色，在利他行动的主体与对象之间处于中介和桥梁的位置；另一方面，利他性组织在一般日常生活中所进行的各种类型的利他活动，有助于为普通社会成员树立一些供个体学习和模仿的利他模范，发挥典型的引导性作用，这与基因-文化综合模型中所提到的利他文化复制因子的传播过程具有一致性。因此，此部分的基本预设是，个体对社会中主要利他性组织所作出的判断，由于该类组织所具有的中介和引导作用，将会影响到其自身的利他态度和利他行动。

具体而言，利他性组织的运行状况因素的测量，分为两种类型：一是个体对社会中主要的一些利他性组织目标的了解程度，关注主体的信息获取机会与程度；另一类型是个体对利他性组织的相信水平，关注个体主观层面中对此类组织的认同感，反映出个体在与利他性组织的实际互动过程中所愿意承担的风险水平。利他性组织的运行状况良好，意味着个体对利他性组织具有积极判断，则有利于提高其利他态度和利他行为的存在水平。

假设 3.7　个体对利他性组织运行目标的了解程度的增加，有利于提高其利他态度和利他行为的存在水平。

假设 3.8　个体对利他性组织的信任感的增加，有利于提高其利他态度和利他行动的存在水平。

总结而言，上文提出了本书的主要研究假设，为检验利他态度和行动的影响因素分布模型奠定了基础。将研究模型中指涉的影响关系，转化为具体的假设内容，有助于实证研究工作的顺利进行，尤其是对研究变量的操作化工作；同时，明确具体研究假设的内容，通过定量经验数据的收集与整理，获得验证或证伪这些假设的数据支持，有利于寻找出主要研究问题的答案，这也是本章实证研究所要解决的核心问题。

第二节　研究变量的测量

本书中所涉及的研究变量主要分为三种类型，即控制变量、自变量(解释变量)

以及因变量。为了对上文提出的研究假设进行检验，即通过获得与分析定量的经验数据去检验假设中所提出的变量之间的关系是否存在，需要对假设中较为抽象的研究变量进行操作化，以使其适合用于实际的测量工作，即以具体问题的形式组成定量调查所使用的自填式问卷。总体而言，控制变量主要指涉用于反映基本人口特征群体的变量，包括性别、年龄、婚姻、户口与政治成分等；自变量，又称为解释变量，主要包括个体性因素、社会性因素、文化性因素以及利他性组织的运行状况因素，等等；因变量则由两部分构成，即利他态度和利他行动。

一、控制变量

基本人口特征变量，主要用来形容基本人口群体样态特征的一些基本变量。在本书中，主要包括性别、年龄、户口类型、婚姻状况与政治成分等五个方面。其中，只有年龄变量属于定距测量层次，并由于调查的对象是 18～80 岁的城市常住人口，因此其取值范围被直接限定在 18～80；其余四个变量都属于定类测量层次，其分类主要采用了一些常用的分类标准。

具体而言，所有人口特征变量的回答都沿袭了一般社会调查中的常见选项。性别变量分为男性与女性两种类型，户口变量则分为农业户口和非农业户口，婚姻状况变量分为未婚、已婚、离婚和丧偶四种类型，政治面貌变量则由中共党员、民主党派、共青团员和群众四种类型所组成。年龄变量的回答，则采用了开放性问题的形式，需要调查对象直接填写具体的年龄答案。此处的分类，主要考虑到问卷填答者回答问卷的方便性，在对所获得经验数据进行分析处理时，以上四种人口变量的分类还需要进行进一步的整合，这在数据分析中会有详细的阐述，此处不再赘述。

二、自变量(解释变量)

自变量，又被称为解释变量，主要指对于因变量具有影响作用的因素变量。具体而言，沿袭这研究假设中所提出的具体内容，本书所确定的自变量主要由四个部分构成(见图 3.1)，即个体性因素、社会性因素、文化性因素与利他性组织的运行状况因素，其具体的操作过程主要由以下内容构成。

1. 个体性因素

本书中，该变量主要用于反映个体在社会中所处于的实际等级位置，侧重于对个体所拥有的可遵循利他性规范行事的能力水平的测量。简而言之，本书所使用的个体性因素概念，是用于测量个体自身所占有的可用于进行利他行动的物质资源利益水平以及为其自主形成利他态度做准备的主观认知能力水平。对前者的测量集中于客观能力水平之中，包括个体的收入、职业以及所拥有的房产面积三种物质资源，对后者的测量则集中于主观文化程度之中，主要测量了个体接受学校教育的水平程度。

其中，受教育程度变量分为基本不识字、小学、初中、高中(包括中专、技校)、大专、本科和研究生等六种类型，属于定序测量的层次；对收入变量的测量则是直接让调查对象填答其去年的所有收入状况，包括各种奖金、福利，等等，此处为了尽可能全面地得到有关收入状况的真实详细数据，并未采取划分收入组别的方法，而采取了收集其原始收入状况的方法，是一种定距测量的层次；对职业等级变量的分类则主要参考了陆学艺在《当代中国社会阶层研究报告》一书中提出的职业分层情况，兼顾社会中职业存在的多元职业类型现状，主要分为国家与社会管理人员、企业经营管理人员、专业技术人员、办事人员、个体工商户、商业服务人员、产业工人、农业劳动者、城市无业人员、军人以及在校学生等十一个类型，属于定类测量的层次；对个体所拥有的房产面积的测量也使用了让调查对象自己回答的开放性问题，直接询问调查对象是否拥有房产及其所拥有房产的具体面积情况，是一种定距测量的层次。此处对一些变量所做的类型区分，同样也是出于方便调查对象填答问卷的需要，在之后的分析中还需要进行一些类别合并或转化的处理工作。

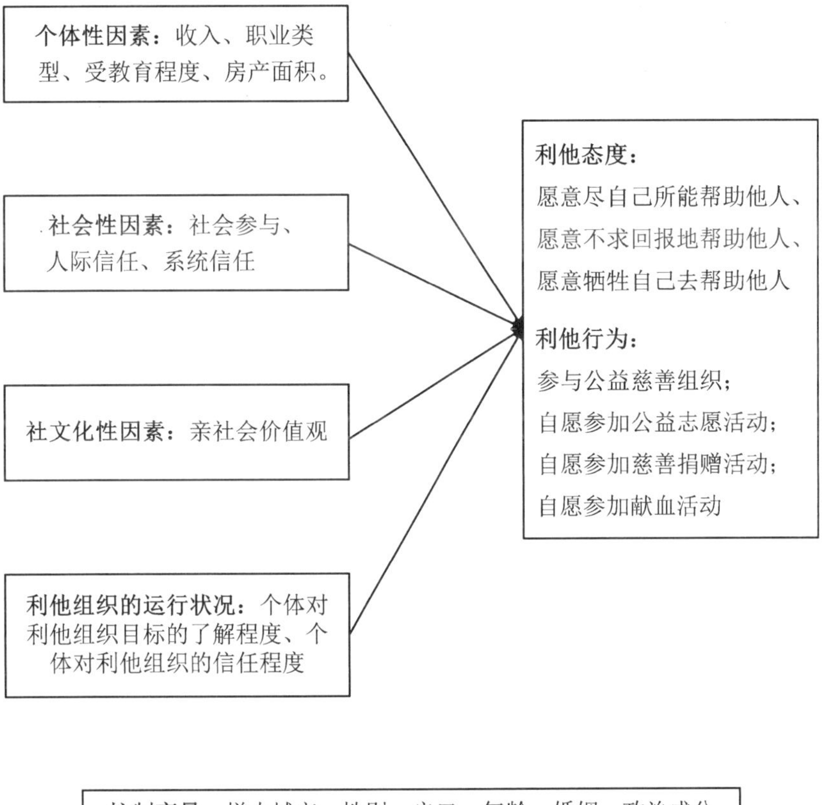

图 3.1　利他态度与利他行为的影响因素分布

2. 社会性因素

此处所使用的社会性因素概念，与学界目前所使用的社会资本概念具有很大的相似性。而对社会资本概念的使用与研究分析，在目前的社会科学研究领域中呈现出多元化的发展趋势。一般而言，社会资本的概念界定大致可以分为两种层次：从个体层次而言，社会资本主要指涉个体从其所处的各类关系网络中可获取的各种类型的资源，尤其在对社会网络的研究中，个体所处的网络的密度、结构以及位置等都被认为对其所拥有的社会资本具有重要的影响作用；另一经常被使用的层次则是集体主义的社会资本，更多地指宏观社会层次中所存在的"一种内部社会资本或公共物品，除了宏观的群体内部的社会联结与信任之外，也包括群体的结构形式是否可以促进集体行动并创造子资源"(赵延东，罗家德，2005)。在本书中，社会资本概念的使用，主要是为了反映个体在社会生活中，与他人、群体、社区以及社会之间所具有的关系密切程度，因此是一种个体层次的社会资本概念。具体而言，此处所使用的社会资本，是指在个体所处于的实际社会网络中，包括个体之间的人际交往、个体与群体、组织、社区以及社会之间的关系，其所可能接触、获得以及占有的各种类型的资源。此处对社会性因素的测量主要由两部分构成，即客观的社会参与情况与主观的信任水平，后者又分为对他人的人际信任和对群体、组织以及社会的系统信任两种类型。

(1) 社会参与变量

对社会参与的操作化主要通过两个维度进行，即社会团体的参与程度与社会活动的参与程度。在实际测量过程中，对各种社会团体的参与被视为一种行动，依据其在该团体中所处的位置作为衡量个体在组织参与这一行动中的发生频率，以得到其社会团体参与的实际程度；同理而言，对社会活动参与程度的测量则是依据其实际参加各种社会活动的具体频率状况，以此作为衡量活动参与状况的形容指标。在所选取组织和活动的类型上，考虑到正式与非正式组织的分类，网络和现实社交活动的分类，在内容上考虑到娱乐、社交等类型，尽可能地将个体在社会各个领域的参与状况纳入进社会参与的测量对象中，以得到一个全面的社会参与状况的描述结果。

在实际测量中，社会团体的参与主要包括网络论坛、QQ群、民间文艺团体、社区业主委员会以及同乡会等五种类型的团体；对社会活动参与的测量则分为参与热点问题的网络讨论互动、政治选举活动、业主委员会选举、向政府提意见、与亲朋好友的日常交往、日常的休闲娱乐活动等六种类型的活动。对社会参与变量的测量主要采用了四分总加量表，将回答按照实际参加行动的频率分成了四个逐渐递减的类型，并且针对团体参与和活动参与问题的不同表述，在具体回答描述中进行了细微的调整。对团体参与的回答被设置为包括核心成员、积极分子、普通成员以及没有参加在内的四种类型；将活动参与的回答则设置为经常参加、有时参加、偶尔参加与从不参加四类。这两种问题的回答虽然在具体措辞上并不一样，但是所指涉的参与程度都呈现出逐渐递减的趋势特征，该变量从整体上而言属于定距测量的层次。

（2）人际信任变量

人际信任变量主要用来测量个体对于其他社会成员所具有的信任程度，即按照人际关系的亲疏远近所形成的不同群体所表现出来的值得信任的水平。人际信任关注的是发生在个体之间的信任关系所具有的特点和模式，是一种微观层面的信任类型，主要发生在社会成员之间的日常互动之中。具体而言，就是指个体对于他人的信任程度，这种他人，既包括与其分享血缘关系的亲友，也包括其完全不认识的陌生人。人际信任与系统信任最大的区别在于，其所设计的信任对象是与个体进行可能存在各种类型交往关系的他人，而非群体、组织、社会或者抽象层次的制度，等等。

对中国人的人际信任模式研究在社会学领域中已经取得了非常丰富的成果，以彭泗清等学者为代表的一批研究者都对其进行了非常深入的讨论。本书在将人际信任变量操作化时，主要参考了胡荣等学者在《城市居民的信任的构成及其影响因素》一文中对人际信任测量所使用的量表，将人际信任变量操作化为三大维度，依据信任对象与信任主体之间关系的亲疏远近程度，将其分为血缘关系、朋友关系以及社会中的陌生人三种类型。对人际信任进行具体测量时，信任的对象被分为核心家庭成员、直系亲属、一般亲属、一般朋友、邻居、单位领导、单位同事、生产商、销售商、网友与陌生人等 12 个类别，通过询问调查对象对不同性质他人的信任程度得出人际信任变量的测量结果。在问卷的问题实际编制过程中，对此变量的测量是通过采用李克特五分总加量表的形式来实现的，问题是以上所列举出的 12 个具体变量，询问的是调查对象对这些群体的信任程度，回答选项包括非常不信任、比较不信任、一般、比较信任和非常信任五部分，将调查对象对不同群体的信任程度作为衡量人际信任变量实际水平的主要标准，最终所得测量结果属于定距测量的层次。

（3）系统信任变量

系统信任指涉的是一种在社会中扩展开始的信任形式，主要存在于个体与不同类型的系统之间。这种系统主要包括群体、组织、机构、制度、程序以及抽象的社会角色，等等。系统信任，从本质上而言，是一种扩散的总体信任，其形成的基础并不是来源于个体层面的因素，而更多地源于积累起来的知识和技术，这一概念与合法性的概念十分接近。“大量实时性的只是可以在高度分化的社会系统中的积累和储存，知识不是作为一个逻辑严密的句子组合的系统，而是在选择和使用交往的前提下，确保对特殊规则的关心和注意的交往行动的秩序系统。与这种知识相关的是，每个人都依赖于这样的事实：这些控制不依赖于任何参与者在任何时间的个人动机的结构面发挥功能，因此人们不必亲自搞清楚究竟是谁生产出那种知识”（卢曼，2005）。

具体而言，此处对系统信任的测量，主要分为个体对社会机构、社会制度以及社会角色三种类型的信任程度。其中，社会机构包括军队、公安部门、中央政府、地市政府、法院等五种类型;社会制度分为慈善制度、食品监管制度、社会救助制度、司法制度与义务教育制度等五种类型;社会角色则主要包括医护人员、中小学老师、专家教授、律师与新闻记者等五种类型。在具体的测量过程中,依然采用了李克特五分总加量表,将具体问题的回答划分为非常不信任、比较不信任、一般、比较信任以及非常信任五大类,将调查对象对于所测量问题的信任程度作为确定系统信任现存状况的衡量指标,依然属于定距测量的层次。

3. 文化性因素

本书中所使用的文化性因素变量,主要是指个体在社会化过程中,对其所接触到的一些主要利他性规范的接受与认可程度,主要测量个体对亲社会规范的认可与接受程度。

对个体所持有的亲社会观念的测量则主要采取了询问个体对三种有关社会的积极性判断的观点的认同程度的方法。具体的测量问题包括"人心都是向善的""绝大多数人是助人为乐的""我以真心待人,他人就会以真心待我"三个组成部分。第一个陈述侧重于确定个体对人性行善假设的认同程度,第二个陈述则关注个体对社会中大多数人都具有利他性的认同程度,最后一个陈述则关注了个体对期待他人回报的认可程度。三个陈述的测量都使用了李克特五分总加量表的形式,主要分为非常同意、比较同意、一般、比较不同意以及非常不同意五种类型,是一种定距层次的测量形式。

4. 利他性组织的运行状况

该变量的测量主要由两个方面构成,即个体对利他性组织的了解程度与个体对利他性组织的信任程度。对利他组织的了解程度这一变量,主要反映了现有利他组织的信息普及程度,其对利他态度和行为的可能具有的影响主要体现在利他性组织对个体所持有的利他态度和表现出来的利他行为所起到的引导作用,信息的普及程度是这一变量的核心。具体而言,此变量主要测量个体对社会中现有诸多利他性组织的了解程度,利他性组织主要指涉现有的各类公益慈善组织,担任着引导、组织和分配个体利他行为的任务。本书采用了一个询问调查对象是否了解现有主要慈善组织的多项不限选的问题,主要列举了包括中华慈善总会、中国残疾人联合会、中国青少年基金会、中国扶贫基金会、中国妇女发展基金会、中国红十字会、中华环保基金、宋庆龄基金会、中国光彩事业促进会以及见义勇为基金会等10类目前比较有知名度的公义慈善组织类型。将调查对象是否了解这些组织的测量结果作为衡量其对利他性组织了解程度的主要指标,是变量性质中属于定距测量的层次。

对利他性组织的信任程度变量,则主要反映了个体在主观情感层面中对利他性组织的认同程度。在具体测量过程中,利他性组织被分为官方慈善性组织和民间慈善性组织两种类型,分别去询问调查对象对这两种类型利他性组织的信任程度。此处也依然采用了李克特五分测量量表的形式,主要分为非常信任、比较信任、一般、比较不信任和非常不信任五种类型，是一种定距层次的测量类型变量。

三、因变量

本书中的因变量由两个部分组成，即利他行为和利他态度。利他行为主要强调客观行动层面中个体自发地让渡、牺牲个人利益以达到改善他人处境、增加他人利益的客观行动结果；利他态度则侧重于主观层面中个体所具有的主动为了帮助他人而牺牲自身利益的意愿倾向性程度。对利他行为的测量，主要以个体在改善他人处境或提高他人福利时，所让渡的自身利益的表现形式，比如金钱、时间、精力以及身体资源，等等；对利他态度的测量，则主要考虑到个体为了帮助他人而接受的自我利益的牺牲程度，比如不求回报以及完全牺牲自己，等等。

一方面，下文实证研究所使用的利他行为的测量工具，主要由四个部分构成，同样分为团体参与和活动参与两种类型。此处的团体参与主要指涉个体在公益慈善性组织中所处的位置状况，分为核心成员、积极分子、普通成员以及从不参加成员四种类型；活动参与则包括了三种类型的具体形式，即个体牺牲自己的时间精力以劳力帮助的形式去自发进行的公益志愿活动；让渡自己所拥有的物质资源以金钱帮助的形式去自发参加的慈善捐赠活动；以及捐献自己的身体资源以捐献献血的形式去自发参加的无偿献血活动。以上三种类型的活动参与情况，都被同样分为经常参加、偶尔参加、有时参加与从不参加四种类型，是一种定距测量的层次。

另一方面，下文所使用的利他态度的测量工具，则主要包括三个组成部分，即个体愿意尽自己所能帮助他人的程度、个体愿意不求回报地去帮助他人的程度以及个体愿意完全牺牲个人利益去帮助他人的程度。以上三个测量指标都同样采用了李克特五分量表的形式，都被分为非常愿意、比较愿意、一般、比较不愿意与非常不愿意五种类型，属于定距测量的层次。

总结而言，本节的主要工作是将研究假设中所涉及的各种研究变量进行操作化的工作，确定实证研究中用于测量各研究变量的具体工具，确保这种测量可以真实、有效地反映出研究概念的真实存在状况，以确保之后对研究假设的检验工作可以顺利地进行下去。在确定了各主要研究变量的测量工具之后，下一步就进入了收集研究资料的过程。本书的性质是一种定量的经验研究，以自填式问卷为主要形式，通过进行入户调查的方法来获得数据资料。第三节主要描述了本书所使用的定量资料的具体收集方法与过程，包括正式调查之前的准备工作、正式调查中样本的选取方法以及实际进行的调查过程等。

第三节　研究资料的收集方法

本书属于定量研究的类型，在收集资料过程中，主要使用了自填式问卷调查法，采用的是入户调查的形式。本节所描述的研究资料的全部收集过程，主要分为三个部分：调查前的准备工作即问卷的试调查方法、抽取调查样本的方法以及最终实际进行入户调查的方法。

一、问卷的试调查

本书的资料收集过程，从属于国家社科基金课题“中国信用制度研究”的全国性调查的一部分，其中涉及东部、中部以及西部的一些主要城市。因此，为了确保问卷的真实有效性，在进行全国调查之前，进行了问卷的试调查工作。试调查的进行地点选在南京市的四个住宅小区之中，主要利用周末的时间发放了200份问卷，采用入户调查的方式。本次调查的访问员由课题组内部成员组成，主要是在读的硕士和博士研究生。最终回收了190份问卷，废卷率为10%。

对试调查所获得数据的分析工作主要包括数据真实性的基本检查、数据的基本描述性统计分析、测量工具的信度分析以及单变量和多变量的推理统计分析，等等。整理总结了访问员在调查中所遇到的各种问题，邀请了一些专家对调查问卷进行审查和评价，在此基础上进一步完善了问卷的基本内容和表现形式，为正式调查工作做好了准备。

二、样本的抽取

此处所使用的主要样本抽取方法是多段抽样法。从全国所有省市中抽出五个城市构成总体样本，即天津、南京、重庆、兰州和深圳。在确定具体城市样本选择的过程中，依然沿用了多段抽样的方法，兼顾不同类别之间的异质性与同一类别之中的同质性，考虑到所得最终样本的代表性，以及调查课题组所拥有的实际人力、财力、物力情况，最终将本次调查中抽样单位的层次确定为：城市-区-街道-社区-户，这五个层次主要依托于中国城市行政规划的层级而来。在每一个层级中，都采用了简单随机抽样的方法，先确定所有构成该层次的名单，然后在名单中遵循随机抽样的要求，选择出所需要的样本构成。本次城市调查的样本规模为3 300份，按照所确定的五级抽样层次，首先在全国抽选出五个城市，然后确定每一个城市中的样本规模为660份，在该城市行政区的层次上随机抽出2个区，分别在每一个行政区中确定5个街道，之后在每个街道中分别抽出2个社区，最后在每个社区中按照居委会所提供的所有居民名单抽出33户作为最终样本。

在具体的户内抽样过程中，本调查使用了KISH选择法，给访问员发放预先编制好的选择卡，并且培训调查员学习对所调查家庭中成年人进行编号排序的方法。具体参照的逻辑如下：“男性在前，女性在后；年纪大的在前，年纪小的在后。最年长的男性排第一，次年长的男性排第二，依次类推，最年长的女性排在最年幼的男性后面，其他女性也按照年纪从大到小接着排列”（风笑天，2005）[74]。这种方法可以尽可能地保证所抽取的家庭中，每一个成年人都有相同的可能性进入到最终的调查样本之中，以尽可能地确保抽样过程的随机性。

在研究资料收集的过程中，社会调查中的抽样调查方法主要使用的是资料收集方法。在依托于国家课题所进行的较大规模的社会调查大前提下，本书所使用数据的真实可靠性获得了一定的保障，为后续研究分析与假设检验工作奠定了较为坚实的基础。

三、问卷的发放与回收

因为调查样本主要由全国五个城市组成，因此调查组也在每个城市中设立了调查点。每个调查点由两名课题组内成员作为调查的主要负责人，基本是在读的博士研究生。调查员则主要来自合作院校的学生，比如天津调查点的调查员主要来自天津财经大学的大三学生，南京调查点的调查员则由南京大学社会学专业的硕士研究生组成，等等。

每个调查点在进行问卷发放之前，都对所有调查员进行了统一的调查培训工作。由课题组按照样本的抽取方法、问卷的结构和内容统一编制了调查手册，由负责人对调查员进行专门培训，确保每一个调查员都了解问卷的基本内容。同时，培训工作还包括帮助调查员了解熟悉入户调查的基本流程和注意事项，调查员应该两人一组，并且男女搭配，应该怎样介绍此次调查的目的和性质，应该使用何种形式的开场白，以及如何回答被调查对象可能有的各种疑问，等等。培训中同样制定了一些用于保证问卷回收率和有效率的方法，以及对被调查员自身安全保护的方法，等等。

实际的问卷发放时间是 2011 年 10～12 月，并且由于资源限制的原因，五个城市分成两个批次进行调查。南京、天津和兰州是第一批开展调查的城市，在这三个城市的调查工作结束之后，再进行第二批次的问卷发放，在重庆和深圳两个城市中展开工作。本次调查总计发放问卷 3 300 份，最终回收有效问卷为 3 138 份，总体废卷率控制在 0.05%之内。

第四节　研究数据的分析方法

一、自变量的分析方法

本书主要有四种类型的自变量，即个体性因素、社会性因素、文化性因素与利他性组织的运行状况因素。这四种类型自变量中，包含了许多具体的测量变量，并且在测量层次中表现出不同的特征性质。因此在对自变量的分析过程中，依照具体变量的测量层次，分别采用了不同的分析方法，分为两种类型。

对个体性因素、文化性因素与利他性组织的运行状况因素的基本分析采用了相同的描述统计分析方法，属于第一种类型。这三种类型的自变量基本上由某一个或几个具体测量变量构成，并未涉及复杂量表的使用，因此对其的基本分析主要使用了频数统计分析方法，获得分类变量的频数分布情况，与连续变量的均值和标准差等分布趋势特征。

第二种类型的分析方法，主要是对社会性因素的分析。由于其中包括了社会参与变量、人际信任变量和系统信任变量三种量表测量工具的使用，因此对该类型自变量的分析不仅包括基本的描述统计分析，还需要厘清测量量表内部的结构特征，采用了探索性因素分析的方法，通过提取公因子来确定社会参与、人际信任与系统信任变量内部的结构特征。

二、因变量的分析方法

主要的因变量分为两种类型，即利他态度和利他行为，对这两大因变量测量通过七个具体变量得以实现，全部属于定距测量的层次。为了确定因变量在数据中的基本存在特征，此处主要使用了描述统计分析和列联分析两种方法。一方面分别对利他态度和利他行为进行基本的频数统计分析，了解每个因变量的基本分布状况，主要使用了变量的频数分布特征与均值和标准差等衡量指标；另一方面则从因变量之间所具有的关系特征角度出发，主要采用了列联分析(crosstabs)的方法，了解利他态度和利他行为之间是否具有显著的相关特征，确定两者之间的分布状况是否具有重合性的特征。

三、自变量对因变量的影响分析方法

前文所进行的单变量的统计分析，主要解决的问题是了解利他态度和利他行为在目前社会中的基本存在状况，以及两者之间所具有的关系特征；同时，对自变量的分析，还可以起到为此处进行多元推理统计分析提供准备的作用。比如，前文中对构成社会性因素的社会参与、人际信任和系统信任变量所进行的探索性因素分析，所提取出的公因子变量就会有助于确定社会性因素对利他态度和利他行动是否具有影响性以及影响的程度。总结而言，此处进行的多元推理统计分析，主要对象是自变量与因变量之间的关系，采取了逻辑斯特回归与线性多元回归的分析方法，将前文所提到的个体性因素、社会性因素、文化性因素与利他性组织的运行状况因素等四个自变量视为解释变量，将由性别、户口、年龄、政治成分与婚姻五个变量所构成的人口特征变量作为控制变量，并根据实际调查的样本特征，将样本的城市来源也视为一种控制变量，分别建构以利他态度和利他行为的各测量变量为因变量的回归模型的过程。并通过各种检测系数的取值状况，来确定自变量对因变量是否确实具有影响，以及这种影响是否具有统计显著意义，从而最终达到检验研究假设的目的。

在进行多元回归分析之前，需要对数据中的原始变量进行整理分析，以保证其适合回归分析的要求。比如本书中的一些自变量属于定类测量的层次，为了确保其可以被纳入回归方程中，需要对这些变量进行整理分析，比如整合变量的分类，对一些变量进行转化，以及设置虚拟变量等工作。这种整理主要分为控制变量、自变量与因变量三种类别。

在控制变量的层次中，主要涉及类别的整合与虚拟变量的设置两个方面。其中，婚姻状况变量从原有的已婚、未婚、丧偶和离异四种类型，转化为未婚与已婚两种总体类型，将原有的后三种分类统一为未婚类型；政治成分变量从原有的中共党员、共青团员、民主党派成员、群众四种类型转化为中共党员和非中共党员两种分类，原来的后三种类型被整合进非中共党员这一总类型中。在具体的虚拟变量设置中，性别变量以女性为参照类，户口变量以农业户口为参照类，婚姻变量以未婚为参照类，政治成分以非中共党员为参照类，城市变量以深圳为参照类别。

在自变量的层次中，同样包括类别的调整与虚拟变量的设置，同时还包括变量取值的转化。就个体性因素而言，包括三个方面的整理工作。首先，回归分析中所用的年收入变量和房产面积变量都进行了标准化处理，使用的是该变量的标准值。其次，文化程度变量从原本的学历类别，转化为受教育年限，基本不识字分类被设置为 0，小学文化转化为 6，初中文化设置为 9，高中文化设置为 12，大专文化设置为 15，本科设置为 16，研究生文化设置为 19。通过这种转化，原本属于定序测量层次的文化程度变量，就被转化为了定距测量层次的受教育年限变量，被直接纳入了回归分析之中。最后，对职业类别变量的分类进行的整合，并设置了虚拟变量。其中，将国家社会管理人员和企业管理人员整合为第一类，命名为管理人员，将专业技术人员和办事人员整合为第二类，命名为技术办事人员，保留原有的个体工商户分类，作为第三类，将商业服务人员、产业工人和农业劳动者合并为第四类，命名为产业劳动者，将在校学生与城市无业人员整合为最后一类，命名为失业无业人员。同时，在将职业变量转化为虚拟变量时，将管理人员设置为参照类别。

对社会性因素变量的整理主要沿用了探索性因素分析的结果，将社会参与、人际信任和系统信任三个变量中所提取的各公因子，作为纳入回归分析的具体变量，这一过程采用了因子分析中的回归法(regression)得出了公因子变量的具体取值。

利他性组织的运行状况变量的整理工作集中在对利他性组织的信任变量之中。主要将问卷中现有的个体对官方利他性组织和民间利他性组织的信任变量取值，采用求和平均的方法，得出对利他性组织的信任变量，取值范围不变，依然在 1～5。

最后，对因变量的整理主要集中在利他行为类别之中。将公益慈善组织、公益志愿活动、慈善捐赠活动以及无偿献血活动变量的原有四个分类，即从不参加、偶尔参加、有时参加和经常参加，合并为两个新类型，即未参加和参加，将原有的后三种分类整合为参加这一新类型。此外，保留了利他态度变量的原有分类，即非常愿意、比较愿意、一般、比较不愿意和非常不愿意五种类别。

在对原始变量进行整理分析的基础之上，沿袭着回归分析的总体逻辑，本书对利他态度和利他行动的多元回归分析主要分为七部分，分别以公益慈善组织、公益志愿活动、慈善捐赠活动、无偿献血活动、愿意尽自己可能帮助他人、愿意不求回报帮助他人以及愿意牺牲自己帮助他人为因变量，将性别、年龄、婚姻、户口、政治成分与所在城市六个变量视为控制变量，分别将个体性因素、社会性因素、文化性因素与利他性组织的运行状况因素四种类型因素视为自变量，逐一建构出回归模型。其中，因为利他态度和利他行为的变量在具体测量层次中存在差异性，因此在具体回归分析中，对利他态度的三个变量采用了多元线性回归的方法，对利他行为的四个变量，则先将其整合为参加与未参加两种类型，并采用了逻辑斯特回归分析的方法。

每个回归方程中都包括了一些具体的衡量指标。比如在对利他行为变量采用逻辑斯特回归分析的方法所建构出来的回归方程中，主要采用了优势比值（OR值）来衡量自变量对因变量是否发生所具有的可能影响程度，并通过 Wald 检验来确定其影响是否具有统计显著意义；在衡量整个模型的拟合程度时，主要使用了似然比检验的方法，通过对数似然值和伪决定系数来确定模型对因变量的解释程度。另一方面，在对利他态度使用线性回归分析的方法所建构的回归方程中，则采用了回归系数来衡量自变量对因变量的影响作用，通过 t 检验确定该影响是否具有统计显著性；同时采用了决定系数 R^2 和校正的决定系数 R^2_{adj} 值来确定所建构的回归方程对因变量的整体解释程度。

为了确定个体性因素、社会性因素、文化性因素与利他性组织的运行状况因素四种因素对利他态度和利他行为的影响性，并实现在经验数据中检验研究假设的目的，本书在分析自变量和因变量的存在关系特征时，主要使用了多元回归分析的方法，分别采用了二分类逻辑斯特回归分析（Binary logistic regression）和多元线性回归分析（multiple linear regression）的方法，构建出了公益慈善组织、公益志愿活动、慈善捐赠活动、无偿献血活动、尽自己可能帮助他人、不求回报帮助他人以及牺牲自己帮助他人等全部因变量的回归方程。

总结而言，对研究数据的分析主要遵循了从单变量到多变量的分析逻辑。单变量分析中，既包括对自变量基本分布状况的了解，也包括因变量的存在状况分析；多变量分析则主要包括因变量之间的关系分布特征，以及自变量对因变量的影响关系分析，后者是全部研究的核心内容。

第四章　研 究 结 果

本章主要汇报实际所采用的分析方法所得出的主要结果，包括数据样本的人口特征分布情况、自变量的基本分布特征、因变量的现有存在状况、自变量对因变量所具有的影响作用特征，等等。本章节分析的主要任务，是实现对主要研究假设的检验分析，寻找出研究问题的解答路径，为研究结论的提出提供足够的经验数据基础。

第一节　数据的基本特征

本书所分析的研究数据来自我国五个城市的入户调查，对该数据的基本特征分析主要分为两大方面：一是大致总结了数据在五个城市之中的主要分布状况，描述了各城市调查的废卷率情况，如表 4.1 所示；二是集中分析了数据的基本人口特征分布，主要包括性别、年龄、户口、婚姻与政治面貌等衡量指标，如表 4.2 所示。这两类分析的主要目的是获得对全书分析数据的大致分布特征状况，为之后的研究做好准备工作。

一、数据的城市分布特征

表 4.1　城市分布特征

城市	实际样本	百分比	预期样本	废卷率
天津	644	20.5%	660	0.03%
南京	623	19.9%	660	0.06%
兰州	630	20.1%	660	0.04%
重庆	647	20.6%	660	0.02%
深圳	594	18.9%	660	0.10%
总计	3 138	100.0%	3 300	0.05%

表 4.1 的内容表明，数据在五个城市中的分布基本保持了平衡状况，每一个城

市在总数据中的比例都比较均等,基本保持在20%左右。实际样本与预期样本之间没有出现显著的差距,整个调查的废卷率较低,问卷的有效回收率基本得到了有效的保障。其中,深圳在所有数据中占的比例最小,低于平均水平,其余四个城市的比例则比较接近。该结果的出现,可能与深圳自身的城市特点有关,与其余四个城市相比,深圳具有很浓厚的移民城市的特征,外来和暂住人口在全部人口中比例较高,城市的异质化程度较高,陌生人社会的特点比较明显,这就导致了在入户调查中,访问员遭到调查对象拒答和少答的现象更为经常,因此也导致在总体样本中,深圳的比例低于平均水平。

二、基本人口特征分析

表4.2 数据的基本人口特征

指标		频数	有效百分比
年龄	青年(18~35岁)	1 461	46.8%
	中年(36~55岁)	1 172	37.5%
	老年(56岁及以上)	491	15.7%
性别	男性	1 484	47.4%
	女性	1 650	52.6%
婚姻状况	已婚	2 291	73.2%
	未婚	751	24%
	丧偶	29	0.9%
	离异	60	1.9%
政治面貌	中共党员	727	23.2%
	共青团员	459	14.7%
	民主党派	18	0.6%
	群众	1 882	60.1%
户口	农业户口	580	18.5%
	非农户口	2 548	81.5%

此处涉及的人口特征变量,主要由性别、年龄、户口、婚姻状况与政治成分五种类型组成。在对研究数据的五个变量进行了基本描述统计之后,得出了此处所使用数据的大体的人口特征分布。具体而言,从年龄分布来看,青年人群是总体样本的主要组成部分,其次为中年人群,老年人口在数据中的比例最小(三者的比例分别为46.8%、37.5%和15.7%)。这种以中青年为主要组成部分的数据年龄结构,对于达到本书的研究目的,即确定利他态度和利他行为的分布情况与影响因素具

有一定的意义，尤其是比较青年群体和中年群体中是否存在显著的差异性，以及对确定年龄变量对于利他行为和利他态度是否具有影响等都具有重要意义；从性别比例上看，男性调查对象的人数略微小于女性调查对象的数量（前者占总样本的47.4%，后者占总样本的52.6%），基本处于平衡状况，没有出现某一性别比例过大的状况，也有助于获得不同性别群体的利他态度和行为的存在状况的有效数据分析结果。

在婚姻类型的分布中，已婚人群是最主要的组成部分，其次为未婚人群，丧偶和离异的调查对象仅仅占据了很小的比例（分别为73.2%、24%、0.9%和1.9%），该结果的出现与调查对象的年龄限制有关，将调查对象限制在18～80岁之间，就排除了大量的未婚人群，此处所获得的婚姻分布特征，基本上具有合理性。在政治面貌的分布中，群众占据了主要的组成部分，其次为中共党员和共青团员，民主党派人士的比例最低（分别为60.1%、23.2%、14.7%和0.6%），这一特征基本符合目前城市在政治面貌中的总体分布状况。最后，从户口类型来看，由于此次调查主要在城市中进行，非农业户口的调查对象在数据中的比例大大超过了农业户口的比例（分别为81.5%和18.5%），基本符合调查的特征。

第二节 解释变量的分析

本书主要有四种类型的自变量，即个体性因素、社会性因素、文化性因素与利他性组织的运行状况因素。由于这些变量所使用的测量工具的层次和内容都有所不同，因此在具体分析中也存在着方法选择的差异。一方面，对所有的自变量都进行了基本的描述统计分析，以确定其在数据中的基本分布状况；另一方面，由于社会性因素变量中涉及了诸多量表的使用，比如社会参与测量量表、人际信任测量量表以及系统信任测量量表等，因此对社会性因素还进行了探索性的因素分析。

一、个体性因素

个体性因素主要由四个具体变量构成，即受教育程度、收入水平、职业类别与房产面积，如表4.3所示。受教育程度的分布呈现出两端低、中间高的特征，文化程度最低和最高的类型都只占总体被调查对象中很微小的部分，而主要的构成类型还是文化程度中等的类型，比如高中等。这与当前中国城市居民的总体文化程度状况基本符合，并且也与本书在年龄上对被调查对象的限制有关，将年龄限制划为18～80岁之间在一定程度上减少了不识字人群的比例；从职业等级的分布状况来看，处于最高等级的管理人员和最低等级的失业无业人员，在全部调查对象中都占据着较少的比例，处于中间等级的技术办事人员、产业劳动者和个体工商户则是构成样本的主要组成部分;在城市居民的房产拥有状况方面,一方面,没有房产的群体在所有被调查对象中占据了较大的比例,已经基本接近于总体的半数;另一方面,在有房产的人群中,主体集中于中等的房产面积类型,而很小和很大这两个端点的类型所占比例则不大,仅表现为很小的部分。

表 4.3 个体性因素的基本分布

<table>
<tr><th>变量</th><th>分 类</th><th>频数</th><th>百分比</th><th>均值</th><th>标准差</th></tr>
<tr><td>年收入(元)</td><td colspan="3"></td><td>48 916</td><td>59 533</td></tr>
<tr><td rowspan="7">受教育程度</td><td>基本不识字</td><td>23</td><td>0.7%</td><td rowspan="7">13.16</td><td rowspan="7">3.3</td></tr>
<tr><td>小学</td><td>107</td><td>3.4%</td></tr>
<tr><td>初中</td><td>530</td><td>16.9%</td></tr>
<tr><td>高中(中专)</td><td>913</td><td>29.1%</td></tr>
<tr><td>大专</td><td>646</td><td>20.6%</td></tr>
<tr><td>本科</td><td>732</td><td>23.4%</td></tr>
<tr><td>研究生</td><td>184</td><td>5.9%</td></tr>
<tr><td rowspan="5">职业类别</td><td>管理人员</td><td>489</td><td>16.6%</td><td rowspan="5" colspan="2"></td></tr>
<tr><td>技术办事人员</td><td>818</td><td>27.7%</td></tr>
<tr><td>个体工商户</td><td>576</td><td>19.5%</td></tr>
<tr><td>产业劳动者</td><td>732</td><td>24.7%</td></tr>
<tr><td>失业无业人员</td><td>339</td><td>11.5%</td></tr>
<tr><td rowspan="5">房产面积(平方米)</td><td>无房产</td><td>1 316</td><td>42.4%</td><td rowspan="5">52.19</td><td rowspan="5">52.96</td></tr>
<tr><td>45 平方米以下</td><td>109</td><td>3.5%</td></tr>
<tr><td>46 至 90 平方米</td><td>998</td><td>32.1%</td></tr>
<tr><td>91 至 135 平方米</td><td>536</td><td>17.3%</td></tr>
<tr><td>136 平方米及以上</td><td>145</td><td>4.7%</td></tr>
</table>

从个体的年收入角度来看,由于此处对该变量的测量属于定距测量的层次,年收入的平均值为 48 916 元,最小值为 500 元,最大值为 1 000 000 元。为了更清楚地了解调查对象在年收入衡量指标中的区间差异,以 5 000 元为分类间距,将所有调查对象的年收入水平归为十三类。其中,年收入少于 5 000 的有 90 人,占 2.9%;在 5 001～10 000 元的有 286 人,占 10.5%;在 10 001～15 000 元的有 238 人,占 8.8%;在 15 001～20 000 元的有 467 人,占 17.2%;在 20 001～25 000 元的有 116 人,占 4.3%;在 25 001～30 000 元的有 317 人,占 11.7%;在 30 001～35 000 元的有 35 人,占 1.3%;在 35 001～40 000 元的有 194 人,占 7.1%;在

40 001～45 000 元的有 22 人，占 0.7%；在 45 001～50 000 元的有 265 人，占 9.7%；在 50 001～55 000 元的有 2 人，占 0.1%；在 55 001～60 000 元的有 110 人，占 4%；年收入高于 60 001 元的有 577 人，占总样本的 21.2%。从这种分类结果可以发现，本数据的调查对象，所拥有的年收入水平较高，这与数据来源的城市发展状况具有密切的联系。

二、社会性因素

社会性因素主要分为三种类型，即社会参与、人际信任与系统信任。对这三种类型的测量都采用了一组包括众多问题的量表，最终得出的数据也表现出较为复杂的分布特征，这也是为何需要对其进行探索性因素分析的主要原因。对该类变量的分析主要遵循了先描述再提取公因子的基本分析逻辑。

1. 社会参与变量

社会参与测量量表由 12 个测量问题构成，如表 4.4 所示。对其进行的信度分析结果显示，Cronbach's α 系数值为 0.712，折半信度系数值为 0.642，基本上表明构成量表的诸多问题，具有较高的稳定一致性，这就保证了量表测量结果的稳定可靠性。

对社会参与变量进行的基本描述统计的分析结果显示，9 个测量变量的均值都小于 2，其中有 5 个变量的均值小于 1.5，而仅有 3 个测量问题的均值超过 2，分别为“与亲朋好友进行日常交往活动”“参加同学聚会活动”与“与他人一起参加日常娱乐休闲活动”，同时，3 个主要用于测量个体团体参与情况的变量，均值水平在所有变量中都最低，分别是“加入社区业主委员会”“加入民间文艺团体”和“加入同乡会”。此外，测量变量在各分类中的频率分布也表现出相同的特征，在经常参与类型中，40.5%的调查对象经常参加与亲朋好友的日常交往活动，19.9%的经常参加同学聚会活动，而仅有 0.6%的调查对象是民间文艺团体的核心成员，业主委员会则更少，仅为 0.5%，最低的是网络论坛的核心成员，在样本中仅占 0.4%；在从不参加类型中，最高的是从不参加业主委员会的调查对象，达到了 90.2%，其次为民间文艺团体，为 88.8%，最低的同样是从不参加与亲朋好友日常交往活动的调查对象，仅有 4.3%。

总体而言，在社会参与的基本分布状况中，个体与亲友、同学和熟人间进行的日常交往活动具有最高的发生频率，而个体参加团体的可能性则最低，处于其中的是各种类型的政治活动的参与情况。这一分布特征，与之前一些对中国人社会参与状况的调查具有一致性，尤其是团体参与的低水平特征，被许多研究者认为是区分中国与西方社会交往特征的主要标准。

表 4.4 社会参与变量的基本描述统计①

变量	从不参加	偶尔参加(普通成员)	有时参加(积极成员)	经常参加(核心成员)	均值	标准差
参加网络论坛	73%	23%	3.6%	0.4%	1.31	0.559
加入各种 QQ 群	54.4%	35.8%	7.6%	2.2%	1.57	0.727
参与热点问题的网络讨论互动	65.3%	20.9%	9.5%	4.3%	1.52	0.831
参加各种政治选举活动	57.5%	20.2%	14.3%	8%	1.73	0.982
参加社区业主委员会选举活动	66.9%	18.5%	10%	4.6%	1.52	0.854
参加向政府部门进言献策等活动	78.6%	14.2%	5.5%	1.7%	1.30	0.653
与亲朋好友进行日常交往活动	4.3%	20.3%	34.9%	40.5%	3.12	0.877
参加同学聚会活动	21.1%	28.3%	30.7%	19.9%	2.49	1.037
参加各种日常娱乐休闲兴趣活动	31.8%	33.4%	21.6%	13.2%	2.16	1.019
加入各种民间文艺团体	88.8%	8.5%	2.1%	0.6%	1.14	0.431
加入社区业主委员会	90.2%	7.6%	1.7%	0.5%	1.12	0.412
加入同乡会	74.8%	17.9%	5.7%	1.6%	1.33	0.651

为了更清楚地确定社会参与整体变量内部的结构，对其进行探索性的因素分析成为主要的分析方法。首先进行的是对于变量之间相关性的检验，确定其是否适合做因子分析。经过 KMO 和巴特利球形检验之后，KMO 的指数为0.752，证明现有的 12 个变量之间具有较明显的相关关系，比较适合做因素分析。之后在因子分析的结果中，使用主成分分析的方法提取出四个公因子，累计的方差贡献度达到59.908%。

对社会参与变量所做的探索性因素分析中，公因子提取的方法是主成分分析方法，并采用了方差最大的正交旋转方法。根据得出的公因子分布载荷图，分别将四个公因子命名为网络参与因子、政治参与因子、现实交往活动因子以及团体参与因子。各公因子的详细分布情况在表 4.5 所列出的因子载荷中有明确的体现。

① 样本量(N)=3 094，变量的取值范围：(1～4)。

表 4.5 社会参与的探索性因素分析①

变量	网络参与因子	政治参与因子	现实交往活动因子	团体参与因子	共量
参加网络论坛	0.807	−0.037	0.062	0.215	0.703
加入各种 QQ 群	0.798	−0.077	0.159	0.041	0.670
在线参与社会热点讨论	0.749	0.224	0.098	0.039	0.622
参加各种政治选举活动	−0.054	0.824	0.117	−0.009	0.695
社区业主委员会选举活动	−0.076	0.719	0.092	0.200	0.571
向政府部门进言献策等活动	0.336	0.676	0.027	0.127	0.586
与亲朋好友进行日常交往活动	0.031	0.083	0.791	0.012	0.633
参加同学聚会活动	0.343	0.057	0.715	0.040	0.634
参加各种日常兴趣活动	0.034	0.089	0.697	0.116	0.508
加入各种民间文艺团体	0.063	0.071	0.057	0.774	0.611
加入社区业主委员会	0.021	0.258	−0.045	0.706	0.567
加入同乡会	0.271	−0.038	0.232	0.510	0.389
特征值	2.169	1.800	1.742	1.478	
累计公因子方差	18.073%	33.072%	47.593%	59.908%	

2. 人际信任变量

人际信任变量的测量量表由 11 个具体变量组成，如表 4.6 所示。其信度分析的结果表明，Cronbach's α 系数值为 0.796，折半信度系数值为 0.572。基本显示测量量表的构成变量之间具有相对一致的稳定关系，一定程度上确保了量表测量结果的稳定可靠性。

表 4.6 人际信任变量的基本描述统计②

变量	完全不信任	比较不信任	一般	比较信任	完全信任	均值	标准差
生产商	9.3%	25.4%	50.3%	14.3%	0.7%	2.72	0.847
销售商	9.8%	27.1%	50.1%	11.9%	1.1%	2.68	0.845
陌生人	40.5%	29.1%	27.4%	2.6%	0.4%	1.93	0.900

① 公因子提取方法：主成分分析(Principal Components analysis)；公因子旋转方法：方差最大正交旋转(Varimax)。

② 样本量(N)=3 106，变量的取值范围为(1～5)。

续表

变　量	完全不信任	比较不信任	一般	比较信任	完全信任	均值	标准差
网友	20.5%	34.5%	40%	4.1%	0.8%	2.30	0.865
单位同事	2.2%	7%	45.6%	42.6%	2.6%	3.36	0.745
单位领导	3.3%	9.8%	44.4%	38.6%	3.9%	3.30	0.827
邻居	1.8%	6.9%	53.8%	34.8%	2.7%	3.29	0.708
一般朋友	1.1%	7.7%	49.6%	38.2%	3.4%	3.35	0.717
直系亲属	0.3%	0.6%	2.9%	35.9%	60.3%	4.55	0.608
核心家庭成员	0.3%	0.4%	1.8%	22.2%	75.3%	4.72	0.537
其他亲属	0.8%	2.8%	23.4%	55.9%	17.1%	3.85	0.754

在人际信任变量的基本分布中，7个变量的均值水平在3以上，其中两个变量的均值超过了4.5，分别是核心家庭成员与直系亲属，前者均值是4.72，后者为4.55；均值最低的变量是陌生人，仅为1.93；均值处于中等水平的变量包括邻居、单位领导、一般朋友和单位同事，数值十分接近，分别为3.29、3.3、3.35、3.36。相同的情况也出现在了各类型的频率分布结果中，在完全信任类型中，75.3%的调查对象选择了核心家庭成员，60.3%的调查对象选择了直系亲属，选择完全信任一般朋友的调查对象也并不多，仅占总样本的3.4%，但也有0.4%的调查对象选择了陌生人，0.7%的调查对象选择了生产商，0.8%的调查对象选择了网友；在完全不信任类型中，仅有0.3%的调查对象选择完全不信任核心家庭成员与直系亲属，1.1%的调查对象选择了一般朋友，1.8%的调查对象选择了邻居，但却有40.5%的调查对象选择完全不信任陌生人，其次为完全不信任网友，占总样本的20.5%。总体而言，个体的人际信任层次中，大部分调查对象都更加信任与之分享血缘关系的他人，其次为其较为熟悉的他人，而对其不了解、关系较为疏远的陌生人则主要选择不信任。

对人际信任量表的探索性因素分析结果如表4.7所示，KMO指数为0.754，证明这些变量之间具有较高的相关程度，比较适合进行因素分析。公因子提取的方法是主成分分析法，并采用了方差最大的正交旋转方法，得出了三个公因子，累计方差贡献率为61.989%。根据各公因子在具体载荷图中的不同分布，分别将其命名为普遍信任因子、一般信任因子、特殊信任因子。其中，普遍信任因子主要显现在陌生人、网友、生产商和销售商四个变量中；一般信任因子表现在邻居、一般朋友、单位领导和单位同事四个变量中；特殊信任因子则主要体现在核心家庭成员、直系亲属与一般亲属三个变量中。

表 4.7 人际信任的探索性因素分析①

变 量	普遍信任因子	一般信任因子	特殊信任因子	共 量
生产商	0.849	0.140	0.016	0.741
销售商	0.848	0.124	0.035	0.735
陌生人	0.693	0.131	0.007	0.498
网友	0.683	0.214	0.031	0.513
单位同事	0.189	0.796	0.049	0.672
单位领导	0.210	0.750	−0.021	0.607
邻居	0.128	0.698	0.216	0.551
一般朋友	0.142	0.647	0.356	0.565
直系亲属	0.023	0.099	0.837	0.711
核心家庭成员	0.008	0.021	0.781	0.610
其他亲属	0.023	0.388	0.681	0.616
特征值	2.505	2.361	1.953	
累计公因子方差	22.771%	44.232%	61.989%	

3. 系统信任变量

对系统信任变量的测量量表由 15 个具体变量构成，如表 4.8 所示。对其进行的信度分析结果显示，Cronbach's α 系数值达到了 0.91，折半信度系数值为0.832，体现出组成该测量量表的各变量之间具有非常的稳定一致性，保证了量表测量结果的稳定可靠性，为后续研究奠定了坚实的基础。

表 4.8 系统信任变量的基本描述统计②

变 量	完全不信任	比较不信任	一般	比较信任	完全信任	均值	标准差
军队	2.2%	3.7%	17.8%	41.9%	34.3%	4.02	0.934
公安部门	3.8%	8.2%	20.9%	45.4%	21.7%	3.73	1.012
中央政府	2.7%	4.2%	13.6%	40.6%	38.8%	4.09	0.964
地市政府	4.3%	10.9%	25.1%	39.5%	20.3%	3.61	1.058
法院	4.2%	8.5%	24.5%	42.6%	20.2%	3.66	1.025
慈善制度	12.8%	21.1%	29.5%	29.5%	7.2%	2.97	1.143

① 公因子提取方法：主成分分析(Principal Components analysis)；公因子旋转方法：方差最大正交旋转(Varimax)。

② 样本量(N)=3 106，变量的取值范围为(1～5)。

续表

变　量	完全不信任	比较不信任	一般	比较信任	完全信任	均值	标准差
食品监管制度	24.7%	27.3%	16.1%	25.3%	6.5%	2.62	1.277
社会救助制度	8.2%	16.4%	29.8%	34.9%	10.7%	3.24	1.101
司法制度	8.3%	14.1%	31.0%	37.9%	8.8%	3.25	1.067
义务教育制度	7.5%	14.3%	15.6%	47.5%	15.0%	3.48	1.134
医护人员	3.0%	10.5%	20.6%	54.4%	11.5%	3.61	0.927
中小学老师	2.4%	5.9%	19.6%	56.1%	16.0%	3.77	0.869
专家教授	4.0%	10.9%	26.9%	45.2%	13.0%	3.52	0.986
律师	3.4%	9.4%	30.1%	46.5%	10.6%	3.51	0.927
新闻记者	3.3%	10.0%	32.0%	44.4%	10.3%	3.49	0.924

对系统信任变量进行的基本描述统计分析结果如表 4.8 所示，与前文中得出的社会参与和人际信任的分布特征不同，系统信任的基本分布中，变量的均值水平比较均衡，并未出现特别大的差距。全部 15 个测量变量中，仅有 2 个变量的均值小于 3，分别是食品监管制度和慈善制度，前者均值最小，仅为 2.62，后者比较接近 3，为 2.97；同时也没有很多变量表现出非常高的均值水平，只有 2 个变量的均值勉强超过 4，分别是中央政府和军队，前者为 4.09，后者为 4.02。大部分的测量变量都表现出比较均衡的均值水平，相同的结果也出现在具体的类型分布结果中。在完全信任类型中，选择中央政府的人最多，达到了 38.8%，其次为军队，占总样本的 34.3%，选择完全信任地市政府的调查对象有 20.3%，与中央政府形成了一定的差距；仅有 6.5%的调查对象选择完全信任食品监管制度，7.2%的调查对象完全信任慈善制度，8.8%的调查对象完全信任司法制度；处于中间水平的是对各类专业角色的信任，16%的调查对象完全信任中小学老师，13%的调查对象完全信任专家教授，11.5%的调查对象完全信任医护人员，等等；完全不信任的类型中出现了一些差异性，除去最高的完全不信任食品监管制度和慈善制度的调查对象之外，前者为 24.7%，后者是 12.8%，对其余变量完全不信任的水平十分接近，并不存在特别强烈的差距。总体而言，系统信任的总体存在水平较高，大多数社会成员对各种机构、制度和专业角色的信任程度都在平均水平之上，但是也存在一定的内部差异，其中，对机构的信任程度是最高的，其次为对专业角色的信任，最低的是对社会制度的信任，尤其是对食品监管制度的信任。这一特征，与目前中国社会中屡次出现的食品安全问题事件，可能具有比较密切的联系。

对系统信任进行的探索性因素分析结果如表 4.9 所示，KMO 值达到0.929，证明这些变量之间具有较高程度的相关关系，并且巴特利检验的显著性明显，因此非常适合做因素分析。此处在提取公因子时也主要采取了主成分分析方法，对公因子的旋转使用了方差最大的正交旋转方法。得出了三个公因子，累计方差贡献率为63.097。结合每个公因子的实际载荷分布，分别将其命名为机构信任因子、制度信任因子与角色信任因子。其中，机构信任因子主要表现在军队、中央政府、地市政府、公安部门和法院等五个变量之中；制度信任因子主要体现在食品监管制度、慈善制度、义务教育制度、司法制度和社会救助制度五变量中；角色信任因子体现在中小学老师、专家教授、医护人员、律师与新闻记者五个变量之中。

表4.9 系统信任的探索性因素分析①

变 量	机构信任	制度信任	角色信任	共 量
军队	0.778	0.121	0.229	0.673
公安部门	0.767	0.257	0.314	0.753
中央政府	0.753	0.242	0.210	0.670
地市政府	0.750	0.296	0.230	0.703
法院	0.729	0.288	0.328	0.722
慈善制度	0.213	0.797	0.159	0.706
食品监管制度	0.133	0.739	0.079	0.570
社会救助制度	0.212	0.722	0.171	0.596
司法制度	0.382	0.695	0.236	0.685
义务教育制度	0.165	0.676	0.245	0.544
医护人员	0.183	0.172	0.765	0.648
中小学老师	0.161	0.137	0.740	0.593
专家教授	0.233	0.195	0.713	0.600
律师	0.265	0.185	0.678	0.564
新闻记者	0.272	0.131	0.589	0.438
特征值	3.395	3.090	2.980	
累计公因子方差	22.632%	43.230%	63.097%	

总结而言，对社会性因素的分析结果表明，社会参与变量整体处于较低的存在状态之中，除了现实社交活动因子的参与程度较高之外，其余因子变量的平均水平都比较低，尤其是团体参与因子，大部分社会成员参与各类团体的程度都比较低；人际信任变量的整体存在水平表现出较高的特征，尤其是特殊信任因子，其均值和

① 公因子提取方法：主成分分析(Principal Components analysis)；公因子旋转方法：方差最大正交旋转(Varimax)。

分布状态都高于一般水平之上，大部分社会成员对与其分享血缘关系和交往关系的他人具有较高程度的信任感，但对其不熟悉的陌生人的信任程度则出现了下降的趋势；同样系统信任变量的整体存在状态也比较良好，个体对机构和角色的信任感都较高，不过对一些特定制度的信任程度出现了减少的特征，尤其是对食品监管制度的信任水平，在所有系统信任变量中是最低的。

三、文化性因素

文化性因素是指个体对社会主要利他性规范的认可性程度，主要表现为个体所持有的亲社会观念这一重要变量。对该变量的测量是通过询问被调查对象对三个主要陈述的态度来实现的。这三个陈述分别是“人心都是向善的”“绝大多数人是助人为乐的”“我以真心待人，他人就会以真心待我”。此处主要采用了频数统计的分析方法，具体分析结果如表 4.10 所示。

表 4.10　亲社会观念变量的描述分布

变　量	分　类	频数	百分比	均值	标准差
人心都是向善的	非常同意	647	20.6%	3.8	0.93
	比较同意	1 588	50.6%		
	一般	599	19.1%		
	比较不同意	229	7.3%		
	非常不同意	73	2.3%		
绝大多数人是助人为乐的	非常同意	465	14.8%	3.6	0.98
	比较同意	1 510	48.1%		
	一般	712	22.7%		
	比较不同意	341	10.9%		
	非常不同意	109	3.5%		
我以真心待人，他人就会以真心待我	非常同意	419	13.4%	3.3	1.09
	比较同意	1 096	35%		
	一般	879	28.1%		
	比较不同意	555	17.7%		
	非常不同意	183	5.8%		

在个体所持有的亲社会观念的具体分布中，三个测量变量的均值都高于 3，比较接近，最高的是“人心都是向善的”变量，其次为“绝大多数人都是助人为乐的”，最低的是“我认真心待人，他人就会以真心待我”，三者之间的均值差距并不十分明显。总体而言，大多数调查对象都对亲社会观念具有较高水平认可程度，都高于一

般水平，主要集中在“比较同意”的类型，对三类亲社会观念持有非常强烈的反对意见的个体，在总体样本中占有非常少的比例。

结合两个具体测量变量的分布情况可以发现，文化性因素中存在着不均衡的变量分布特征，其中，亲社会观念变量的存在状态较为良好，调查对象对亲社会观念的整体认可程度较高，对该观念持有完全反对意见的比例是比较少的，这也反映出社会中两种主要利他性规范在社会普通成员之间的被认可程度。

四、利他性组织的运行状况因素

此部分分析的对象有两种类型，即对利他性组织的了解程度和对利他性组织的信任程度。对前者的测量属于定序层次，后者则属于定距层次。对利他性组织的了解程度变量，其取值范围在 0～10，0 代表调查对象完全不了解所列举出的任何一个利他性组织，10 则代表着个体了解问卷中所列出的所有利他性组织。具体而言，该变量的均值是 4，意味着大部分的调查对象基本了解 4 个问卷中列出的利他性组织，表明对利他性组织的了解程度变量基本处于中等偏下的位置状态之中，利他性组织的信息普及程度较低。

表 4.11　对利他性组织的信任程度

变　量	分　类	频数	百分比	均值	标准差
对官方利他组织的信任	完全信任	323	10.3%	3.18	1.087
	比较信任	944	30.1%		
	一般	1 087	34.7%		
	比较不信任	521	16.6%		
	完全不信任	260	8.3%		
对民间利他组织的信任	完全信任	234	7.5%	3.15	1.001
	比较信任	946	30.1%		
	一般	1 229	39.2%		
	比较不信任	527	16.8%		
	完全不信任	202	6.4%		

个体对利他性组织的信任程度变量分为两部分，即对官方利他性组织的信任和对民间利他性组织的信任。两者的基本分布表现出较高的一致性，不存在显著的差距，如表 4.11 所示。大多数调查对象对各类性利他性组织的信任程度都集中于一般的类型之中，同时，不管是对官方利他性组织，还是对民间利他性组织，选择比较相信与完全相信的人数，都高于选择比较不相信和完全不相信的数量。

总结而言，在利他性组织的运行状况因素中，对利他性组织的了解程度变量的存在水平，略微低于中等平均水平，大部分调查对象所了解的利他性组织的数量较少;对利他性组织的信任程度变量则表现出中等平均的存在水平,不管是对官方利他组织,还是对民间利他组织,大部分调查对象的信任程度都表现出一般的存在特征,并未出现明显的差距。

第三节 利他态度与利他行为的存在现状

针对因变量所进行的统计分析工作,由两部分构成:一是对利他态度和利他行为进行基本的描述统计,以了解其存在的基本分布状况特征,这主要通过频数统计的方法得以实现;二是分析利他态度和利他行为两者之间的关系特征,主要采用了列联分析(crosstabs)的方法。

一、利他态度的存在状况

对利他态度的频数分析结果如表 4.12 所示,利他态度变量的整体存在水平都高于一般的中等程度,并且三个组成变量的均值水平出现了递减的趋势。其中,"尽自己所能帮助他人"变量的平均存在程度最高,其次是"不求回报地帮助他人"变量,最低的是"牺牲自己帮助他人"变量;相同的特征也出现在了三变量的具体类型分布中,随着要求个体付出程度的增加,利他的意愿性逐渐出现降低的趋势,当被要求完全牺牲自己帮助他人时,存在状况降低到了一般的平均水平之下。

表 4.12 利他态度的分布情况

变 量	分 类	频数	百分比	均值	标准差
尽自己所能帮助他人	非常愿意	689	22%	3.9	0.83
	比较愿意	1 667	53.1%		
	一般	605	19.3%		
	比较不愿意	136	4.3%		
	非常不愿意	41	1.3%		
不求回报帮助他人	非常愿意	635	20.2%	3.72	0.96
	比较愿意	1 428	45.5%		
	一般	733	23.4%		
	比较不愿意	254	8.1%		
	非常不愿意	87	2.8%		

续表

变量	分类	频数	百分比	均值	标准差
牺牲自己帮助他人	非常愿意	192	6.1%	2.95	0.99
	比较愿意	655	20.9%		
	一般	1 374	43.8%		
	比较不愿意	658	21%		
	非常不愿意	256	8.2%		

二、利他行为的现存状况

在对利他行为的频数分析结果中(见表 4.13),四个构成变量的整体存在水平都较低,并且也出现了相对递减变化的趋势。其中,慈善捐赠变量的平均水平最高,其次是公益志愿变量,之后是无偿献血变量,最低的是公益慈善组织变量,这在四个变量的具体类型分布也出现了相似的特征。总体而言,利他团体的参加程度,远远小于利他活动的参与水平,这种差异也符合社会参与中表现出的相同特征,同时,该差异的形成,也有可能与国内目前参加利他性组织所设置的种种要求有关;在利他活动的存在分布中,让渡物资和金钱利益是最经常发生的,其次是让渡个人的时间、精力和劳力,最后则是让渡个体的生理资源,即献血。并且前两种形式的让渡在程度上比较接近,与第三种形式之间的差距较大。这种存在状态,也基本符合目前国内利他行动的基本存在状况,尤其是无偿献血变量的低水平存在状况,与目前国内各地屡次发生的血荒事件,具有对应性。

表 4.13 利他行为的分布情况

变 量	分 类	频数	百分比	均值	标准差
公益志愿活动	经常参加	170	45.3%	1.83	0.9
	偶尔参加	531	32.3%		
	有时参加	1 011	17%		
	从不参加	1 417	5.4%		
慈善捐赠活动	经常参加	188	6%	1.99	0.91
	偶尔参加	711	22.7%		
	有时参加	1 124	35.9%		
	从不参加	1 108	35.4%		

续表

变　量	分　类	频数	百分比	均值	标准差
无偿献血活动	经常参加	82	2.6%	1.46	0.76
	偶尔参加	264	8.4%		
	有时参加	664	21.2%		
	从不参加	2 124	67.8%		
公益慈善组织	核心成员	16	0.5%	1.24	0.53
	积极分子	119	3.8%		
	普通成员	455	14.5%		
	从不参加	2 544	81.2%		

三、利他态度与利他行为的联系特征

此部分分析的主要目的，是确定利他态度和利他行为两个因变量在分布类型中所具有的基本联系，希望了解的兼具利他态度和利他行为的调查对象中，只具有利他态度或利他行为的调查对象以及两者都不具备的调查对象，分别在样本中所占有的比例，主要使用了列联分析的方法，如表 4.14 所示。同时，为了尽可能全面、清楚地了解利他态度和利他行为的关系分布，对四个利他行为变量进行了类别的整合工作，主要将经常参与、有时参与和偶尔参与三类合成一类变量，归为参加这一新类型，保留了原有从不参加的类型，将之转为未参加，同时保留了利他态度原有的类别以区分结果。

在利他态度和利他行为的关系分布中，总共形成了十二组双变量的关系。在尽自己可能帮助他人的利他态度变量与参加公益志愿活动的利他行动变量所组成的关系中，比较愿意尽自己可能帮助他人并且也实际进行了公益志愿活动的个体比例是最高的，占全部样本的 30.9%；相同的趋势也出现在其与慈善捐赠活动的关系中，有 35.4%的调查对象，比较愿意尽自己可能帮助他人，也确实参加了慈善捐赠活动；但是这一趋势却在其与无偿献血和公益志愿组织分别形成的关系中出现了完全相反的特征，34.4%的调查对象，虽然比较愿意尽自己所能帮助他人，却没有进行无偿献血活动；相似地，43.4%的调查对象，虽然比较愿意尽自己所能帮助他人，却同样没有参加公益慈善组织。并且，这四组关系都通过了卡方检验，意味着出现的这种差异特征具有统计的显著性。对这种差异性出现原因的解释可能是，个体参与公益志愿活动与慈善捐赠活动所需要满足的条件和要求，比参加无偿献血和公益慈善组织的要求更低，前者的门槛比后者更为宽松，尤其是无偿献血可能对个体的身体素质有诸多要求，而公益慈善组织则可能对参加者的社会经济条件有所限制。因此，一些个体虽然有尽自己可能帮助他人的意愿，但却可能因为不

表 4.14 利他态度与利他行为的列联分析(crosstabs)

变量		公益志愿活动		慈善捐赠活动		无偿献血活动		公益慈善组织	
		参加	不参加	参加	不参加	参加	不参加	参加	不参加
尽自己可能帮助他人	非常愿意	12.5%	9.5%	14.9%	7.0%	6.3%	15.6%	5.4%	16.5%
	比较愿意	30.9%	22.2%	35.4%	17.8%	18.8%	34.4%	9.7%	43.4%
	一般	9.2%	10.1%	11.6%	7.7%	5.7%	13.5%	3.1%	16.2%
	比较不愿意	1.6%	2.7%	2.2%	2.1%	1.1%	3.3%	0.6%	3.8%
	非常不愿意	0.5%	0.8%	0.5%	0.8%	0.4%	0.9%	0.1%	1.2%
	X^2	41.348****		33.803****		16.625***		23.035****	
不求回报帮助他人	非常愿意	11.2%	9.0%	13.5%	6.6%	6.1%	14.1%	4.5%	15.7%
	比较愿意	25.8%	19.7%	30.9%	14.7%	14.2%	31.3%	8.5%	37.1%
	一般	12.7%	10.7%	14.1%	9.4%	8.2%	15.2%	4.2%	19.1%
	比较不愿意	3.6%	4.5%	4.7%	3.4%	2.7%	1.8%	1.4%	6.7%
	非常不愿意	1.4%	1.4%	1.4%	1.3%	1.0%	5.4%	0.3%	2.5%
	X^2	12.795**		26.895****		5.729		10.34**	
牺牲自己帮助他人	非常愿意	3.2%	3.7%	4.1%	3.3%	2.6%	5.5%	1.6%	4.5%
	比较愿意	12.3%	11.2%	14.6%	8.2%	6.2%	14.8%	4.7%	16.2%
	一般	24.9%	18.9%	28.2%	15.7%	14.5%	29.4%	7.8%	36.0%
	比较不愿意	9.9%	8.6%	12.9%	6.2%	7.3%	13.6%	3.2%	17.8%
	非常不愿意	4.4%	2.9%	4.8%	2.0%	1.6%	4.5%	1.6%	6.6%
	X^2	23.876****		15.449***		7.112*		18.695***	

具有所需要的条件而最终没有进行利他行动，也就是说，虽然个体愿意尽自己所能去帮助他人，但是当这种帮助他人的行为要求超出了个体的“所能”，利他态度和利他行为的一致性就可能会被打破。具体而言，公益志愿和慈善捐赠活动，更有可能在个体的“所能”的范围之内，而无偿献血与公益慈善组织，则更可能超出了“所能”的范围。

相似的差异性特征也出现在了“不求回报帮助他人”的利他态度与四种利他行为类型的关系之中。比较愿意不求回报帮助他人并且实际参加了公益志愿活动和慈善捐赠活动个体，分别占总样本的 25.8%和 30.9%；而比较愿意不求回报帮助他人却没有参加无偿献血和公益慈善组织的个体，则分别占总样本的 31.3%与 37.1%。个体实际行动能力的限制水平，也依然有可能产生这种差异性。此外，这一差异性的出现，也暗含着一种可能性，即参加无偿献血与公益慈善性组织的个体，可能比参加公益志愿和慈善捐赠活动的个体，更希望自己的行动能够得到回报。尤其是无偿献血活动，现有的国内政策中有一些“以血还血”的规定，个体无偿献血的血量，可以积累起来，在其本人或家属进行手术等需要输血时，可能会获得一些优惠措施；同样，国内的公益慈善组织更多地与资源和权力相挂钩，有些参加此类组织的个体，可能更多的是希望这种参与行动能给自己带来各种形式的回报。此处不求回报帮助他人的利他态度与无偿献血和公益慈善组织的利他行动之间出现的反向特征，可能暗含着期待获得回报的态度与这两种利他形式的联系，这也是这种行动的性质所带来的可能性。

最后，在牺牲自己帮助他人的利他态度与四种利他行动形式的关系中，并没有出现前两类关系中所出现的差异性特征。最主要的反差出现在一般的态度层面之中，即对牺牲自己帮助他人的态度持一般的个体，选择参加慈善捐赠和公益志愿活动的可能性，大于不参加的可能性，24.1%的调查对象对“愿意牺牲自己帮助他人”的利他态度持有一般的态度，却实际参加了公益志愿活动，持有相同的一般态度并实际参加慈善捐赠活动的调查对象在全部样本中的比例有 28.1%；但是持有这一类相同的利他态度，却没有参加无偿献血活动和公益慈善组织的比例分别为 29.4%和30.6%。对这一特征的可能解释，可能源于“愿意牺牲自己帮助他人”的利他态度变量本身的分布特征。前文已经提到，这一变量的均值水平，是三个组成变量中最低的，没有超过 3，并且有 43.8%的调查对象选择了一般的分类。也可能正因为该利他态度变量本身的分布特征，原本出现在“比较愿意”类型中利他行动形式的差异性，在与这一利他态度类型的关系中，却出现在了“一般”的类型之中。

总体而言，在利他态度和利他行为的关系中形成了比较明显的差异性。四种利他行为形式呈现出了两种发展趋势：一类是公益志愿活动和慈善捐赠活动，选择参加这类型活动的调查对象，大都同样具有较高的利他态度水平，不管是尽自己所能帮助他人、不求回报帮助他人还是牺牲自己帮助他人的意愿程度，都在一般水平之上；另一类则是无偿献血活动与公益慈善组织，在所有三种利他态度变量中具有一般水平以上的个体,却大都选择不参加这两类形式的利他行为。这种差异性,有可能源于这两类行动形式本身所具有的特征,比如对参加者的要求、对参加机会的限制程度以及参加目的的不同性,等等。有关这种不同特征,是否意味着这两种类型的利他行为,是否会受到不同因素影响的问题,就需要在检验利他态度和利他行为的影响因素分布模型的过程中对这两类利他行动进行比较才可以找到答案。

第四节　利他态度的影响因素

本节分析的主要对象是以利他态度的主要测量变量为因变量,以个体性因素、社会性因素、文化性因素与利他性组织的运行状况因素为自变量,以性别、年龄、户口、婚姻、政治成分以及样本来源城市为控制变量,采用线性多元回归分析方法所最终建构出回归方程模型。分析的主要任务,是通过数据分析的结果,去检验本书的主要研究假设,确定总体研究框架的有效性程度。

具体而言,利他态度的测量变量由三部分组成,即"尽自己所能帮助他人""不求回报帮助他人"和"牺牲自己帮助他人",分别从不同的侧面去获得调查对象所持有的利他态度的意愿性程度。其中,"尽自己所能帮助他人"变量测量的重点是一种一般性的利他态度,强调的是个体在自己能力许可范围之内让渡利益以改善他人处境的意愿性程度,适用于大部分社会成员自身特征的利他要求,并没有设置任何十分严格的限制,测量目的主要集中于获得调查对象所拥有的最为宽泛的利他态度程度,此处并不对个体在让渡利益时需要付出的代价进行严格的要求,"尽自己所能"体现出对利他主体的要求具有相对性的特征,对适用对象设置了非常低的门槛限制。在三个利他态度测量变量中,"尽自己所能帮助他人"变量,对利他主体的要求和限制范围是最为宽泛的,具有最高的普遍适用性;"不求回报帮助他人"变量在测量时,对利他主体设置了特定的要求,即"不求回报",这一形容要求就排除了那种为了获得他人或社会回报和奖励而去帮助他人的态度,该利他态度变量的要求,强调了利他独立于"个人利益"的纯粹性,再次体现了坚持从他人利益的角度去探索利他性的研究立场。同时,对利他主体设置了"不求回报"的特定要求之后,就对利他主体提出了更为具体的要求性,相比于"尽自己所能帮助他人"的利他态度变量,"不求回报帮助他人"的利他态度变量测量所获得的数据更为具体,尤其体现出了"利他"与"利己"之间的区别和差异性;最后一个测量变量,"牺牲自己帮助他人",是三个变量中对利他主体提出最高程度的要求,限制性更为强烈,集中在"牺牲"这一限制要求之中,体现出个体在帮助他人改善处境时需要付出的非常高程度的自身利益,强调了"他人利益"与"自己利益"的对立性。该变量的测量所获得的程度,是利他态度的较高程度的存在的集中体现,与社会心理学研究视野下所提出的“无私利他”的概念十分接近，是一种更为纯粹的利他态度形式。

一、尽自己所能帮助他人的利他态度

“尽自己所能帮助他人”的利他态度变量，测量的主要目的是了解个体所拥有的一般程度中的利他意愿性水平，对主体的要求没有赋以明确特定的限制范围，强调的是在单个个体能力范围之内的利他意愿性程度。将该变量作为因变量，四种影响因素作为解释变量，采用多元线性回归分析的方法，最终建构出了该种利他态度形式的回归模型，如表 4.15 所示。

表 4.15 因变量：尽自己所能帮助他人[①]

解释变量	回归系数	标准误	显著性水平
个体性因素：			
年收入	0.012	0.017	0.502
受教育程度	0.008	0.007	0.246
房产面积	−0.003	0.017	0.863
职业类别：			
产业劳动者	−0.017	0.066	0.800
个体工商户	−0.108	0.069	0.115
技术办事人员	−0.005	0.069	0.940
管理人员	0.043	0.074	0.562
社会性因素：			
社会参与变量			
网络参与因子	−0.009	0.019	0.629
政治参与因子	0.027	0.017	0.119
社交活动参与因子	−0.008	0.016	0.601
团体参与因子	−0.012	0.016	0.475
人际信任变量			
普遍信任因子	−0.030	0.015	0.052
一般信任因子	0.010	0.016	0.552
特殊信任因子	−0.006	0.016	0.715

① a. 模型建构方法：多元线性回归分析(multiple linear regression)。
b. 参照变量：城市无业失业人员。
c. 参照变量：深圳。

续表

解释变量	回归系数	标准误	显著性水平
制度信任因子	0.036	0.017	0.031
系统信任变量			
机构信任因子	−0.012	0.018	0.503
角色信任因子	0.002	0.018	0.915
文化性因素：亲社会价值观变量			
相信人性本善	0.275	0.018	0.000
相信大多数人都会主动帮助他人	0.127	0.019	0.000
相信他人会以真心回报自己的善心	0.045	0.016	0.005
利他性组织的运行状况因素：			
对利他性组织的了解程度	0.009	0.006	0.163
对利他性组织的信任程度	0.064	0.020	0.001
控制变量：			
年龄	0.003	0.002	0.090
男性	−0.094	0.031	0.002
已婚	0.060	0.042	0.160
中共党员	−0.085	0.040	0.032
非农业户口	−0.067	0.046	0.149
样本城市来源：			
天津	0.202	0.053	0
南京	0.225	0.052	0
兰州	0.153	0.053	0.004
重庆	0.204	0.057	0
常数项	1.604	0.171	0
N	2 430		
R^2	0.249		
R^2_{adj}	0.238		
F 检定值	23.37****		

分析结果表明，四种类型影响因素中，对“尽自己所能帮助他人”变量具有显著影响作用的因素，主要集中在文化性因素之中，亲社会价值观变量对因变量具有显

著的积极影响作用(回归系数分别为0.275、0.127和0.045)。其中,用于测量个体亲社会价值观的三个具体变量,对因变量的影响都表现出较高的显著性特征,并且在影响程度层面出现逐步降低的趋势,“相信人性本善”变量的影响程度最高,其次为“相信社会中大多数人会帮助他人”变量,影响程度最弱的测量变量是“相信他人会以真心回报自己的善心”。这一分布特征,也体现出个体对“期待回报”这一互惠规范的认可程度,并不对“尽自己所能帮助他人”的利他态度具有十分重要的影响,其影响程度在所有显著影响因素中都是比较低的。

对利他性组织的信任程度变量,也是该利他态度变量的显著影响因素之一,并且具有积极的影响作用(回归系数为0.064)。同时,系统信任变量中的角色信任因子,也对“尽自己所能帮助他人”利他态度具有显著的积极影响作用(回归系数为0.036)。虽然前者在显著性水平层次和影响程度层面中,都高于后一变量的影响,但是这两个变量对该种利他态度的显著影响,正体现出个体对传播和执行利他性规范要求的主体的信任程度,对个体自身所具有的利他态度水平具有重要的影响作用,对利他性组织的信任程度变量,揭示的是以利他作为其形成宗旨和主要任务的专门利他性组织,对利他态度的重要影响性;系统信任中的角色信任因子,则体现了社会中广泛存在的各类传播利他性规范的专门角色和群体,对利他态度的重要意义。也正是由于两个变量所体现的对象,在根本性质上存在着一致性,而在与利他性规范的密切联系中具有差异性,利他性组织与利他性规范之间的联系更为紧密,所有个体对利他性组织的较高程度的信任感,才更有利于其“尽自己所能帮助他人”态度水平的提高,而个体对社会专业的一般性角色的信任程度,对利他态度水平提高的影响作用,虽然也比较显著,但程度却较低。相比于利他性组织而言,专业角色与利他性规范之间的关系显然更为疏远一些。简而言之,对“尽自己所能帮助他人”变量具有显著影响的因素之中,对利他性组织的信任程度变量和角色信任因子变量,都起着相同的积极影响作用,都体现出个体对利他性规范的传播和执行主体的主观信任程度,会显著影响到个体自身利他态度的存在水平,只不过前一变量的影响作用,无论在影响程度还是影响的显著性水平中,都高于后一变量。

同时,人际信任变量中的普遍信任因子,也对因变量具有显著的影响作用,但却是消极的影响性,且影响程度和显著性水平都比较低(回归系数为−0.030)。该结果表明,当个体对陌生他人的信任程度出现增加趋势时,反而会降低其“尽自己所能帮助他人”的意愿性水平。该结果的出现,体现出人际信任变量,对该利他态度变量所具有的较为复杂的影响作用。尤其是将这一显著影响因素,与其余两个人际信任因子变量进行结合,可以发现,虽然特殊信任因子和一般信任因子对因变量的影响并不具有显著性,但是却在影响性质层面出现了截然相反的特征,普遍信任与特殊信任一样,都不利于利他态度的提高,而个体对自己所熟悉的一般他人的信任程度,却有利于提高个体愿意尽自己所能帮助他人的意愿程度。因为人际信任变量本身反映的是个体对日常互动中的他人所具有的主观信任程度，强调的是具体互动的对象，在传播和执行利他性规范时对个体利他态度的影响，因此这种截然相反的影响结果显示，并不是所有与个体存在互动关系的他人，都有利于将利他性规范的影响施加给个体，当传播和执行利他性规范的他人并不与主体具有十分密切的个人联系时，即使个体对该类他人具有较高程度的信任感，也无助于个体自身利他态度水平的提高，甚至有可能起到反向消极的影响作用。因为普遍信任因子对"尽自己所能帮助他人"的消极影响性表现出一定程度的显著性特征，并且是三种人际信任因子变量中唯一具有显著性的因子变量，所以其所表现出的消极影响比较重要。

此外，一些控制变量，也在回归模型中，对因变量具有显著的影响作用。样本的城市来源变量，就表现得十分突出，相比于参考对象深圳而言，天津、南京、重庆和兰州，都对"尽自己所能帮助他人"具有显著的积极影响。对这一结果的解释最有可能的是深圳的经济发展水平和流动人口程度的差异性特征。与其余四个城市相比，无论是经济发展的程度，还是流动人口占全部居住人口的比例，深圳都具有较高的存在水平，数据中所体现出的样本城市类别，对利他态度的显著影响，与美国一学者在美国诸多城市所做的调查结果具有相似性，在全世界三十多个调查城市中，只有纽约城市的居民，在被询问其是否愿意帮助他人的态度调查中，具有最低的存在水平(Robert V. Levine，2003)。与天津、南京、重庆和兰州相比，深圳的经济发展状态和人口流动程度，都更接近于美国学者调查中纽约相比于其他城市所表现出的存在特征。

一些人口特征变量，对因变量的影响也具有显著性特征，比如年龄、性别和政治面貌。其中，个体年龄的增长，有利于提高其尽自己所能帮助他人的意愿性水平，但是影响程度和显著性水平都偏低(回归系数值为 0.003，仅在$p=0.1$的双尾检验中具有统计显著性)。在性别角度中，相比于男性而言，女性更愿意尽自己所能去帮助他人(回归系数值为-0.094)。其中，女性群体所具有的较高水平的利他态度的特征，可能与角色社会化中对一般女性角色的要求有关，尤其是在强调女性要在情感上多体贴关心他人，具有更高的爱心程度，等等，这一结果在之前的一些研究中也有所体现(Hoffman，1977；Eisenberg，Lennon，1983；Eagly，Crowley，1986；Piliavin，Charng，1990)。但是目前研究中存在的性别对利他态度和行为的影响表现出非常大的不一致和争议性，不同学者所进行的经验调查结果中经常会出现完全相反的结果(Senneker，Hendrick，1983；Tice，Baumeister，1985；Siem，Spence，1986；Piliavin，Charng，1990)，因此，此处女性群体所出现的比较显著的更愿意尽自己所能帮助他人的特征，也仅仅适用于这一种特定的利他态度变量，在普遍意义层面中还存在着困难和疑问。

最后，在所有影响因素中，个体性因素是唯一一个对因变量不具有任何显著影响性的变量，无论是收入、受教育程度、房产面积，还是职业类型，对"尽自己所能帮助他人”的利他态度变量都不具有任何显著意义。该结果意味着，个体自身所拥有的物质经济能力水平，并不会影响其是否会尽自己所能帮助他人的意愿性程度，无论是经济收入水平更高的富人，或是受教育程度更高的知识分子，都并不一定更愿意在自己能力范围内去帮助他人，与那些收入较低，或者没有受过高等教育的个体相比较而言，并没有任何显著的差异性。

同时，社会性因素中的社会参与变量、利他性组织的运行状况因素中的对利他性组织的了解程度变量，也都不对因变量具有显著影响作用。该结果表明，个体在实际行动层次，与他人，团体、群体以及组织的交往互动程度和实际所形成的各种客观联系，并不会影响其利他态度水平的变化。这种客观互动程度和联系，不是决定个体是否愿意尽自己所能帮助他人的显著因素。

总体而言，对“尽自己所能帮助他人”的利他态度变量具有显著影响作用的变量分布在社会性因素、文化性因素和利他性组织的运行状况因素之中。其中，文化性因素的影响最为重要，亲社会观念变量对该类型利他态度具有显著的积极影响，该自变量不管是显著性水平还是具体影响程度，都明显高于其他影响因素；影响程度居于其次的是对利他性组织的信任程度变量和系统信任中的角色信任因子变量，两者都对因变量具有显著的积极影响；表现较为特殊的是人际信任变量中的普遍信任因子，对因变量具有显著的消极影响。此外，样本的城市来源、年龄、性别和政治面貌也对该类型利他态度具有显著影响。最后对因变量不具有任何显著影响的因素是个体性因素的各种测量变量，以及社会性因素中的社会参与变量。

二、不求回报帮助他人的利他态度

“不求回报帮助他人”变量构成了利他态度的第二个具体测量变量，相比于前一变量而言，该变量对利他主体赋予了一些特别的限制要求，将“不求回报”设为利他态度的必要条件，这就将经济学中所提出的“互惠利他态度”类型排除在了具体测量变量的范围之外。因此，该变量反映的是个体在并不期待利他对象或者第三方给予各种回报和奖励的大背景条件下，是否依然会去帮助他人的愿意程度和水平，其针对的测量对象更为具体，测量的范围也更为集中。将该变量作为因变量所构建出的回归模型（如表 4.16 所示），主要目的是寻找何种因素会对个体不求回报帮助他人的意愿具有显著的影响性，一定程度上将利己的欲望动机排除在了利他态度的测量范围之外，再次强调了从他人利益的角度去探索利他的研究立场。

表 4.16 因变量:不求回报帮助他人①

解释变量	回归系数	标准误	显著性水平
个体性因素:			
年收入	−0.028	0.021	0.171
受教育程度	−0.002	0.008	0.854
房产面积	0.043	0.020	0.034
职业类别:			
产业劳动者	0.028	0.079	0.724
个体工商户	−0.093	0.082	0.257
技术办事人员	0	0.082	1.000
管理人员	−0.012	0.089	0.893
社会性因素:			
社会参与变量			
网络参与因子	0.016	0.023	0.475
政治参与因子	0.011	0.021	0.581
社交活动参与因子	−0.023	0.019	0.238
团体参与因子	−0.022	0.019	0.248
人际信任变量			
普遍信任因子	0.013	0.019	0.480
一般信任因子	0.029	0.020	0.136
特殊信任因子	−0.010	0.019	0.586
系统信任变量			
机构信任因子	−0.015	0.021	0.490
制度信任因子	0.015	0.022	0.507
角色信任因子	0.037	0.020	0.065
文化性因素:亲社会价值观变量			
相信人性本善	0.205	0.022	0
相信大多数人都会主动帮助他人	0.116	0.023	0

① a. 模型建构方法:多元线性回归分析(multiple linear regression)。
b. 参照变量:城市无业失业人员。
c. 参照变量:深圳。

续表

解 释 变 量	回归系数	标准误	显著性水平
相信他人会以真心回报自己的善心	0.028	0.019	0.148
利他性组织的运行状况因素：			
对利他性组织的了解程度	0.024	0.008	0.002
对利他性组织的信任程度	0.070	0.024	0.003
控制变量：			
年龄	0.007	0.002	0.001
男性	0.005	0.037	0.885
已婚	0.076	0.051	0.136
中共党员	−0.040	0.048	0.401
非农业户口	−0.022	0.055	0.697
样本城市来源：			
天津	0.163	0.064	0.011
南京	0.036	0.063	0.563
兰州	−0.087	0.063	0.166
重庆	0.012	0.068	0.865
常数项	1.721	0.205	0
N	2 429		
R^2	0.171		
R^2_{adj}	0.159		
F 检定值	14.56****		

该变量的回归模型的建构方法，与“尽自己所能帮助他人”变量是相同的，依然是以个体性因素、社会性因素、文化性因素与利他性组织的运行状况因素为自变量，以样本城市和人口特征变量为控制变量，具体采用了多元线性回归分析方法，唯一的不同就是此处的因变量变成了“不求回报帮助他人”的利他态度变量。

回归模型表明，对“不求回报帮助他人”变量具有最重要影响的因素依然集中在文化性因素之中，亲社会观念变量依然对其具有显著的积极意义，并且在影响程度和显著性水平层面中都有显著的提高。唯一的不同是亲社会观念中的对“期待回报”的认同感变量，对因变量不再具有显著影响。该结果的出现，与因变量所设置的具体要求有密切联系，当个体决定是否愿意不求回报地去帮助他人时，他是否认同“他人会以真心回报自己”的规范的情况就不再具有显著影响作用，即互惠规范的认同程度，并不会影响到个体会不求回报地去帮助他人的意愿性水平。该结果也与经济学中的互惠利他理论的观点实现了交融，个体对互惠规范的认同程度，会影响到他在期待他人回报的情况下帮助他人的意愿性程度。但是当个人利他态度被严格限制在不期待他人汇报的范围之中时，个体对互惠规范的认同程度就变得不再重要，不会再产生显著的影响作用。同时，构成亲社会观念的其余变量，依然对因变量具有显著的积极影响(回归系数分别为 0.205 和 0.116)。这就体现出“不求回报帮助他人”和“尽自己所能帮助他人”两个利他态度的相同影响因素之处。亲社会观念变量，尤其是对一般性他人所持有的积极的判断观念，其在个体主观层面中的被认同程度，会显著地影响其所持有的利他态度的存在状态。个体对该类利他性规范的认同程度的提高，会显著地有利于其愿意不求回报帮助他人的倾向性水平。

第二个对因变量具有显著影响的因素，是利他性组织的运行状况因素。两个主要测量变量，即对利他性组织的了解程度变量和对利他性组织的信任程度变量，都同时对“不求回报地帮助他人”变量具有显著的积极影响，不过后者的影响程度略微高于后一变量(回归系数值分别为 0.024 和 0.070)。该结果的出现，与前一种利他态度形式同时具有相似性和差异性，主要的差异性就是对利他性组织的了解程度变量，其对前种利他态度并不具显著影响作用。这种差异性，即体现出利他性组织的运行状况因素对“不求回报帮助他人”利他态度的重要影响作用，也同时突出了信息的普及性程度，在提高个体不求回报帮助他人的意愿性程度时所起到的积极推动作用，尤其是有关各类利他性组织的信息普及程度。当个体对利他性组织更为了解和更为信任时，会显著地提高个体不求回报帮助他人的愿意性水平。利他性组织的运行状况因素所表现出的积极影响作用，与利他性组织在传播利他性规范时，所扮演的学习模范的角色具有十分密切的联系。

社会性因素中的角色信任因子变量，与对“尽自己所能帮助他人”变量具有显著的积极影响一样，同样也对此处的因变量具有显著的积极影响作用(回归系数值为 0.037)。此处再次出现了系统信任变量，与对利他性组织的信任程度变量，同时对利他态度具有积极影响作用的情况。差异性主要出现在人际信任变量中，三个人际信任因子变量，对“不求回报帮助他人”变量的影响都不具有显著性水平，这其中就包括对前种利他态度具有显著影响的普遍信任因子变量。从此角度而言，社会性因素，对因变量的影响程度出现了下降的趋势，主要集中在系统信任变量的作用之中。与前文所提到的一样，角色信任因子变量，之所以会显著影响到个体不求回报帮助他人的利他态度水平，主要来自利他性规范的传播主体在个体主观层面的认同感所发挥的积极影响，该变量中承担传播利他性规范作用的主体是社会中普遍存在的各类专业角色和群体，比如医护人员、教师，等等。

尤其需要注意的差异性出现在了个体性因素对因变量的影响作用中。与对前一种形式的利他态度变量不具有任何显著影响性不同，个体性因素中的房产面积变量，对“不求回报帮助他人”变量具有显著的积极影响作用（回归系数值为0.043，在 $p=0.05$ 的双尾检验中具有统计显著意义）。该结果的出现，表明当对利他主体的要求程度出现增加时，个体所拥有的物质经济能力水平也开始体现出显著的影响作用。同时，房产面积变量自身的特殊性，也是导致这种影响作用开始出现的主要原因。在回归模型中，同样是用于反映个体所拥有的物质资料的水平的测量变量，收入变量依然不对因变量具有显著影响，但房产面积，却开始表现出显著性。这集中在房产面积，相对于收入变量而言，所具有的双重特征。收入变量，最主要反映的是个体获得物质经济财产的能力水平，而房产变量，则在反映这种物质经济能力的同时，还反映出个体对所在社区的归属感情况。一般而言，在某一城市拥有房产，会有助于提高个体对所在社区的归属感程度，而正是这种归属感，才导致了个体更加愿意不求回报地去帮助他人。从这个角度而言，房产面积变量对利他态度的显著影响作用，并不仅仅因为其所代表的物质经济能力水平，更主要的是其所反映的个体对所在社区的归属感，这也是导致收入变量对“不求回报帮助他人”变量的影响性不具有显著性程度的主要原因。

此外，在“不求回报帮助他人”利他态度变量的显著影响因素中，控制变量所占的比例出现了下降的趋势。样本城市来源变量中，只有天津这一分类，相比于深圳而言，对因变量具有显著的积极影响性；而在人口特征变量中，只有年龄变量依然保持了显著的积极影响，并且在显著性程度中得到了提高（回归系数值为 0.007，在 0.01 的双尾检验中具有统计显著意义）。而性别和政治面貌变量，却不再对“不求回报帮助他人”的利他态度具有显著影响。简而言之，在所有人口特征变量中，除了年龄之外，其余变量都不会显著影响到个体会不求回报帮助他人的意愿性水平，无论是男女的性别区分、未婚和已婚的婚姻区分、中共党员和非党员的政治面貌区分，还是城市户口和农业户口的户口类型区分情况。

最后，相比于“尽自己所能帮助他人”利他态度变量的回归模型而言，以“不求回报帮助他人”为因变量所建构出的回归模型，其总体的模型拟合程度出现了显著的减少（其校正决定系数 R^2_{adj} 值从原本 0.238 的减少到现在的 0.159）。该结果表明，当利他态度被设置以某种具体的要求时，即此处“不求回报”的限制条件时，结合四种影响因素的回归模型，对因变量的解释程度也随之出现了降低。同时，在利他态度的限制要求更为具体的过程中，具体的显著影响因素也出现了变化，一些对普遍性利他态度变量具有显著影响的因素，却不会显著地影响“不求回报”的利他态度变量，最为典型的就是人际信任变量中的普遍信任因子；同时，一些新的显著影响因素也开始出现，比如物质个体性因素中的房产面积变量，以及对利他性组织的了解程度变量，等等。

总体而言，对“不求回报帮助他人”的利他态度变量具有显著影响作用的因素主要集中在文化性因素中，即亲社会观念变量，唯一的差异性是该自变量中对互惠观念陈述变量的认可程度，不再具有显著影响作用。此外，利他性组织的运行状况因素对因变量的显著影响更加突出，对利他性组织的了解程度和信任程度的两个变量都具有显著的积极影响作用；同时，社会性因素中的角色信任因子变量，依然保持着对利他态度的积极影响，而人际信任变量中的普遍信任因子却不再具有显著性；最后，物质个体性因素，从原本完全不具有任何影响性，发展到有一种测量变量，即房产面积变量，对利他态度具有显著的积极影响。相比于"尽自己所能帮助他人"利他态度变量的影响因素分布特征而言，"不求回报帮助他人"变量的影响因素分布更加分散，完全覆盖了四种主要的影响因素，但是具体影响变量的程度却出现了减少趋势。当期待他人回报的情况被排除在利他态度的范围之外时，现有研究框架中的主要影响因素对利他态度的解释力也随之降低，唯一不变的是文化性因素在其中所具有的突出重要位置。

三、牺牲自己帮助他人的利他态度

"牺牲自己帮助他人"变量，在所有利他态度测量变量中，具有最高程度的限制条件，对利他主体提出了更高的要求。与前两种形式的利他态度测量变量相比，此概念中所包含的"牺牲"意涵，特别突出了个体为了帮助他人所需要付出的代价，并且这种代价并不仅仅是在个体的能力范围之内，或是不期待回报，而是上升到牺牲个体的利益，"牺牲"一词强调了主体所需要付出的程度，表现出更高的限制性特征。从这种意义而言，此测量变量的重点落在了利他所要求的主体自身的付出层面，强调付出的代价对于主体本身的意义。简而言之，此处的利他态度变量，对个体提出了更高程度的要求，体现的是一种较高水平的利他态度类型，与社会心理学视野下的"无私利他类型"较为接近。

对该变量的具体分析方法，依然沿袭了对前两种形式的利他态度所使用的回归分析方法。在具体模型的建构过程中，依然将个体性因素、社会性因素、文化性因素与利他性组织的运行状况因素视为解释变量，将样本城市来源和人口特征变量视为控制变量，采用线性多元回归分析方法，建构出了以"牺牲自己帮助他人"为因变量的回归模型(如表 4.17 所示)。整体而言，该模型的拟合程度较为良好。

表 4.17 因变量:牺牲自己帮助他人①

解释变量	回归系数	标准误	显著性水平
个体性因素:			
年收入	−0.023	0.021	0.287
受教育程度	0.013	0.008	0.126

① a. 模型建构方法:多元线性回归分析(multiple linear regression)。
b. 参照变量:城市无业失业人员。
c. 参照变量:深圳。

续表

解释变量	回归系数	标准误	显著性水平
房产面积	−0.037	0.021	0.078
职业类别：			
产业劳动者	0.027	0.082	0.737
个体工商户	−0.088	0.085	0.298
技术办事人员	0.035	0.085	0.676
管理人员	0.058	0.091	0.522
社会性因素：			
社会参与变量			
网络参与因子	0.021	0.023	0.374
政治参与因子	0.021	0.021	0.328
社交活动参与因子	−0.028	0.020	0.159
团体参与因子	0.019	0.020	0.351
人际信任变量			
普遍信任因子	0.026	0.019	0.165
一般信任因子	0.059	0.020	0.003
特殊信任因子	−0.046	0.019	0.017
系统信任变量			
机构信任因子	−0.008	0.022	0.723
制度信任因子	0.104	0.023	0.000
角色信任因子	0.047	0.021	0.022
文化性因素：亲社会价值观变量			
相信人性本善	0.099	0.023	0.000
相信大多数人都会主动帮助他人	0.078	0.023	0.001
相信他人会以真心回报自己的善心	0.131	0.020	0.000
利他性组织的运行状况因素：			
对利他性组织的了解程度	0.007	0.008	0.337
对利他性组织的信任程度	0.084	0.025	0.001
控制变量：			
年龄	0.010	0.002	0

续表

解释变量	回归系数	标准误	显著性水平
男性	−0.054	0.038	0.152
已婚	−0.078	0.052	0.135
中共党员	0.116	0.049	0.018
非农业户口	0.020	0.057	0.721
样本城市来源：			
天津	0.321	0.065	0
南京	0.058	0.064	0.368
兰州	0.074	0.065	0.253
重庆	0.182	0.070	0.009
常数项	0.759	0.211	0
N	2 427		
R^2	0.201		
R^2_{adj}	0.189		
F 检定值	17.67****		

分析结果表明，“牺牲自己帮助他人”利他态度变量的显著影响因素，依然集中在文化性因素之中，亲社会观念变量对该因变量表现出了较为显著的积极影响作用，与其他利他态度测量变量保持了一致性。其中，亲社会观念的所有测量变量，对因变量的积极影响作用都同时表现出显著性特征。并且“期待他人会以真心回报自己的善心”变量对因变量的影响程度是最高的，其次为“相信人性本善”变量，影响程度最低的是“相信大多数人都会主动帮助他人”变量（回归系数分别为0.131、0.099和0.078）。虽然亲社会观念变量对所有利他态度变量都具有显著影响性，但是依然存在着明显的差异性，主要集中在“期待他人回报”变量所发挥的不同程度的影响作用。在“尽自己所能帮助他人”变量的显著影响因素中，该亲社会观念变量虽然同样具有显著性，但是其影响程度却是最低的；在“不求回报帮助他人”变量中，该影响因素并不具有显著影响性；但到了“牺牲自己帮助他人”的利他态度变量中，该变量不仅具有显著影响性，并且在显著性水平和影响程度两个层面中都具有领先优势。

“相信他人会以真心回报自己的善心”变量，测量的重点是个体对“互惠规范”的认同程度，反映了个体对互动对象所持有的一种积极的态度判断。其对“牺牲自己帮助他人”变量的显著积极影响作用显示，当对利他主体的要求程度增加时，个体对于“互惠规范”的认同程度，会显著影响到其是否会牺牲自己帮助他人的愿意性程度。结合其对所有利他态度变量的影响作用可以发现，除非在态度层面将期待回报的特征严格限制在利他主体的要求之外，否则无论对利他主体所要求的付出程度如何，个体对“互惠规范”的认可程度，都会影响其所持有的利他态度水平。但是需要注意的是，这一分析结果并不直接意味着利他态度的主要动机来源于个体期待回报的互惠需求，此处所测量的互惠规范变量，更多的是从社会化过程中规范的影响发挥作用角度出发的，强调的是社会规范对个体态度的影响，互惠规范只是其中一个特殊的组成部分。个体对“互惠规范”具有较高程度的认同感，并不意味着他在形成利他态度和执行利他行为时，就一定会以期待他人回报的互惠需求作为主要的动机来源，分析结果中所显现出的“互惠规范”变量对利他态度的显著影响作用结果，也只能起到证实利他性规范的认同程度的提高，有利于推进个体自身利他态度水平的增长的作用，不过毫无疑问的是，互惠规范是利他性规范的重要组成部分，对利他态度的形成与变化具有显著的影响作用。

对“牺牲自己帮助他人”变量具有显著影响作用的另一个主要影响因素是，社会性因素中的人际信任与系统信任变量，这与其他利他态度变量具有一定的差异性。虽然系统信任变量中的角色信任因子，对其他利他态度变量具有显著的积极影响，也对此处的因变量具有显著的积极影响作用(回归系数值为0.047)。但是此处还出现了系统信任变量的另一组成部分，即制度信任因子变量的显著影响作用(回归系数值为 0.104)。此外，人际信任变量的显著影响性也表现得较为明显，一般信任因子变量和特殊信任因子变量，都对因变量具有显著影响，不过两者的影响性质是完全相反的，前者有利于因变量水平的提高，是积极的影响，后者则起到了消极的负面影响(回归系数值分别为 0.059 和−0.046)。

其中，制度信任因子的作用表现得尤为突出，在影响程度和显著性程度(在$p=0.001$的双尾检验中具有统计显著意义)中都高于其他社会性因素变量。同时该变量并不对其他利他态度具有显著影响，而仅仅出现在“牺牲自己帮助他人”变量的显著影响因素中。该结果的出现，与此种利他态度类型中对主体所提出的高要求密切相关，当利他对个体的要求程度出现增加的趋势时，比如此变量中强调的“牺牲”要求，个体对社会基本制度的主观认同感，将会明显有利于提高其利他态度的存在水平。结合角色信任因子同时所表现出的显著积极影响而言，可以发现，个体与其所在的整体社会之间所形成的主观联系的密切程度，将会显著影响到其是否会牺牲自己去帮助他人的主观意愿性。

另一方面，人际信任中具有不同影响性质的两种因子变量，体现的是对不同类型对象的主观信任感，在影响利他态度时起到截然相反的作用特征。分析结果表明，个体对朋友和熟人之类的对象的信任，有利于提高其牺牲自己帮助他人的主观意愿；而其对分享血缘关系的对象的信任，却会降低其牺牲自己帮助他人的意愿程度。此处所指涉的“他人”与“血缘关系对象”的差异性和与“朋友熟人关系对象”的相似性，是导致该结果出现的主要原因。由于“牺牲自己帮助他人”变量中，并没有对“他人”进行十分相信的界定，主要泛指社会中的普通社会成员，一定程度上是与个体差序格局的人际交往关系中的“自己人”相对而言的。当个体对“自己人”的信任程度较高时，可能会更愿意牺牲自己帮助自己人，而非普遍存在的一般他人，甚至会由于“他人”和“自己人”的相对性，而更加不愿意牺牲自己去帮助他人；但当个体更加相信“一般他人”时，则更有可能愿意牺牲自己帮助他人。简而言之，人际信任变量对利他态度的影响，并不一定完全是积极的性质，极有可能出现不一致的影响作用，这主要取决于个体所相信的对象，与其自身所具有关系的性质和密切程度。

同时，个体对利他性组织的信任程度变量，同样也对因变量具有显著的积极影响（回归系数值为0.084）。这再一次体现出该因素对所有利他态度变量的重要影响作用，不过此处对利他性组织的了解程度变量，则不再对因变量具有显著影响。该结果反映出，在影响个体是否会牺牲自己帮助他人的主观意愿性时，利他性组织在个体社会化过程中所扮演的“利他学习模范”的作用更为突出，依然强调了利他性规范的传播过程，对个体主观认知层面的重要意义。

个体性因素中，房产面积变量再一次对因变量表现出显著的影响作用，不过是一种消极的影响性质，并且显著性程度也比较低（回归系数值为－0.037，在$p=0.1$的单尾检验中具有统计显著性）。同时，与房产变量影响性质保持一致的还有收入变量，同样对因变量具有消极影响，只是不具有显著性特征。这一结果与“牺牲自己帮助他人”变量对个体所提出的高要求具有密切的联系。因为该类型利他态度变量，更加强调利他主体需要付出的代价程度，而房产和收入变量都反映的是个体目前所拥有的实际物质条件水平，两者之间存在着相互逆反的关系。当个体拥有更多的物质经济条件时，其牺牲自己去帮助他人所需要付出的代价无疑更高，就更加不愿意付出这种代价。

此外，还存在着一些控制变量也对因变量具有显著影响。样本城市来源中，相比于深圳这一参考类型而言，天津和重庆都对利他态度水平的提高具有显著的积极影响；在人口特征变量中，年龄变量同样具有显著的积极影响，但是影响程度较低；政治面貌变量也同时具有显著性，相比于非中共党员的个体而言，当个体是中共党员时，其可能会更愿意去牺牲自己帮助他人。该结果的出现有可能源于政党规范中强调的“为人民服务”的要求，对党员个体的主观规范所具有的规训影响。

总结而言，“牺牲自己帮助他人”变量的显著影响因素，基本与其他利他态度变量保持了一致性。其中，文化性因素依然是最为主要的影响因素，亲社会观念变量对因变量具有重要的积极影响作用；同时，社会性因素中的人际信任和系统信任变量的影响也表现得较为突出，有四种具体因子变量都对因变量具有显著的影响，不过需要注意的是特殊信任因子变量的消极影响作用；同样表现出不同影响性质的变量还有个体性因素中的房产面积变量，同样对因变量具有显著的消极影响；最后，与其他利他态度保持一致的影响因素，还有对利他性组织的信任程度变量，依然对因变量具有显著的积极影响。

四、小结

三种具体形式的利他态度变量的回归模型拟合程度较好，显示出四种影响因素的结合，对利他态度具有较高程度的解释作用。其中，解释程度最高的因变量是"尽自己所能帮助他人"变量，其次为"牺牲自己帮助他人"，解释程度最低的利他态度变量是"不求回报帮助他人"(三者的校正决定系数 R^2_{adj} 值分别为 0.238、0.189 和 0.159)。比较三种利他态度变量的回归模型，可以发现三者的显著影响因素分布具有比较明显的一致性特征，尤其体现在文化性因素对利他态度的重要影响之中。在所有自变量中，对三个利他态度都具有显著积极影响性的因素并不多，主要包括系统信任中的角色信任因子变量(回归系数值分别为 0.036、0.037 和 0.047)，亲社会观念因素中的"相信人性本善"变量(回归系数值分别为 0.275、0.205 和 0.099)和"相信大多数人都会主动帮助他人"变量(回归系数值分别为 0.127、0.116 和 0.078)，以及对利他性组织的信任程度变量(回归系数值分别为 0.064、0.07 和 0.084)。

其中，只有亲社会观念变量对利他态度的影响具有相同的显著性水平(都在 $p=0.001$的层次中具有统计显著意义)，并且这两个变量对利他态度的影响程度，也高于其他显著影响因素对利他态度的影响程度。同时，在所有影响因素中，只有文化性因素中的大部分测量变量都对利他态度具有显著影响，相比较而言，个体性因素中没有一个具体变量对所有利他态度因变量具有显著的影响，个体性因素中也只有角色信任因子变量对利他态度的影响具有显著性(并且只在 $p=0.05$ 的层次中有统计显著性)；利他性组织的运行状况因素对利他态度的影响状况稍微高一点，但是也只有对利他性组织的信任程度变量(并且也只在 $p=0.01$ 的层次中具有统计显著意义)。因此，从具体自变量对因变量的影响程度和显著性水平的角度来看，文化性因素，尤其是亲社会观念变量，是利他态度最为重要的显著影响因素之一，并且是一种积极的影响性质。具体而言，所有利他态度的回归分析结果共同显示，利他态度的显著影响因素的分布是比较集中的。综合所有数据分析结果，可得出以下分析结论。

1. 个体对亲社会价值观的认同感，对其利他态度具有显著的积极影响

这一结论来自亲社会观念变量，对利他态度具有显著的积极影响作用。作为构建文化性因素的重要组成部分之一，亲社会观念变量不仅对所有利他态度测量变量具有显著的积极影响，并且在影响程度和显著性水平中都具有领先的优势，是利他态度最为重要的一种影响因素。

亲社会观念，同样是一种与利他性密切相关的社会规范类型，其研究与积极心理学的产生具有密切的联系。亲社会观念，所推崇的是一种对他人、群体和整个社会持有积极乐观的判断，体现在个体的认知和情感层面中。本书用于测量亲社会观念的三个具体变量，关注的焦点是个体对他人所持有的积极情感和判断，比如相信人性本善的判断，相信他人也会助人为乐等变量，都体现出对社会其他成员持有正面判断的信息，此外，相信他人以真心回报自己变量，虽然也依然体现出相同的积极判断，但是却也暗含着个体对于他人回报的期待，与前两个变量存在细微的差别。总体而言，亲社会观念测量的对象是个体对他人所持有的积极性判断，反映出调查对象对这种积极性判断的认可程度，即表现出对这种利他性规范的认同感。

分析结果表明，个体对亲社会观念规范的接受与认同程度，会显著影响其本身的利他态度。在具体的影响作用中，三个亲社会观念变量，对全部利他态度的影响程度表现出一定的差异性，集中在“相信他人会以真心回报自己的善心”变量中。该变量对“牺牲自己帮助他人”的利他态度变量表现最高程度的影响作用，但却同时对其他两个利他态度的影响程度都是最低的。这种差异性的出现，显示出利他态度中对主体付出的高要求与个体期待回报的态度之间的密切联系，当利他态度对个体所要求的付出程度不高时，比如“尽自己所能”和“不求回报”，个体期待回报的态度虽然具有显著影响性，但是影响程度并不高，当利他态度需要个体付出较高程度的代价时，比如“牺牲自己”，这种期待回报的态度就发挥了最为突出的积极影响作用。

亲社会观念变量反映出个体，对于一种主要利他性规范的主观认同感程度。分析结果所体现出的亲社会观念变量对利他态度的重要影响作用，再次强调了个体对利他性规范的主观认同程度，对其自身的利他态度所具有的显著积极影响作用。当个体对亲社会观念具有较高程度的主观认同感时，他会更加愿意主动去帮助他人，无论这种帮助是在自己的能力范围之内，或是不期待他人的回报，亦或要求主体付出牺牲自己的代价。

亲社会观念变量中的三大陈述变量，共同构成了文化性因素，在数据分析结果中，表现出对利他态度具有显著的积极影响。该结果强调了个体对利他性规范的主观认同程度，对提高利他态度水平具有重要意义。

2. 个体对社会中的专业角色与利他性组织的信任感，对其利他态度具有积极的影响作用

该结论主要来源于系统信任变量中的角色信任因子和利他性组织运行状况因素中的对利他性组织的信任程度变量，在分析结果中，对利他态度共同表现出显著的积极影响作用。这一结果产生的原因，更主要是个体对利他规范来源的主观认同感所发挥的影响。

与对个体外显行为的影响不同，社会关系网络在实现其对个体内在态度的影响过程中，提高其对交往对象以及所在群体的主观认同感是十分必要的。信任的概念，本身包含着个体对信任对象的主观认可，意味着主体为信任对象所承担的各类风险。信任被视为简化社会复杂性的一种机制，在人际信任过程中，当个体相信他人时，就可能不会采取各类防范措施去控制他人不守信行为所带来的风险，本质上意味着主体将自己的利益让渡给了信任对象;在系统信任中,个体所相信的对象不再是某一具体的个人,而是抽象的制度、程序和角色。比如个体去医院看病时,虽然他并不熟悉为其看病的医生,但是由于其对医护人员这一角色的信任,他会愿意接受陌生医生的诊治。此处同样包括了信任过程中,个体主动承担可能发生的各类风险。正是由于信任这一特殊机制,个体对交往对象、群体、机构以及实际受到影响的制度的信任,是个体对这些对象的主观认同感的重要反映形式。信任水平的提高,意味着个体对交往对象、所属群体,乃至整体社会运行机制,都具有较高的主观认同感,就有可能更为接受、学习乃至内化各类利他性规范,从而最终对个体的利他态度产生显著的积极影响。

同时,将利他性组织的运行状况变量视为个体利他态度的影响因素的预设,则主要建立在利他性组织在引导个体形成积极的利他态度过程中所发挥的利他榜样和利他模范的作用。该变量发挥影响的作用机制,与社会性因素对利他态度的影响机制,本质上具有共通性,尤其是对利他性组织的信任变量,与社会性因素中的人际信任和系统信任变量,本质上都反映了个体对社会中宣传、传播和引导利他性规范的主体的主观认可程度,将这种因素视为利他态度的影响因素,本质上是将个体对这类型主体的主观认可程度,视为利他态度的影响因素,不管这种对象是个体实际人际交往的互动对象,还是个体所从属的群体、组织、机构和团体,抑或各种抽象的社会制度、程序或者角色,还是某些专门的独立性组织,等等。

群体选择理论中,将个体对群体利他性规范的学习、接受和实践过程视为个体利他态度和利他行为产生的主要原因;基因-文化的综合解释模型将社会发展过程中,个体对利他性规范这一文化复制因子(谜米)的主动模仿和接受过程,视为利他得以产生和传播开来的主要机制;社会化理论在探讨个体利他态度和利他行为产生机制时,将社会中各种宣传利他性要求的社会规范对个体所发挥的影响作为利他态度和利他行为产生的主要原因;社会学习理论认为,个体在其主观认知过程逐步发展的过程中,会主动去了解、理解、学习并接受各类社会规范的要求,尤其当外在社会规范被个体自发接受时,个体会将这种规范内化为自身的行为规范指导,从而主动按照规范的要求去做出相应的行为和形成相应的态度,利他性规范对个体利他态度和行为产生的影响过程,就是个体主观认知层面中对这类规范要求了解、接受、学习和内化的过程。

其中,利他性组织在利他态度的形成过程中,就扮演着促进利他性规范发挥影响的利他模范(榜样)的角色。一般而言,各种类型的利他性组织的宗旨、目的、职责以及日常活动中都体现出浓厚的利他性的特征,对利他性规范的推崇、宣传和推广,更是构成了该类组织的主要形成理念之一。从这个角度而言,个体对此类利他性组织的判断结果,将会影响到其是否认可或接受这类组织所推崇的利他性规范的可能性,从而影响到个体自身利他态度形成的可能性和存在状况。而数据分析的结果则部分证明了这一观点,并且再一次体现出信任对利他态度的重要影响作用。以利他态度为因变量所建构出的回归模型八中的分析结果表明，对利他性组织的了解程度变量，只对部分利他态度变量具有显著的积极影响，而对利他性组织的信任程度变量，则对所有形式的利他态度因变量都具有十分突出的积极影响，并且都表现出较高的显著性特征。这一结果，与社会性因素中系统信任变量对利他态度所表现出的重要积极影响，保持了一致性。两者都显示出，个体对社会中各类承担着利他性规范传播与宣传工作的主体的主观信任感，对个体自身所具有的利他态度水平具有十分重要的积极影响。当个体对各类利他性组织的信任程度较高时，会相应提高个体对此类组织所宣传的利他性规范的接受认可程度，从而对个体自身所持有的利他态度状况产生显著的积极影响。

本书中使用的社会性因素，主要用于反映个体在社会生活中，与他人、群体、组织、团体、机构以及整个社会的交往参与密切程度。之所以将社会性因素视为利他态度的影响因素之一，主要源于这种交往参与对象在个体利他态度形成过程中起到的宣传、传播和引导利他性规范要求的作用。因为本书最主要的研究观点是主张应该从他人利益的角度去寻找利他态度和利他行为形成的原因，并将利他性规范在社会中对个体的影响与个体对利他性规范的接受、了解、理解、学习并内化的双重过程，视为导致个体利他态度和利他行为产生的主要原因。这种利他性规范，在社会的传播过程中，有着多种宣传主体和传播途径，个体、群体、组织、团体以及整个社会都在其中扮演着重要的角色，比如某一个体自身对利他性规范的接受和宣传行动，某一群体将利他性规范纳入对群体成员要求的规范内容之中，等等。在这种总体预设条件下，社会性因素，成为衡量个体与各种利他性规范来源之间所具有的联系的密切程度，分为客观行动层次和主观认知层次，前者通过社会参与变量的测量来实现，后者则主要体现在人际信任和系统信任两个测量变量中。本书所测量的人际信任和系统信任，是一种个体对他人、组织和社会比较宽泛、一般性的主观判断状况，测量的是个体是否愿意承担将自己利益转借给他人、组织和团体的风险程度。此处充当利他性规范来源的对象是一般性的他人、组织和团体，并没有十分具体的指涉意义。

此外，由于利他性组织与利他态度和利他行为所具有的十分密切的联系特征，本书在主体的研究框架中，将利他性组织的运行状况因素引为第四个影响因素，包括个体对利他性组织的了解程度和对利他性组织的信任程度两个方面。这样一来，尤其在对利他态度的影响过程中，个体对利他性组织的信任程度变量，与系统信任变量，就出现了指涉对象的重叠性。

对利他性组织的信任程度变量，同样也反映了个体对利他性规范传播途径和宣传主体的主观认可程度，只不过此处利他性组织，具有十分具体的指涉意义，与系统信任中所指涉的一般性机构、群体和团体不同，其与利他性规范的关系更为密切，利他性规范的要求内容，在各类利他性组织的形成宗旨、主要目的、日常任务中都有所体现。因此，对利他性组织的信任程度变量，从对利他态度的影响作用角度而言，要比系统信任的影响更为具体和强烈，这就导致了在综合所有影响因素的模型九中，原本具有显著影响性的系统信任变量，其影响程度和显著性水平都出现了明显的降低，而对利他性组织的信任程度变量，却依然保持了相同的影响程度和作用。这两种影响因素相互作用的分析结果，再次强调了个体利他态度形成过程中，扮演着利他性规范宣传主体和传播途径的各类团体、组织和群体所具有的重要积极影响作用。

3. 年龄的增加，有利于个体利他态度水平的提高

在所有利他态度的回归分析结果中，年龄变量对所有利他态度变量都具有显著的积极影响作用，虽然具体的影响程度并不高，但是显著性水平却比较突出。该结果的出现，主要因为年龄代表着个体所经历的社会化的过程，年龄的增长，直接意味着个体在社会中所存在时间的逐步增加，意味着其经历了更长久的社会化过程。其对利他态度的显著积极影响，正是源于这种长时间经历的社会化过程对利他态度的影响。简而言之，当个体的年龄增加时，他会受到更长时间的各种利他性规范的影响，因此也对其利他态度的水平产生了显著的影响作用。

在将个体利他态度形成的过程视为个体主动了解、接受、学习和内化利他性规范的过程的观点中，生理年龄是一个衡量这种过程持续时间的标准变量。一般而言，随着年龄的增长，个体在这种利他性规范宣传和传播的环境中所处的时间就越长，个体经历的社会化程度也会相应得到提高，因此个体的利他态度存在水平也应该随之增加。从这个角度而言，年龄较大的个体，受到社会规范的影响程度应该高于年龄较小的个体，其对各种利他性规范的接受程度也应该高于年轻的个体，因此，其利他态度的存在水平也应该高于年轻的个体。利他态度模型一至模型九中，年龄变量所起到的显著的积极影响作用，为证明这种观点提供了一定的支持证明。

4. 个体所占有的客观能力水平，并不影响其利他态度的存在状态

分析结果表明，个体性因素中所有的测量变量，对利他态度的影响都不具有一致的显著性水平，尤其是受教育程度变量，对三个利他态度变量都不具有显著影响性。该结果的出现，体现出受教育程度变量反映的学校教育，对利他态度并不具有显著的影响作用。

数据对受教育程度变量的测量，主要通过个体所拥有的学校教育的文凭来进行。这种受教育程度的差异，可能更多地代表学校教育对个体认知能力的提高程度，体现在个体所拥有的知识学习能力水平中。而个体对利他性规范的学习，尤其是主观利他态度的形成，并不完全受到这种知识学习能力的影响，也不仅仅通过学校教育的方式来完成。家庭、组织、社会都可以成为传播利他规范的场所。因此，此处所测量的个体文化程度的差异性，更多地反映了其所接受的学校教育的发展程度，主要体现了个体的知识素养水平，可能仅仅是利他态度形成所需要的各种认知能力中的一种类别，就有可能导致受教育程度变量，对利他态度的影响不具有显著的统计意义。

同时,虽然学校教育在利他性规范中承担着重要的传播者的角色,但这也并不一定意味着这种规范的传播一定会对利他态度具有显著影响,这不仅需要长时间在学校教育过程中对个体传输其内容要求,还需要促使个体在主观层面对利他规范形成认同感,不是单纯的学校教育所能产生的结果,必须涉及各种主要社会化场所的共同努力,比如家庭教育、社会教育,等等,因此,受教育程度的变量,无法对利他态度具有显著影响性。简而言之,受教育程度高的个体,接受了更多的学校教育,更有可能受到学校规范的影响做出利他行为,但是利他规范要对个体的利他态度形成影响,则不仅需要学校教育这一种途径,而且需要主要的社会化主体一同努力,这与态度相对于行动而言具有更高的稳定一致性的特征也密切相关。

总结而言,将所有影响因素都纳入回归分析之后所构建出的回归模型,既体现出了对所有利他态度都具有显著影响的共同因素,同时也显示出每一类利他态度所单独具有的特征。文化性因素对利他态度的重要影响,尤其是亲社会观念变量的重要影响,是所有模型表现出的一致性结果;差异性主要出现在系统信任变量与对利他性组织的信任程度变量的共通作用之中,在单独社会性因素影响模型中对利他态度具有重要影响的系统信任变量,在加入了对利他性组织的信任变量之后,在总模型中不再对利他态度具有显著影响,这一结果证明了这两种变量在影响利他态度时的基本路径具有相似性,并且对利他性组织的信任程度变量,对利他态度的影响作用更为强烈。此外,在所有利他态度的模型中,年龄变量都表现出了显著的积极影响性,这一结果证明个体在经历社会化影响的时间上的差距,也会对个体的利他态度具有重要的影响性。简而言之,将所有有关利他态度的模型分析结果相结合,可以发现对利他态度具有显著影响的因素在分布上比较集中,主要包括亲社会观念变量、对利他性组织的信任程度变量以及年龄变量,而个体性因素、社会参与因素对利他态度都不具有显著的影响作用。

其中,亲社会观念变量则体现出个体对于这种积极的对他人和社会持有乐观判断的社会规范的主观认同程度,该变量所代表的文化性影响因素,正体现了个体对于社会中主要利他性文化规范的认同感,数据分析的结果证明了这种文化性因素是利他态度的重要影响因素,也就证明了个体在主观层面对社会规范的认同程度,对于其自身利他态度形成和发展所具有的显著的积极影响作用;同时,对利他性组织的信任程度变量,与系统信任变量中的角色信任因子,都代表着个体在主观层面中对各类宣传、引导和传播社会规范的主体的认同程度,前者个体认同的对象是专门的利他性组织,后者认同的对象则转变为一般性的机构、制度与角色,分析结果证明这两个变量,都是利他态度的显著影响因素,则为证明个体对传播和引导利他性规范的主体的主观认同程度,会显著影响到个体利他态度的观点提供了足够的数据支持;最后,年龄变量同时对所有类型的利他态度具有显著的积极影响。年龄代表着个体在社会生活中的持续时间,是衡量个体接受社会规范影响的时间延续的指标,一定程度上可以体现出个体所经历的社会化的程度与效果,年龄对利他态度的显著影响，则可为个体社会化的程度与利他态度的形成之间的密切联系提供一定的数据支持。总体而言，数据分析中所显现出的利他态度的显著影响因素，主要集中在个体的主观层面。不管是对利他性规范的认同感，还是对宣传传播利他性规范的主体的认同感，都对个体的利他态度的形成与发展具有显著的积极影响性。这种数据分析的结果，为证明个体的利他态度来源于利他性规范在社会中发挥影响和个体主动接受、了解、学习甚至内化利他性规范的双重过程的观点，提供了有力的支持证明。

第五节　利他行为的影响因素

本节分析的主要目的，是寻找利他行为的显著影响因素。为了达到这一目的，主要采用了回归分析法。具体而言，分别以公益志愿活动、慈善捐赠活动、无偿献血活动和公益慈善组织的参与情况为因变量，以个体性因素、社会性因素、文化性因素和利他性组织的运行状况因素为自变量，将样本城市来源和人口特征变量作为控制变量，使用二分类逻辑斯特回归分析方法构建出利他行为的回归分析模型。通过模型的整体拟合程度，以及模型中各具体变量的影响作用性质，来确定对各类型利他行为具有显著影响的因素分布情况。

本书之所以在利他行为的测量时将其划分为四种表现形式，主要因为考虑到这些变量中体现出的一般利他性形式，以及为所有社会成员都有所了解以及接受的特征。诚然，如果采用询问调查对象是否搀扶过跌倒的老人、是否有在公交车上为老人让座的经历，或者是否有随手帮助过他人，等等，似乎会更为具体和详细地获得利他行为的存在状况，但是这种具体的测量问题在前提上就对调查对象设置了限制条件。比如搀扶老人，可能有些调查对象从来都没有遇到这种现象，自然就无法去进行这种行动；又或者为老人让座的测量问题，如果调查对象从来不以公交车作为出行工具，那么就没有进行这种利他行为的机会。并且直接使用这些十分具体的测量变量，也会带来衡量不同利他行为形式时缺乏统一标准的问题。因此，为了兼顾调查对象所拥有的行动机会的均衡性和分析比较利他行为数据的可行性，本书最终将公益志愿活动、慈善捐赠活动、无偿献血活动作为测量个体利他性活动参与状况的具体变量，分别考虑了利他行为对行动主体所要求让渡的时间精力层面的利益、金钱物质资料层面的利益以及生理身体资源层面的利益，并将公益慈善性组织的参与状况作为测量个体利他性组织参与情况的具体变量，期望使用这种固定化的测量变量获得个体利他行为的一种更为稳定和持续性的行动数据。

具体而言，公益志愿活动变量侧重对行动主体所让渡的时间和精力层面中的利益情况；慈善捐赠活动则关注个体在帮助他人时所让渡的金钱和物资等物质条件层面的利益；无偿献血活动的测量则集中于个体在利他行为过程中，所让渡的生理资源的利益情况；最后公益慈善组织参与情况变量的测量，主要为了解个体在进行利他行为时是否会借助于利他性组织这一途径的情况。分别对这四种形式的利他行为进行回归分析，既可以分别了解每一个具体变量的显著影响因素的分布情况，也有利于获得对所有利他行为都具有共同显著影响的一般性因素分布状况。

同时由于此处采用的具体回归分析方法是二分类逻辑斯特回归分析，因此此处在衡量自变量对因变量的影响程度时，在回归系数之外，还引入了优势比值(OR值)，用于确定自变量对因变量的结果是否出现可能性的影响作用。具体而言，当OR值大于1时，自变量对因变量具有积极的影响，即因变量更有可能出现正向的结果；OR值小于1时，自变量对因变量的影响是消极的，因变量更有可能出现负向结果。结合利他行为变量的分类，即OR值大于1时，个体更有可能参加各种利他行动；反之亦然，OR值小于1时，个体更有可能不参加利他行动。

一、公益志愿活动的参与行为

在所有利他行为的测量变量中，公益志愿活动变量的测量重点是个体在实际改善他人处境的行动过程中，所舍弃和让渡的时间和精力层面的自身利益情况。在目前社会中，尤其是城市社会中，公益志愿活动的表现形式是丰富多彩的，既包括去敬老院、福利院、孤儿院等场所开展志愿活动，也包括参加一些公益慈善组织所开展的某些特定类型的活动，比如帮助残疾儿童的支教活动，等等。在具体回归分析中，公益志愿活动的参与情况分为两种类型，即参加和不参加。表4.18建构出了以“公益志愿活动的参与情况”为因变量的回归模型。

表4.18 因变量：公益志愿活动的参与情况①

解释变量	回归系数	标准误	显著性水平	优势比值
个体性因素：				
年收入	−0.059	0.054	0.280	0.943
受教育程度	0.042	0.022	0.058	1.043
房产面积	0.018	0.054	0.737	1.018
职业类别：				
产业劳动者	0.202	0.215	0.348	1.224
个体工商户	0.257	0.223	0.251	1.292

① a. 模型建构方法：多元线性回归分析(multiple linear regression)。
b. 参照变量：城市无业失业人员。
c. 参照变量：深圳。

续表

解 释 变 量	回归系数	标准误	显著性水平	优势比值
技术办事人员	0.223	0.222	0.315	1.250
管理人员	0.031	0.242	0.899	1.031
社会性因素:				
社会参与变量				
网络参与因子	0.399	0.065	0.000	1.490
政治参与因子	0.685	0.063	0.000	1.983
社交活动参与因子	0.475	0.052	0.000	1.607
团体参与因子	0.286	0.061	0.000	1.331
人际信任变量				
普遍信任因子	−0.086	0.050	0.081	0.917
一般信任因子	−0.123	0.053	0.021	0.884
特殊信任因子	−0.175	0.051	0.001	0.839
系统信任变量				
机构信任因子	−0.092	0.057	0.104	0.912
制度信任因子	−0.043	0.059	0.461	0.958
角色信任因子	0.009	0.053	0.866	1.009
文化性因素:亲社会价值观变量				
相信人性本善	0.046	0.059	0.433	1.047
相信大多数人都会主动帮助他人	0.085	0.060	0.157	1.089
相信他人会以真心回报自己的善心	0.122	0.051	0.016	1.129
利他性组织的运行状况因素				
对利他性组织的了解程度	0.068	0.020	0.001	1.070
对利他性组织的信任程度	0.163	0.064	0.011	1.178
控制变量:				
年龄	−0.021	0.005	0.000	0.979
男性	0.095	0.098	0.330	1.100
已婚	0.269	0.135	0.047	1.309
中共党员	0.094	0.127	0.458	1.098
非农业户口	−0.178	0.148	0.227	0.837

续表

解释变量	回归系数	标准误	显著性水平	优势比值
样本城市来源:				
天津	−0.251	0.167	0.133	0.778
南京	−0.233	0.164	0.156	0.792
兰州	0.117	0.169	0.488	1.124
重庆	0.132	0.180	0.462	1.141
常数项	−2.547	0.570	0.000	0.078
N	2 426			
df	34			
LR chi^2	672.7****			
−2 Log Likelihood	2 674.93			
Pseudo R^2	0.323			
分类正确率	71.5%			

回归模型的结果表明,对公益志愿活动具有显著影响因素的分布情况是比较清楚的,主要集中在社会性因素之中。其中,社会参与变量和人际信任变量,都同时对公益志愿活动变量具有显著的影响作用。不过两者在影响程度和影响性质层面存在着明显的差异性。社会参与的所有公因子变量,都对因变量具有显著的积极影响,且影响程度较高,是公益志愿活动最为重要的一种影响因素;同时,虽然人际信任变量的所有公因子变量,也同样对因变量具有显著影响,却都是消极影响的性质,并且影响程度较低,且显著性水平并不高。

在社会参与变量对公益志愿活动所具有的显著积极影响作用中,政治参与因子的影响作用程度最高,其次为社交活动因子,再次为网络参与因子,影响程度最低的变量是团体参与因子(四者的 OR 值分别为 1.983、1.607、1.490 和1.331,都在 $p=0.001$ 的双尾检验中具有统计显著意义)。该结果的出现与个体在社会参与过程中与他人、群体、团体和组织所形成的客观行动层面的关系具有密切的联系。简而言之,社会参与程度更高的个体,尤其是更多地参与各类政治活动之中的个体,更有可能参与各种公益志愿活动。

与这种积极影响完全相反的是人际信任变量,对公益志愿活动所表现出的显著消极影响性。不管是普遍信任因子、一般信任因子还是特殊信任因子,都对因变量起到了消极的负面影响作用,并且都表现出显著性。其中,影响程度最高的变量是特殊信任因子(OR 值为 0.839,在 $p=0.01$ 的双尾检验中具有显著意义),其次为一般信任因子(OR 值为 0.884,在 $p=0.05$ 的双尾检验中具有显著意义),普遍信任因子的影响程度和显著性水平都是最低的(OR 值为0.917,仅在 $p=0.1$ 的单尾检验中具有显著性)。该结果表明,个体对其交往关系中的互动对象的信任感,不仅不会有利于促进个体更可能参加公益志愿活动,反而会显著地导致其更不可能参加公益志愿活动,并且个体对与其分享血缘关系的"自己人"的信任感,尤其不利于提高个体参加公益志愿活动的可能性程度。

利他性组织的运行状况因素,同样也对因变量具有显著的积极影响作用。其中,对利他性组织的了解程度和信任程度两个变量,都对公益志愿活动具有显著的积极影响,不过前者的影响程度低于后一变量(OR 值分别为 1.070 和 1.178),但却具有高于后者的显著性水平(前者在 $p=0.01$ 的双尾检验中具有统计显著性,后者仅在 $p=0.05$ 的双尾检验中具有显著意义)。因为公益志愿活动的开展和运行过程,都与各类利他性组织具有十分密切的联系,因此个体对这类利他性组织所持有的积极判断,不管是更了解还是更信任该类组织,都会有利于提高个体参加公益志愿活动的可能性程度。

文化性因素与个体性因素对公益志愿活动的影响性是十分有限的。在亲社会观念变量中,三个陈述变量对因变量都不具有显著的影响作用,这与利他性态度的影响因素分布表现出了鲜明的对比。在所有个体性因素的测量变量中,仅有受教育程度变量,对因变量具有显著的积极影响,但是影响程度和显著性水平都较低(OR 值为 1.043,仅在 $p=0.1$ 的单尾检验中具有显著意义)。其他反映个体所拥有的物质资料水平的测量变量,如年收入、房产面积等,对因变量的影响都不具有显著性。该结果的出现,与公益志愿活动变量所侧重的个体让渡的自身时间和精力形式的利益情况有关。鉴于该变量考察的是个体在帮助他人改善处境的利他行为过程中,所让渡的时间和精力利益,所以个体自身所拥有的物质经济条件的多少,自然不会具有显著影响性。相反,随着个体所受教育程度的增加,他越有可能参加各类志愿活动,学校教育在宣传和引导公益志愿理念过程中所扮演的重要角色,是这种显著影响作用得以发生的主要原因。

受教育程度对利他行为的显著影响,更多地说明个体在接受了长时间学校教育之后,会更有可能受到学校所提倡的各种主流规范的影响,而这种影响最先会在行为层面中表现出来。在个体态度向个体行为的转化过程中,许多学者提出,正是各类社会规范在其中起到了重要的影响。当态度和行为的对象与社会规范相违背时,态度就可能不会转化为行为,比如犯罪态度和犯罪行为的关系;同理,当态度和行为指向的对象与积极社会规范的期待具有一致性,甚至是符合社会规范所推崇的要求标准时,行为就更有可能产生。这一结论,同样适合分析受教育程度对利他行为的影响。学校教育所推崇和传播的社会规范,会随着个体接受的教育时间的增加而不断提高影响的可能性,利他规范正是社会主流规范所推崇的一种类型,因此自然随着个体受教育程度的增加而影响到其利他行为水平。

在个体性因素对公益志愿活动的影响作用中,职业类别变量的影响并不具有显著性特征的结果比较突出。在现有的一些志愿活动的经验研究中,很多学者发现，当个体从无业失业人员转化为拥有全职工作的职业人时，将会减少其参加公益志愿活动的可能性，这主要因为全职工作占用个体时间的原因。一般而言，全职工作会挤占和减少个体参加公益志愿活动的时间和精力，因此，职业类别变量对公益志愿活动具有消极的影响作用。但是此处的回归分析结果表明，职业类别并不对公益志愿活动具有显著影响，并且相对于无业失业人员这一参照变量而言，其余四种职业类型变量，对公益志愿活动都具有积极影响作用。但是因为这种积极影响并不具有显著性，所以无法确定其有效性，只能作为一个参考的研究发现。这可能与中国社会中公益志愿活动对参与者的各种要求有关。

控制变量对因变量的影响作用表现出明显的差异性特征。其中，样本城市来源变量中所有类别，对公益志愿活动都不具有显著影响，四个样本城市中，并没有出现公益志愿活动参与情况的明显差异性；但是人口特征变量中却出现了两个显著影响因素，即年龄和婚姻变量。年龄变量，对公益志愿活动具有显著的消极影响作用（OR 值为 0.979，在 $p=0.001$ 的双尾检验中具有显著意义）；而婚姻变量中，相对于未婚类别而言，已婚类型变量对公益志愿活动的参与情况具有显著的积极影响作用（OR 值为 1.309，在 $p=0.05$ 的双尾检验中具有统计显著性）。年龄增加所带来的个体身体健康状况的衰减，以及已婚状态所增加的个体对所在社区乃至社会的整体归属感，是出现这两种截然相反性质的影响结果的主要原因。

总结而言，公益志愿活动变量测量的重点，是以让渡个体时间和精力为主要形式的利他行为类型。该变量的回归模型结果表明，社会性因素是其最为重要的显著影响因素，其中，社会参与和人际信任对公益志愿活动的影响，都具有显著性特征，但是社会参与的影响是一种积极的正面影响，并且在影响程度和显著性水平中都具有领先优势，是公益志愿活动最为突出的一种显著影响因素；而人际信任的影响却是消极负面的性质，个体对人际关系中的互动对象的信任感，尤其是对与其分享血缘关系的他人的信任感，会明显地提高个体不参加公益志愿活动的可能性，并且人际信任对公益志愿活动的影响程度和显著性水平都较低，影响作用比较有限；同时，由于公益志愿活动的开展和进行，都与利他性组织具有密切的联系，因此在对个体是否参加公益志愿活动具有显著影响的因素分布中，利他性组织的运行状况因素，也表现出显著的积极影响，个体对社会中各类利他性组织的了解程度和信任程度的增加，都会显著地增加其参加各类志愿活动的可能性；最后，个体性因素中的受教育程度变量，也是一个显著影响因素，随着个体受教育程度的增加，个体参加公益志愿活动的可能性也会随之提高。

公益志愿活动的显著影响因素在分布中是比较松散的，基本上覆盖了四种主要的影响因素。但是从这些因素的影响程度和显著性水平两种层次来看，社会参与变量无疑是公益志愿活动最为重要和突出的一种显著影响因素；其次是对利他性组织的信任程度和了解程度变量，这两者都发挥着正向的积极影响，都有利于提高个体参加公益志愿活动的可能性；人际信任变量的影响在所有因素中居于较为中间的位置，并且其发挥的负面消极影响作用，尤为引人关注；受教育程度变量的影响，与其他变量相比，表现得较为有限，只是单个变量所具有的单独影响，没有获得与其同属一种因素的其他变量的支持，是个体性因素中唯一的显著影响因素。因此，相比于社会性因素和利他性组织的运行状况因素的影响作用而言，这一变量对公益志愿活动的影响作用是比较有限的。

二、慈善捐赠活动的参与行为

慈善捐赠变量，测量的对象是以让渡个体所拥有的物质资料和金钱等利益形式的利他行为类型，其与公益志愿变量最大的不同就是个体在参与利他行为时，所实际让渡的利益形式存在着差异性，前者所让渡的利益形式主要是物资、金钱等具体的物质资料；后者则更为关注个体所投入的时间和精力等利益形式。从目前国内的现有状况而言，慈善捐赠在四种利他行为形式中，普遍适用性和个体接受程度都是最高的。该变量的具体表现形式较多，包括个体向某一特定慈善组织经常性的捐款，或者为了帮助某一特定群体而专门去捐献物资，以及当发生自然灾害时，向灾区人民捐献金钱和物资，等等，比如汶川大地震发生之后，国内各个省份的居民都自发参与的慈善捐赠活动等。与公益志愿变量一样，本书中的慈善捐赠变量，也由两种类型组成，即参加和不参加。回归分析的主要目的，是确定哪些因素会显著地影响到个体参加慈善捐赠活动的可能性。表 4.19 建构出了以慈善捐赠活动的参与情况为因变量的回归模型。

表 4.19　因变量：慈善捐赠活动的参与情况①

解释变量	回归系数	标准误	显著性水平	优势比值
个体性因素：				
年收入	0.182	0.067	0.007	1.199
受教育程度	0.014	0.022	0.529	1.014
房产面积	−0.039	0.056	0.486	0.962
职业类别：				
产业劳动者	0.267	0.209	0.201	1.306
个体工商户	0.378	0.218	0.083	1.459
技术办事人员	0.325	0.218	0.137	1.384
管理人员	0.112	0.240	0.639	1.119

① a. 模型建构方法：多元线性回归分析（multiple linear regression）。
b. 参照变量：城市无业失业人员。
c. 参照变量：深圳。

续表

解 释 变 量	回归系数	标准误	显著性水平	优势比值
社会性因素:				
社会参与变量				
网络参与因子	0.338	0.067	0.000	1.403
政治参与因子	0.842	0.072	0.000	2.321
社交活动参与因子	0.391	0.053	0.000	1.478
团体参与因子	0.232	0.066	0.000	1.261
人际信任变量				
普遍信任因子	0.008	0.050	0.873	1.008
一般信任因子	0.001	0.053	0.985	1.001
特殊信任因子	−0.082	0.051	0.108	0.922
系统信任变量				
机构信任因子	−0.104	0.057	0.068	0.901
制度信任因子	−0.040	0.060	0.504	0.961
角色信任因子	−0.022	0.053	0.686	0.979
文化性因素:亲社会价值观变量				
相信人性本善	0.168	0.059	0.005	1.183
相信大多数人都会主动帮助他人	0.030	0.061	0.623	1.030
相信他人会以真心回报自己的善心	−0.014	0.051	0.786	0.986
利他性组织的运行状况因素				
对利他性组织的了解程度	0.115	0.021	0.000	1.122
对利他性组织的信任程度	0.248	0.065	0.000	1.282
控制变量:				
年龄	−0.010	0.005	0.079	0.990
男性	0.048	0.100	0.628	1.049
已婚	0.499	0.137	0.000	1.647
中共党员	0.089	0.134	0.507	1.093
非农业户口	−0.015	0.148	0.918	0.985
样本城市来源:				
天津	0.022	0.174	0.901	1.022

续表

解释变量	回归系数	标准误	显著性水平	优势比值
南京	−0.115	0.170	0.500	0.892
兰州	0.167	0.178	0.349	1.181
重庆	0.097	0.187	0.603	1.102
常数项	−2.538	0.569	0.000	0.079
N	2 425			
df	34			
LR chi^2	566.3****			
−2 Log Likelihood	2 579.08			
Pseudo R^2	0.287			
分类正确率	73%			

分析结果显示，对慈善捐赠变量具有显著影响的因素，与公益志愿活动的显著影响因素具有很大程度的共通之处，都是分散在四种主要影响因素类型之中的。其中，社会性因素中的社会参与变量，依然是慈善捐赠活动最为重要的一种影响因素，对其具有显著的积极影响作用。虽然四个公因子变量对因变量的影响在显著性水平中都是相同的(都在 $p=0.001$ 的双尾检验中具有显著意义)，但却出现了影响程度的差异性。政治参与因子的影响程度最高(OR 值为 2.321)，居于中等位置的是社交活动参与因子与网络参与因子，两者的影响程度比较接近(OR 值分别为 1.478和 1.403)，对因变量的影响程度最低的是团体参与因子(OR 值为 1.261)。社会参与变量中公因子对慈善捐赠活动所表现出不同程度的影响差异性分布特征，与其对公益志愿活动的影响特征具有一致性，尤其是政治参与因子变量，对这两种形式的利他行为变量，都表现出最大程度的影响作用。

同样对慈善捐赠活动也具有显著影响性的因素，是利他性组织的运行状况。其中，不管是对利他性组织的了解程度变量，还是对利他性组织的信任程度变量，都对因变量具有显著的积极影响作用，并且表现出相同的显著性水平(都在 $p=0.001$的双尾检验中具有显著意义)，但是后者的影响程度略微高于前者(OR 值分别为 1.122 和 1.282)。该结果的出现，同样源于利他性组织在慈善捐赠活动的开展和进行过程中所扮演的重要角色，尤其是在很多慈善捐赠活动中，利他性组织直接充当着接受捐赠物资和金钱的中介者和管理者的角色，因此个体对这类组织的了解程度和信任程度，都会显著影响到其是否愿意参加慈善捐赠活动的决定，当个体比较了解社会中主要的利他性组织时，并且对这类组织具有较高程度的信任感时，将会极大地有利于提高其参与各类慈善捐赠活动的可能性。

除去共同的影响因素之外，一些新的变量，对慈善捐赠变量表现出显著的影响作用,文化性因素就是一种典型的代表。亲社会观念中的"相信人性本善"变量,开始表现出对因变量具有较为显著的影响作用,并且发挥了一种积极的影响作用(OR 值为 1.183)。

另一种对慈善捐赠活动具有不同的显著影响的因素,出现在信任变量中。人际信任变量,不再对因变量具有显著影响,而系统信任中的机构信任因子,则对慈善捐赠活动表现出显著的消极影响作用(OR 值为 0.901,仅在 $p=0.1$ 的单尾检验中具有显著意义)。个体对社会中各种权力机构的信任感,会减少其参加慈善捐赠活动的可能性。该结果涉及社会中所提供的公共服务与私人的慈善捐赠两种类型之间的差异性关系。一般而言,慈善捐赠活动的主体是社会中的普通成员,公共服务活动的主体则是政府主导的各种权力机构,但是两种活动所涉及的对象和领域都具有重合之处,比如对特殊弱势群体的帮助,等等。有经验研究的结果显示,当个体相信社会中的权力机构可以提供充分和高质量的公共服务时,会减少其进行慈善捐赠活动的可能性(Wolpert,1988)。从这个角度而言,慈善捐赠活动,更多地充当着公共服务的补充和辅助作用。当一社会中各种弱势群体都可以获得来自政府部门所提供的足够的公共服务的帮助时,其对私人捐赠活动的需要程度会同时降低,也会减少普通社会成员参加慈善捐赠活动的可能性。因此,此处分析结果所显示出的个体对权力机构的信任感,对慈善捐赠活动的显著消极影响的现象,正反映出个体对公共服务部门的信心所发挥的作用。

此外,个体性因素中的收入变量和个体工商户的职业类型变量,也对慈善捐赠活动具有显著的积极影响作用,尤其是收入变量,对因变量表现出较高程度的影响程度和显著性水平(OR 值为 1.199,在 $p=0.01$ 的双尾检验中具有显著意义)。慈善捐赠变量是指涉个体自发让渡所拥有的金钱和物资等物质利益去改善他人处境的具体行动,对金钱等形式的物质利益的占有,代表着个体所拥有的可以进行慈善捐赠活动的实际条件状况。收入作为衡量个体对这类物质利益的占有情况的主要指标,在分析结果中对慈善捐赠变量表现出的显著的积极影响,一定程度证明了利他行为对个体要求的物质能力存在水平,对于进行利他行为的重要影响性。当然,收入对慈善捐赠的显著影响,只能说明收入高的个体,更有可能参加慈善捐赠活动,但并不意味着两者之间具有决定的必然关系。

最后,控制变量中的年龄和婚姻变量,也对慈善捐赠活动具有显著的影响作用。其中,年龄变量对因变量具有显著的消极影响(OR 值为 0.99,在 $p=0.1$ 的单尾检验中具有显著意义),而相对于未婚这一参考类别而言,已婚的个体则会更有可能进行慈善捐赠行动(OR 值为 1.647,在 $p=0.001$ 的双尾检验中具有统计显著性)。已婚类型的婚姻变量对慈善捐赠活动的显著积极影响,与已婚状态所增加的个体对所在社区以及社会的归属感,具有一定的相关联系,相比于未婚个体而言,处于婚姻之中的个体具有较高的稳定性,有助于提高其对所在社区以及整体社会的归属感,从而更有可能参加慈善捐赠活动。结合公益志愿活动的影响因素分布情况可以发现，年龄和婚姻对两者具有共同的影响作用，年龄的增加，都不利于提高个体参加公益志愿活动和慈善捐赠活动的可能性；而已婚的个体，也都更可能参加这两种形式的利他行为活动。

总结而言，慈善捐赠活动的显著影响因素主要由以下部分组成。首先，社会性因素中的社会参与变量，对慈善捐赠具有最为重要突出的显著积极影响作用，并且政治参与因子变量，表现出最高程度的积极影响；其次，对利他性组织的了解程度和信任程度变量，也都具有显著的积极影响作用，有助于提高个体参加慈善捐赠活动的可能性；再次，亲社会价值观变量同样也对因变量具有显著的积极影响，个体对“人性本善”观念越认可，就越有可能参加慈善捐赠活动。这三种显著影响因素，不仅同时具有较高的影响程度和显著性特征，而且是慈善捐赠与公益志愿活动变量所共同分享的相同显著影响因素。单独对慈善捐赠活动具有显著影响的因素主要包括收入变量、机构信任因子变量、与“相信人性本善”变量。其中，机构信任因子变量对因变量具有显著的消极影响，而其余两个变量则表现出积极的正面影响。

与公益志愿活动变量相同，对慈善捐赠具有显著影响的因素也分散在四种主要影响因素之中。在每一个影响因素中，都存在着一些具体的显著影响变量，并且这些变量之间所具有的影响性质还存在着截然相反的现象。社会性因素和利他性组织的运行状况因素，依然是慈善捐赠最为重要的影响因素，文化性因素的影响作用有所提升，亲社会观念中开始有具体变量对因变量产生显著的积极影响作用。引人注意的影响因素出现在了社会性因素中以及社会参与变量的积极影响和机构信任因子的消极影响之中，不过社会参与变量的重要性也远远超过了后一变量的影响。因为慈善捐赠变量本身所强调的个体让渡的具体物资和金钱利益形式，所以收入变量也对因变量具有显著的积极影响，收入水平高的个体，也更有可能参加慈善捐赠活动。

三、无偿献血活动的参与行为

无偿献血活动变量，测量的主要对象是个体在增进他人利益和福利的过程中让渡自己所拥有的生理资源为主要形式的利他行为类型。这种让渡的具体利益形式，构成了该变量区别于其他利他行为形式的主要因素。此处需要强调的是，作为一种利他行为的表现形式的无偿献血活动，一定是个体主动自发自愿进行的，不是迫于外在的压力而参加的，比如学生迫于学校规定，或者个体受到工作单位要求等情况，都不属于此处所测量的对象；并且无偿献血活动，体现出利他性程度的主要角度，在于该活动的“无偿”性，那种有偿献血、甚至是卖血等行为不属于此变量所测量的对象。目前国内所开展的无偿献血活动，主要集中在城市，包括街区的流动献血车，专门接受个人献血的血站等，都是开展无偿献血活动的主要场所。与其他利他行为变量一样，无偿献血活动变量也由两种类型构成，即参加和不参加。表4.20建构出了以“无偿献血活动的参与情况”为因变量的回归模型。

表 4.20　因变量:无偿献血活动的参与情况①

解 释 变 量	回归系数	标准误	显著性水平	优势比值
个体性因素:				
年收入	−0.058	0.056	0.304	0.944
受教育程度	0.027	0.023	0.240	1.028
房产面积	−0.069	0.054	0.203	0.934
职业类别:				
产业劳动者	0.056	0.233	0.809	1.058
个体工商户	0.265	0.239	0.268	1.304
技术办事人员	−0.005	0.237	0.984	0.995
管理人员	0.004	0.253	0.986	1.004
社会性因素:				
社会参与变量				
网络参与因子	0.268	0.058	0.000	1.307
政治参与因子	0.384	0.055	0.000	1.468
社交活动参与因子	0.273	0.053	0.000	1.314
团体参与因子	0.166	0.052	0.001	1.180
人际信任变量				
普遍信任因子	−0.007	0.051	0.896	0.993
一般信任因子	0.152	0.054	0.005	1.164
特殊信任因子	0.077	0.053	0.149	1.080
系统信任变量				
机构信任因子	−0.089	0.058	0.122	0.915
制度信任因子	−0.032	0.060	0.600	0.969
角色信任因子	0.020	0.056	0.726	1.020
文化性因素:亲社会价值观变量				
相信人性本善	0.054	0.060	0.369	1.056
相信大多数人都会主动帮助他人	−0.027	0.061	0.661	0.973

① a. 模型建构方法:多元线性回归分析(multiple linear regression)。
b. 参照变量:城市无业失业人员。
c. 参照变量:深圳。

续表

解释变量	回归系数	标准误	显著性水平	优势比值
相信他人会以真心回报自己的善心	0.014	0.052	0.782	1.014
利他性组织的运行状况因素				
对利他性组织的了解程度	0.108	0.021	0.000	1.114
对利他性组织的信任程度	0.057	0.066	0.386	1.059
控制变量：				
年龄	−0.034	0.006	0.000	0.967
男性	0.190	0.101	0.059	1.209
已婚	0.244	0.136	0.073	1.276
中共党员	0.160	0.126	0.207	1.173
非农业户口	−0.114	0.150	0.447	0.892
样本城市来源：				
天津	−0.502	0.173	0.004	0.605
南京	−0.420	0.169	0.013	0.657
兰州	0.362	0.162	0.025	1.437
重庆	−0.212	0.181	0.240	0.809
常数项	−1.061	0.573	0.064	0.346
N	2 430			
df	34			
LR chi^2	463****			
−2 Log Likelihood	2 582.64			
Pseudo R^2	0.243			
分类正确率	72.8%			

回归分析结果表明，对无偿献血活动具有显著影响的因素，依然与前两种利他行为变量具有较高的一致性特征。其中，社会性因素中的社会参与变量，依然是无偿献血变量最为重要和最为突出的显著影响因素之一，社会参与水平的增加，将显著地提高个体参加无偿献血活动的可能性，并且这种一致性也在社会参与内部各因子的影响作用中有所体现。虽然四个公因子对因变量的影响，表现出近乎相同的显著性水平（前三个因子都在 $p=0.001$ 的双尾检验中具有显著意义，只有团体参与因子在 $p=0.01$ 的双尾检验中具有显著性），但在影响程度中依然存在着差异性，政治参与因子依然是影响程度最高的因素（OR 值为 1.468），其次为社交活动

参与因子和网络参与因子(OR 值分别为 1.314 和 1.307),团体参与因子的影响程度依然最低(OR 值为 1.180)。与前两个利他态度变量相比较,社会参与对无偿献血活动的影响程度,出现了一定程度的下降,尤其是影响程度最低的团体参与因子,其显著性水平也出现了减少。

在社会性因素中,对无偿献血活动也具有显著影响作用的另一个因素,则是人际信任变量中的一般信任因子,其对因变量表现出显著的积极影响(OR 值为 1.164,在 $p=0.01$ 的双尾检验中具有显著性)。该影响因素的出现,与前两个利他行为变量形成了明显的差异性。虽然一般信任因子也对公益志愿活动具有显著影响,但起到的却是消极负面的作用性质;并且其对慈善捐赠活动的影响都不具有显著性特征。一般信任因子,强调的是个体对与其具有日常交往关系的一般性的朋友或者熟人的信任感,其对象介于个体对陌生人与血缘关系对象之间,起到了沟通完全的"外人"和"自己人"的作用。一方面,一般信任因子的对象虽然并不与个体分享相同的血缘关系,却是为个体所熟悉和了解的交往对象;另一方面,该类信任的对象,包含着从完全陌生人转化而来的可能,一般信任因子的存在水平,也是介于普遍信任因子和特殊信任因子之间的,既不是对前者的完全不信任感,也不是对后者的完全信任感。个体对这类一般交往对象的信任程度,反映出其对一般他人的信任感,是衡量个体人际信任程度的主要指标之一。

分析结果显示出,个体对一般他人的信任感,将有利于提高其参加无偿献血活动的可能性程度。该结果的出现,揭示出人际信任变量对无偿献血活动发挥影响的具体着力点。因为一般信任因子的对象,包含着从完全陌生人转变的可能性,构成了一种外人获得个体信任的主要途径,反映出一社会中总体信任感的主要指标。个体对一般他人的信任程度,由于一般他人中所包含的由陌生人转化而来的可能性,本质上而言反映出他对社会中大多数人的信任程度。因此,当个体对一般他人具有较高的信任感时,将会有利于提高其参加无偿献血活动的可能性水平,因为无偿献血活动所针对的主要对象,就是社会中大多数的普通成员。

利他性组织的运行状况因素,也同样对无偿献血活动具有显著的影响作用。但是此时,只有对利他性组织的了解程度变量,对因变量具有显著的积极影响(OR 值为 1.114,在 $p=0.001$ 的双尾检验中具有统计显著性);另一个构成变量,即对利他性组织的信任程度变量,则不再具有显著性影响。这就与前两种形式的利他行为变量不同。该结果出现的主要原因,可能源于无偿献血活动,相比于公益志愿活动和慈善捐赠活动而言,与利他性组织之间的关系更为疏远一些。前文中已经指出,目前国内开展献血活动的主体,主要是各类医院、血站等机构,一般不与公益慈善性组织有直接的密切联系,因此在影响个体是否会参加无偿献血活动时,利他性组织所能起到的作用相对而言比较有限。此时利他性组织不再扮演利他行为的开展主体和中介者等角色,因此个体对利他性组织的信任感,不再会影响到其是否参加无偿献血这类利他行为的可能性水平。简而言之,因为无偿献血这种利他行为形式,在活动的开展和进行过程中,与利他性组织的联系更为疏远,所以利他性组织的运行状况因素,对该变量的影响作用也出现了下降。

此外,个体性因素中没有一个具体变量,对无偿献血活动具有显著影响作用。无论是收入、受教育程度、房产面积还是职业类型变量,对无偿献血活动变量的影响都不具有显著性特征。因为无偿献血变量所测量的利他行为形式,要求个体需要让渡的具体利益表现为其所拥有的生理资源,这就与个体的个体性因素没有任何的相关性,而更可能与其身体健康状况密切相关。但是由于本书中没有涉及询问个体身体健康状况的变量,因此也无法确定两者之间的影响作用是否确实存在。但是从本书的回归分析结果可以发现,个体的个体性因素,并不会改变其参加或者不参加无偿献血活动的可能性水平。

最后,在对无偿献血活动具有显著影响的因素分布中,控制变量表现出较为重要的作用。从样本城市来源变量来看,天津、南京和兰州三个类型变量都对因变量具有显著的影响作用。相对于深圳这一参考类别而言,天津和南京的个体,更加不可能参加无偿献血活动,而兰州的居民,却更有可能参加无偿献血活动。结合这四个城市的特征来看,似乎可以发现无偿献血活动的发生几率,会受到城市经济发展程度的影响,兰州作为一个西部城市,经济发展水平低于深圳、天津和南京,却表现出更高的无偿献血活动的参加比例,并且具有统计显著意义。但是由于此处的数据只涉及几个具体的城市,所以这一结论并不具有普遍推广性,只能适用于本书样本所涉及的兰州、天津、南京和深圳这四个具体城市的基本情况。

另一方面,从人口特征变量的角度而言,年龄、性别以及婚姻变量都对无偿献血活动具有显著影响作用。其中年龄变量依然对因变量具有显著的消极影响,年龄的增长,不利于个体参加无偿献血活动可能性的增加。这与年龄增加所带来的个体身体健康状况的衰减,与无偿献血活动对个体身体资源的高要求之间的矛盾关系具有密切的联系;在婚姻变量的影响作用中,相对于未婚个体而言,已婚个体更有可能参加无偿献血活动;在性别变量的影响作用中,男性比女性更有可能进行无偿献血活动。但是由于后两个变量对因变量的影响并不具有很高的显著性水平(都仅在 $p=0.1$ 的单尾检验中具有显著意义),因此这种影响的推广意义比较有限。

总结而言,无偿献血活动这一特殊形式的利他行为变量,在显著影响因素分布中,与前两种利他行为相比,既存在着差异性,也保持着一致性的特征。社会参与变量对无偿献血活动所具有的显著的积极影响作用,构成了三种利他行为变量的共同影响因素。并且,政治参与因子依然保持着对因变量的最高程度的影响作用。其次,对利他性组织的了解程度变量,也同样对无偿献血活动具有显著的积极影响,当个体对各类利他性组织具有较高程度的了解时,将会有利于增加其参加无偿献血活动的可能性程度。但是由于无偿献血活动和利他性组织之间的疏远关系,个体对利他性组织的信任程度变量,不再对因变量具有显著影响。此外,人际信任变量中的一般信任因子,也对无偿献血活动具有显著的积极影响,这与其他利他行为变量的影响因素形成了明显的差异,尤其是与一般信任因子对公益志愿活动的显著消极影响作用相比较而言。个体对社会中一般他人的信任感,有利于增加其参加无偿献血活动的可能性程度。

三种主要影响因素,在对无偿献血活动变量的影响过程中,形成了非常鲜明的差异对比特征。社会性因素,包括社会参与变量和人际信任变量,都对无偿献血活动具有显著的积极影响,尤其是社会参与变量,依然保持着最为重要和突出的影响因素的位置;利他性组织的运行状况因素,由于无偿献血活动变量与利他性组织之间的疏远关系,所具有的影响作用开始下降,仅有利他性组织的了解程度变量依然对因变量具有显著的积极影响;最后,也是对因变量影响最弱的因素是个体性因素,其中所有的测量变量都不对无偿献血活动具有显著影响,与前三种因素相比,个体性因素对无偿献血活动的影响是最为微弱和有限的,几乎可以忽略不计。

四、公益慈善组织的参与行为

公益慈善组织变量的测量对象,是个体在利他性组织中所处的位置状况,强调的是一种更为稳定一致的团体参与的特征,与其他三种形式的利他行为类型具有一定的差异性。志愿活动、慈善捐赠和无偿献血三个测量变量,虽然所强调的个体让渡的具体利益形式各有不同,但在具体着眼点中具有一致性,都是从个体所参加的具体活动中去获得利他行为的存在状况,其测量的中心对象是利他性活动的参与情况。与之相比较而言,公益慈善组织变量,主要测量的是利他性组织的参与情况。两者之间的不同,体现在活动参与的短暂临时特征,与团体参与的长期稳定性的特征之间的区别。公益慈善组织变量,体现的是个体在各种类型的利他性组织中所处的位置情况,由于利他性组织对成员利他行为的基本要求情况,因此可以反映出个体在一个相对稳定的时间段内参与利他行为的基本状况。一般而言,公益慈善组织会要求其成员经常参加所组织的各类利他行为,并在价值观的层面对其成员施加影响,因此当个体成为某种公益慈善组织的成员时,其客观行动和主观认知层面都会受到利他性组织的双重影响,并会因为这种影响而表现出较高的利他行为存在水平。

目前国内的公益慈善组织,无论在类型还是数量上,都出现了较为良好的增长趋势,既包括官方力量所主导建立的大型的慈善组织,比如红十字会、中华慈善总会,等等,也包括民间力量所自发建立的专门性的公益组织,比如一些专门针对弱势群体的非营利性组织,以及私人成立的非公募基金会,等等,后一种类型的公益慈善组织大都规模较小,并且主要依靠民间捐款和志愿者劳动来开展日常的工作。尤其在目前国内一些大型的官方慈善组织屡次出现公信力危机事件时,这类小型公益组织的重要性不断提高,发展势头较为良好。

本书对公益慈善组织变量的分类,也同样由两种类型构成,即参加与不参加。

鉴于公益慈善组织对其成员在实际行动层面和主观认知层面所具有的重要影响，本书认为，那些参加各类慈善公益组织，成为该类利他性组织的固定成员的个体，会表现出更高的利他行为水平。基于这种预设，以公益慈善组织变量为因变量所构建出的回归分析模型(如表 4.21 所示)，旨在确定何种因素会影响个体是否参加此类公益慈善组织的可能性。

表 4.21　因变量：公益慈善组织的参与情况①

解释变量	回归系数	标准误	显著性水平	优势比值
个体性因素：				
年收入	0.114	0.063	0.071	1.121
受教育程度	−0.113	0.028	0.000	0.893
房产面积	0.029	0.066	0.664	1.029
职业类别：				
产业劳动者	−0.469	0.263	0.075	0.625
个体工商户	−0.214	0.270	0.428	0.807
技术办事人员	−0.104	0.267	0.697	0.901
管理人员	0.049	0.288	0.864	1.051
社会性因素：				
社会参与变量				
网络参与因子	0.458	0.072	0.000	1.581
政治参与因子	0.441	0.065	0.000	1.554
社交活动参与因子	0.231	0.066	0.000	1.260
团体参与因子	0.753	0.062	0.000	2.122
人际信任变量				
普遍信任因子	−0.153	0.063	0.014	0.858
一般信任因子	0.078	0.067	0.240	1.081
特殊信任因子	−0.039	0.065	0.553	0.962
系统信任变量				
机构信任因子	−0.075	0.075	0.316	0.928

① a. 模型建构方法：多元线性回归分析(multiple linear regression)。
b. 参照变量：城市无业失业人员。
c. 参照变量：深圳。

续表

解释变量	回归系数	标准误	显著性水平	优势比值
制度信任因子	0.032	0.076	0.671	1.033
角色信任因子	0.104	0.071	0.146	1.109
文化性因素：亲社会价值观变量				
相信人性本善	0.205	0.078	0.008	1.227
相信大多数人都会主动帮助他人	−0.052	0.077	0.497	0.949
相信他人会以真心回报自己的善心	0.046	0.065	0.481	1.047
利他性组织的运行状况因素				
对利他性组织的了解程度	0.059	0.026	0.025	1.060
对利他性组织的信任程度	0.227	0.083	0.007	1.255
控制变量：				
年龄	−0.009	0.007	0.202	0.991
男性	−0.265	0.128	0.038	0.767
已婚	0.018	0.174	0.919	1.018
中共党员	0.072	0.160	0.652	1.075
非农业户口	0.034	0.191	0.858	1.035
样本城市来源：				
天津	0.068	0.222	0.761	1.070
南京	−0.473	0.237	0.046	0.623
兰州	0.579	0.205	0.005	1.785
重庆	−0.183	0.239	0.443	0.832
常数项	−2.433	0.694	0.000	0.088
N	2 430			
df	34			
LR chi^2	551.8****			
−2 Log Likelihood	1 785.85			
Pseudo R^2	0.328			
分类正确率	84.9%			

分析结果表明，对公益慈善组织变量具有显著影响性的因素，依然集中在社会性因素和利他性组织的运行状况因素之中，与其他形式的利他行为变量保持了一

致性，尤其是社会参与变量，依然是公益慈善组织最为重要的显著影响因素之一。不过在各因子的具体影响作用层面中，社会参与变量对公益慈善组织的影响出现了明显的差异性，虽然四个公因子对因变量的积极影响依然保持相同的显著性水平（都在 $p=0.001$ 的双尾检验中具有显著意义），但却出现了不同特征的影响程度排序。其中，影响程度最高的变量，变成了团体参与因子（OR 值为 2.122），并且远远高于其他三个因子变量，网络参与因子和政治参与因子变量的影响程度居于中间位置（OR 值分别为 1.581 和 1.554），影响程度最低的变量是社交活动参与因子（OR 值为 1.260）。这一特征与前三种利他行为变量具有明显的不同，在社会参与对前三者利他行为变量的影响过程中，政治参与因子都表现出最高程度的影响，而团体参与因子的影响程度也都是最低的。团体参与因子变量，对公益慈善组织所具有的高程度影响作用，更多地来源于两者所共同具有的行为表现形式，即都侧重于个体与团体之间的关系互动角度，强调个体所拥有的团体成员身份的重要性。

利他性组织的运行状况因素同样也对公益慈善组织具有重要的影响作用。个体对利他性组织的了解程度与信任程度，同时对因变量具有显著的积极影响，并且后者的影响程度和显著性水平都高于前者（对利他性组织的了解程度变量的 OR 值为 1.06，在 $p=0.05$ 的双尾检验中具有显著意义，对利他性组织的信任程度变量的 OR 值为 1.255，在 $p=0.01$ 的双尾检验中具有显著意义）。由于利他性组织直接代表着公益慈善组织参与的对象，因此个体对这类组织的判断，尤其是对该类组织的信任感，自然会有助于提高其参加该类组织的可能性程度。当个体对社会中的利他性组织更了解也更信任时，其也更有可能加入各种公益慈善组织之中。

公益慈善组织的另一个相同的显著影响因素，是社会性因素中的人际信任变量，更具体而言，普遍信任因子对因变量具有显著的消极影响（OR 值为0.858，在 $p=0.05$ 的双尾检验中具有显著意义）。这与人际信任变量对公益志愿活动的消极影响具有共通性，个体对陌生人的信任感，不利于提高其参加公益慈善组织的可能性程度。

在文化性因素中，亲社会观念对公益慈善组织表现出显著的积极影响，亲社会观念中的“相信人性本善”变量，对因变量表现出了较为显著的积极影响作用（OR 值为 1.227，在 $p=0.01$ 的双尾检验中具有显著意义），但是其他两个测量变量，尤其是“期待他人回报”的互惠规范变量，却不具有任何显著性特征，该结果再次显示出亲社会观念对于利他行为所具有的十分微弱和有限的影响特征。

个体性因素对公益慈善组织变量的影响作用，显现出该类型利他行为变量的另一个独有特征。具体而言，年收入变量、受教育程度变量与职业类别中的产业劳动者变量，都对公益慈善组织具有一定程度的显著影响。其中，年收入和职业类别变量的影响具有的显著性水平都比较低（都仅在 $p=0.1$ 的单尾检验中具有显著意义），并且影响性质也各不相同，前者具有积极的正面影响作用（OR 值为 1.121），后者则是消极的负面影响（OR 值为 0.625）。相比较而言，受教育程度变量对因变量的影响最为突出，但却发挥着消极的负面影响作用（OR 值为 0.893，在 $p=0.001$ 的双尾检验中具有显著意义）。随着个体受教育程度的增加，反而不太可能加入公益慈善组织。

最后，在控制变量层面中，对公益慈善组织具有显著影响的因素，在人口特征变量和样本城市来源变量中都有所体现。在样本城市来源变量中，南京和兰州都对因变量具有显著的影响作用，并且相对于深圳这一参考对象而言，南京的居民更不可能参加公益慈善组织，而兰州的居民却更有可能参加公益慈善组织。该结果与样本城市来源对无偿献血活动的影响比较相似，都出现了不同城市所发挥的影响性质截然不同的影响结果。另一方面，在所有人口特征变量中，只有性别变量对公益慈善组织具有一定程度的显著影响，相对于女性而言，男性更加不可能成为公益慈善组织的成员。但是由于该结果的显著性水平较低（仅在 $p=0.05$ 的双尾检验中具有显著意义），所以性别对公益慈善组织所产生的消极影响作用是否具有有效推广性，还需要进一步深入研究结果的确认。

虽然公益慈善组织变量的测量角度，与其他三种形式的利他行为变量具有一定的差异性，但是其显著影响因素的分布情况，依然与前三种利他行为变量保持了一定程度的一致性特征。其中，社会性因素依然具有最为重要的影响作用，尤其是社会参与变量依然保持着利他行为最为突出的显著影响因素的位置。虽然此处是团体参与因子取代政治参与因子，对因变量具有最高程度的影响作用。同时，人际信任变量中的普遍信任因子，对公益慈善组织的参与具有显著的消极影响作用；由于公益慈善组织变量的测量对象与角度，和利他性组织之间具有密不可分的联系，因此利他性组织的运行状况因素，也依然对此变量表现出较为重要的显著影响，个体对利他性组织的了解和信任感，都有助于提高其参加此类公益慈善性组织的可能性程度；文化性因素对公益慈善组织的影响，主要集中在“相信人性本善”变量之中，该变量表现出了显著的积极影响作用；同时，个体性因素也表现出一定程度的影响，年收入、职业类别和受教育程度三个变量对因变量的影响都具有显著性特征，尤其是受教育程度变量，对公益慈善组织具有显著的消极影响作用。

尤其是个体性因素对公益慈善组织参加情况所具有的有限影响作用，澄清了在探讨个体是否会参加公益慈善组织时的一个基本预设，即个体不参加公益慈善组织的原因，并不是因为他本人缺乏参加的意愿，而是由于其自身无法满足这类组织的要求，或者说其不具有进入这类组织所需要的资源。尤其在探讨个体是否会加入官方慈善组织时，一般认为必须是那些处于社会经济等级中较高位置的个体，才具有这种加入的机会和意愿。但是本书的分析结果表明，个体性因素，虽然会部分影响到个体是否会加入公益慈善性组织，但却并不具有十分显著的影响作用。虽然随着个体收入的增加，其更有可能成为此类组织的会员，但是另外一些也用于衡量个体所具有的社会经济等级位置的指标，比如用于测量个体所拥有的房产状况的房产面积变量，以及职业类别中处于最高等级的管理人员变量，等等，都没有表现出显著的积极影响作用，甚至作为衡量个体社会经济地位的一个重要指标的受教育程度变量，反而对个体是否参加公益慈善组织的情况表现出显著的消极作用。因此，单从此处进行的经验调查的数据分析结果而言，个体所拥有的较高社会经济等级位置，并没有起到显著提高个体参加公益慈善性组织的预期作用。相反，数据分析的结果表明，个体所拥有的社会性因素状况，尤其是其在社会生活中与他人和团体所形成的互动关系资源，对其参加公益慈善组织具有显著的积极影响作用，这也再次强调了社会参与变量对所有利他行为的显著积极影响。

五、小结

对四种利他行为形式的分析结果表明，整体回归模型的拟合程度较高。其中，公益慈善组织变量的模型拟合程度最高，其次为公益志愿活动，两者的拟合程度值比较接近，再次为慈善捐赠活动，与前两者存在一定的差距，拟合程度最低的变量是无偿献血活动(模型的伪决定系数 Pseudo R^2 值分别为 0.328、0.323、0.287 和 0.243)。

对所有利他行为变量都具有显著影响性的因素在分布层面中较为集中，分为两类因素，即社会性因素中的社会参与变量和对利他性组织的运行状况因素中的对利他性组织的了解程度变量。两类影响因素，对利他行为都表现出显著的积极影响，具有相同的显著性水平(在 $p=0.001$ 的双尾检验中具有统计显著意义)，但前者的影响程度高于后者。反映社会参与的四个具体公因子变量，即网络参与因子、政治参与因子、社交活动参与因子和团体参与因子变量，对全部利他行为都具有重要的积极影响作用，并且都表现出较高的显著性水平。

其中，在对公益志愿活动、慈善捐赠活动和无偿献血活动变量的影响过程中，政治参与因子都具有最高的影响程度(变量的 OR 值分别为 1.983、2.321 和 1.468)，其次为网络参与因子和社交活动参与因子(前者的 OR 值分别为1.490、1.403和 1.307；后者的 OR 值分别为 1.607、1.478 和 1.314)，影响程度最低的变量是团体参与因子(变量的 OR 值分别为 1.331、1.261 和 1.180)；而在对公益慈善组织的影响过程中则出现了差异性，团体参与因子具有最高程度的影响作用，其次为网络参与因子和政治参与因子，影响程度最低的变量是社交活动参与因子(变量的 OR 值分别为 2.122、1.581、1.554 和 1.260)。虽然对利他性组织的了解程度，同样对利他行为所有变量都具有显著的积极影响，但是彼此之间却不存在着明显的影响程度的差异性(变量的 OR 值分别为 1.070、1.122、1.114 和 1.060)。

此外，还存在着一些变量，对利他行为形式中的大多数变量，具有显著的影响作用。比如对利他性组织的信任程度变量，对除无偿献血活动之外的所有利他行为变量具有显著的积极影响；人口特征因素中的年龄变量，对除公益慈善组织之外所有利他行为变量都具有显著的消极影响；同时，在婚姻变量中，除公益慈善组织变量之外，已婚的个体更有可能参加其他三种形式的利他行为活动，如公益志愿活动、慈善捐赠活动以及无偿献血活动。具体而言，通过对四种形式的利他行为变量所进行的回归分析，大致可以得出以下结论。

1. 社会参与程度更高的个体，更有可能进行各种利他行为活动

社会性因素中的社会参与变量，主要体现了个体在客观层面中所具有的各种参加交往关系，主要通过个体的实际进行的社会参与行动得以形成并获得加强。比如个体在与他人进行日常的交往活动时，由于彼此交往的频率较高，从而形成一种固定的人际关系；又比如个体加入了社会中的某一个具体团体，获得了正式的成员身份，与群体中的其他成员，以及整个群体形成了客观联系；又或者个体为了实现某一特别目的或任务，参加了一些具体形式的实际活动，在这种参加的过程中又接触到了许多新的社会成员、组织、团体，从而形成了各种性质的联系。

客观的社会参与行为，将会帮助个体从完全孤立的状态中摆脱出来，将其纳入各种类型的人际关系、群体关系以及组织关系之中，从而带来两个方面的影响。一方面，不断持续进行的各类客观联系，会提高个体从联系中获取可为其所用的资源的可能性，即个体从其关系网络中可获得的各类资源，与目前一些学者对社会网络中的个体社会资本的研究具有一致性，这种资源一般被认为对个体具有经济效益，或者可以为个体的效率再生产的行为提供优势，这也是为何将其称为社会资本概念的原因，"资本"概念的使用本身就包括了投入与产出的衡量，包含了其可用于生产效益增加的作用与涵义。因此，本书中所测量的社会参与变量，本身就反映出个体从其实际具有的各种交往参与关系网络中可以获得的资源的程度。将社会参与视为利他态度和利他行为的影响因素，也部分地基于这种关系网络资源的影响。

分析结果表明，社会参与对利他行为具有显著的积极影响，那些拥有更高的社会参与水平的个体，往往也会随之表现出更高的利他行为水平。当个体与社会中的他人、群体、组织乃至整个社会进行更为频繁的互动时，就更有可能从其中获取更多的关系资源，具体到对利他行为的影响层面，这类资源包括进行更多利他行为对个体所要求的机会资源。此处所指的机会资源，包括各种利他行为组织者的信息，利他行为开展的具体地点以及更多有关利他行为接受对象的信息，等等。比如有关公益志愿活动开展的各类信息，其公开程度与具体途径是有限的，无法保证每一个社会成员都有同等的机会去了解这类信息，而社会参与程度高的个体，就可能会从其交往的他人或者从其所在的一些群体内部，更有可能及时获得这类信息，也就有可能更经常地参与到这类行为之中。社会参与所带来的人际关系资源，对利他行为的显著积极影响，与社会网络研究所发现的社会资本在个体"找工作"过程中所发挥的作用具有相似性。客观的交往与参与行为关系，提高了个体可以接触和了解的各类信息的可能性，有关利他行为的信息也包括在其中，从而最终出现了社会参与对利他行为的积极影响结果。

另一方面，除去其所带来的个体信息获取可能性的增加之外，社会参与程度的增加，还会有助于提高个体模仿他人行为，以及按照群体或组织所提倡的规范要求开展行动的可能性，数据中反映出的社会参与对利他行为的积极影响，可能源于个体社会参与水平的增加，会促使个体更有可能去模仿其交往对象的利他行为，也更可能去遵循群体规范中有关利他行为的相关要求。这一点在群体选择理论和基因-文化综合解释模型中都有所提及。利他行为水平的提高，会通过个体对他人利他行为的模仿，以及对群体利他性规范的遵循来得以实现。在这一过程中，社会参与所起到的作用，是提高这两种途径在个体身上所发生的可能性程度。当个体与他人进行更为频繁的交往互动时，就更有可能受到对方行为的影响，当互动对象非常频繁地参与某一类利他行为时，比如他经常参加公益志愿活动，那么个体就更有可能去模仿交往对象的这一行为，也更有可能表现出同样的利他行为。个体参与群体和组织活动的行为，也会带来相同的影响。比如大学生群体参加无偿献血活动的例子。当整个群体号召其成员加入无偿献血的队伍之中时，那些经常参与群体活动，与群体具有更高联系程度的大学生个体，就更有可能按照群体规范的要求，进行无偿献血的活动。

简而言之，社会参与对利他行为的显著积极影响，最有可能通过两种形式得以实现：一是其为个体所带来的更多的关系网络资源，其中就可能包括众多有关利他行为的信息资源；另一则是社会参与会增加个体受他人行为和群体规范影响的可能性，促使个体更可能去模仿学习他人的利他行为，遵循群体利他性规范的要求而自己表现出各种利他行为。

2. 个体越了解和越信任社会中各种利他性组织，越可能进行各种利他行为活动

利他性组织在社会中各种利他行为开展过程中扮演着组织者、号召者以及中介者的角色，尤其是对本书所用的利他行为的测量变量而言，不管是公益志愿活动、慈善捐赠活动还是无偿献血活动，都与利他性组织之间具有十分密切的联系，尤其是公益志愿组织参与的利他行为变量，更是直接涉及利他性组织。个体在社会中参加的各种公益志愿活动，一般都是由各种利他性组织所开展的，同样的还有慈善捐赠和无偿献血活动等，利他性组织都在其中扮演着将利他行为主体所让渡的利益转达给利他行为对象的中介者角色。因此，个体是否了解利他性组织的相关信息，是否对利他性组织具有信任感，都会影响到其是否进行利他行为的可能性。数据分析的结果也证明了这一点，对利他性组织的了解程度变量，与对利他性组织的信任程度变量，同时都对利他行为具有显著的积极影响，这就显示出利他性组织所扮演的中介角色对于个体利他行为的重要意义。当个体更了解各种利他性组织，也更为信任利他性组织时，就更有可能参加由各种利他性组织所开展的利他行为。这一分析结果在现实社会中也体现在一些社会现象中，比如国内红十字总会出现信任危机时，个体的慈善捐款行为也随之出现下降趋势，等等。

对利他性组织的了解程度变量，则反映出个体所拥有的各种利他性组织的信息资源状况，体现出个体自身所占有的通过这种组织去进行各种利他行为的机会资源状况。数据分析结果中强调了这两种因素对利他行为的显著积极意义，本质上而言，是强调了在个体利他行为的形成和发展过程中，存在于个体关系网络中和个体自身所拥有的用于进行各种利他行为的机会和信息资源的重要位置和作用。

3. 个体年龄的增加，不利于提高其参加各种利他行为的可能性

在对四种形式的利他行为变量所进行的回归分析结果中，年龄变量表现出较为突出的影响特征，其对公益志愿活动、慈善捐赠活动和无偿献血活动都具有显著的消极影响作用。虽然这种消极影响并不是在所有利他行为变量中都具有显著性特征，但是这种消极性，与年龄对利他态度变量所具有的积极影响作用，形成了较大的反差性。

年龄变量对利他行为所具有的消极影响，可能的一种解释是利他行为对个体身体条件的要求，与年龄增加所增加的个体身体健康的消极影响，出现了相互矛盾的特征。一些针对老年人参加志愿活动的研究表明，随着年龄的增加，个体参加志愿活动的频率会逐渐下降，主要的原因是年龄增加所导致的个体健康状况的恶化。但是由于本书中，并未涉及询问调查对象身体健康状况的问题，所以无法肯定此处出现的年龄对利他行为的消极影响作用，是否确定来自年龄增加所带来的身体健康状况的恶化原因，只能将两者的联系视为一种可能的解释。

4. 个体所拥有的客观能力水平，并不会显著影响到其利他行为的参与情况

个体性因素中，没有一个测量变量对所有利他行为变量都具有显著影响，只是存在着对某一类利他行为的具体显著影响性。比如年收入变量对慈善捐赠活动具有显著的积极影响作用（OR 值为 1.199，在 $p=0.01$ 的双尾检验中具有统计显著意义），同时对慈善公益组织也具有一定程度的显著影响（OR 值为 1.121，在 $p=0.1$ 的单尾检验中具有统计显著性），但对其他形式的利他行为的影响则不具有显著性特征；受教育程度变量对公益志愿活动同样也具有显著的积极影响（OR 值为 1.043，在 $p=0.05$ 的双尾检验中具有显著性），却对公益慈善组织具有显著的消极影响作用（OR 值为 0.893，在 $p=0.001$ 的双尾检验中具有显著意义），并对其他利他行为都不具显著影响作用。

虽然无法使用数据分析去证明个体性因素对利他行为具有的重要显著影响作用，但其中所存在的单独变量的影响作用，一定程度上验证了个体所拥有的进行利他行为的物质能力的重要性。比如收入对慈善捐赠变量的显著影响，在所有利他行为变量中，慈善捐赠变量是指涉个体自发让渡所拥有的金钱和物资等物质利益去改善他人的处境的具体行动，对金钱等形式的物质利益的占有，代表着个体所拥有的可以进行慈善捐赠活动的实际条件状况。收入作为衡量个体对这类物质利益占有情况的主要指标，在分析结果中对慈善捐赠变量表现出的显著的积极影响，一定程度上证明了利他行为对个体要求的物质能力存在水平，对于进行利他行为的重要影响性。当然，收入对慈善捐赠的显著影响，只能说明收入高的个体，更有可能参加慈善捐赠活动，但并不意味着两者之间具有决定的必然关系；与此相同还有文化程度对公益志愿活动的积极影响作用。

同时,模型分析中显示无偿献血活动变量,不受任何一种个体性因素的显著影响作用。该结果可能与无偿献血变量对个体所要求的让渡具体利益形式有关,因为个体并不需要拥有金钱等物质利益才可以进行无偿献血,而更加需要拥有健康的身体状况才可以参加此类利他行为,因为本书中没有直接询问个体身体状况的变量,所以无法去验证两者之间的关系。但是从一般的常识角度而言,个体是否参加无偿献血活动的决定,应该还会受到其对献血这一行为的知识理解情况的影响,尤其是对有关献血无害于个体身体健康的医学知识的了解状况。这种知识理解程度,一般被认为会受到个体的文化程度和该类知识的信息普及程度的影响,这可能也是为什么模型一中显示出的文化程度对无偿献血的积极影响作用。

简而言之,虽然利他行为的具体回归分析结果,并不能为证明经济因素对利他行为具有重要影响的假设提供足够的数据支持,但是一些具体的数据分析结果也同时显示出,个体所拥有的各类可用于进行利他行为的物质资源能力状况,对其是否选择参加此类利他行为的决定具有显著的影响作用。个体性因素,之所以在数据分析中无法对所有利他行为都显现出同样显著的影响,最有可能的原因是利他行为形式的多样化所带来的物质资源能力的多元化,某一种能力可能只影响某一类具体利他行为,而不会对所有利他行为都具有相同的影响,比如收入对慈善捐赠的显著积极影响,等等。

5. 个体对亲社会观念的认同程度,并不会显著影响其参加利他行为的可能性

亲社会观念并没有对所有利他行为具有显著影响性,而只是对某一种或几种具体的利他行为变量的影响表现出显著性特征,这种结果也显现出一些有意思的现象。比如期待回报的亲社会观念,对公益志愿活动具有显著积极影响,但对其他利他行为的影响都不具有显著性。尤其是慈善捐赠和无偿献血活动,虽然也受到其他亲社会观念的影响,但不受到期待回报观念的影响。这一结果表明,个体对期待他人回报观念的认同程度中表现出的差异性,虽然会影响到其是否参加公益志愿活动,但对其是否参加慈善捐赠和无偿献血的行动选择不具有任何显著影响。这可能与慈善捐赠与无偿献血行为的抽象化对象有关,一般而言,接受个体慈善捐赠的对象往往不是某一特定的个人,而更有可能是某一种慈善组织或者基金会,即使在目前国内官方慈善机构公信力不断下降的背景下,个体进行慈善捐赠活动,其对象也会是某个特定的中介角色,比如志愿者组织,等等;无偿献血活动的对象就更为集中与抽象化,国内主要负责接收无偿献血的对象是血站、用血中心和医疗机构,几乎不会出现针对某一特定对象进行无偿献血的活动。这两种利他行为形式的特征揭示出,利他行为对象的抽象化程度出现增加时,利他行为受到“期待回报”态度影响的可能性程度会逐步下降。

亲社会观念,并不对所有利他行为变量都具有显著影响性。其中,“相信他人会以真心回报自己”变量对利他行为的影响不具有显著意义的结果，表现得尤为突出。该变量的测量内容中，体现出互惠性规范的重要特点，主体对该规范的认可程度，并不对利他行为具有显著影响的分析结果，与经济学中所提倡的“互惠利他理论”和社会生物学中所提出的“互惠选择机制”具有对应性的作用。这两种理论都倾向于从个体自身利益的角度去解释利他行为，将个体期待获得他人以及社会的回报视为利他行为产生的主要原因，并且都表现出一种试图将利他还原为一种利己的间接表现形式的研究观点。这一研究观点与本书所主张的从他人利益角度去分析利他，坚持利他的独立性地位和作用的基本观点之间存在着相互矛盾之处，虽然此处数据分析中，个体对“期待他人回报”规范的认同程度并不对利他行为具有显著影响性的分析结果，也不能充当完全否认将互惠视为利他行为产生的主要原因的理论分析主张，但是该结果将有助于为本书不同意这种将利他视为利己还原形式的研究观点提供一些经验数据的支持。因此，模型五、七和九中，文化性因素中，个体对“期待他人回报”规范的认可程度并不显著影响到个体利他行为水平的分析结果，从相反的角度看，为证明本书所坚持的利他性的独立位置与作用提供了经验数据的支持。

总结而言，利他行为的主要影响因素集中在两个变量之中，即社会性因素中的社会参与变量和利他性组织的运行状况因素中的对利他性组织的了解程度变量。第一种影响因素变量反映了个体在社会生活交往互动过程中，与他人、群体、组织以及整体社会所形成的客观行动层面的联系，代表着个体从这类联系中可获取的各类信息资源的可能性程度，以及在这类联系中受到互动对象影响的可能性程度；第二种影响因素变量的侧重点落在了具体的利他性组织之中，强调的是个体所拥有的有关社会中各类利他性组织的信息资源，也同时反映出个体是否会通过这类利他性组织进行利他行为的可能性程度。并且，对大多数利他行为都具有显著影响性的因素还包括利他性组织的运行状况因素中的对利他性组织的信任程度变量。此外，虽然个体性因素并不对大多数利他行为具有显著影响，但是从某一种利他行为所需要的资源要求角度，依然存在着一些具体变量的影响作用，最为典型的就是收入变量对慈善捐赠行为所具有的显著的积极影响作用。

第六节　研究假设的检验分析

对利他态度和利他行为的回归分析结果，为主要研究假设的检验提供了数据来源和分析基础。依据利他态度和利他行为的影响因素分布模型，考虑到态度和行为两种表现形式中所存在的差异性，本书主要的研究假设分为四个部分的内容，分别考虑到个体性因素、社会性因素、文化性因素以及利他性组织的运行状况因素所可能发挥的影响作用性质。在数据分析所呈现的结果基础上，主要研究假设的检验结果如下。

一、个体性因素对利他态度和行为都不具有显著影响

考虑到利他态度和利他行为形成过程中，对个体自身主观认知和客观能力等层面的具体要求，个体性因素在假设 4.1 和 4.2 中，被视为利他态度和行为的显著影响因素，但是数据分析结果无法为验证这一假设提供足够的支持。

假设 4.1 个体受教育程度的增加，有利于提高其利他态度的存在水平。

对三种形式的利他态度变量，分别进行多元线性回归分析的结果表明，受教育程度变量，并没有表现出显著的影响作用。受教育程度更高的个体，并不一定会更愿意主动帮助他人。该假设没能在数据分析中获得足够的支持证明。这也表明，在利他态度的形成与发展过程中，学校教育赋以个体的知识储备水平，并不具有显著的影响作用。无论是不识字的文盲，还是拥有研究生文凭的高级知识分子，都可能表现出相同程度的主观助人意愿，受教育程度的增加，不仅不会有利于利他态度水平的提高，而且对利他态度并不具有任何显著的影响作用。

假设 4.2 个体所拥有的收入、房产面积以及职业等级的上升，有利于其利他行为参与水平的提高。

分析结果表明，个体所拥有的各种形式的客观经济能力，比如收入、房产以及职业等级，都不对所有形式的利他行为变量具有相同的显著影响作用。不过，由于一些特定形式的利他行为，对主体所拥有的物质资源状况提出了具体的要求，比如慈善捐赠的利他行为，需要个体本身占有一定的物资和金钱资源，因此，年收入变量对该种形式的利他行为表现出显著的积极影响作用。但是这一结果只适用于这一种特定的利他行为形式，年收入变量对其他利他行为的影响都没有出现相同程度的影响。假设 4.2 没能在数据分析结果中获得有力的支持，个体所拥有的客观经济能力资源，并不会有利于其所有利他行为水平的提高。这种积极影响的适用范围是非常狭窄和具体的，聚集在收入对慈善捐赠变量的显著影响之中。因此，个体年收入水平的增加，有利于提高其进行慈善捐赠行为的可能性水平。

二、社会参与是利他行为的突出影响因素

当利他性规范的各种表现形式，在社会中得到宣传并逐步扩展开来的时候，个体、群体以及组织机构都在其中扮演着重要的传播主体的角色，比如家庭社会化过程中，父母对子女所灌输的利他性规范的教育过程，以及很多群体规范中直接将利他性的要求纳入其具体内容之中，等等。简而言之，在利他性规范有力地促进个体利他态度和利他行为的形成与发展的过程中，各种传播主体发挥着十分重要的作用。社会性因素，测量的对象就是个体与这些不同类型的利他性规范传播主体之间的互动程度，以及两者之间所建立的联系的密切程度。社会参与变量侧重于两

者客观行动层面的联系和互动，而信任变量则关注两者在主观认知层面的互动联系，假设 4.3、4.4 和 4.5 的内容就是围绕着社会性因素对利他态度和利他行为的影响作用而展开的。回归分析的结果部分证明了该类预设的合理性，社会参与变量，不仅对利他行为具有显著的积极影响，并且是该变量最为重要的一种影响因素；但同时，不管是人际信任还是系统信任变量，都没有对利他态度表现出显著影响。相比较而言，社会性因素对利他行为的显著影响表现得更为明显与突出。

假设 4.3 个体社会参与程度的增加，有利于其利他行为水平的提高。

分析结果表明，社会参与变量对利他行为具有显著的积极影响，且影响作用具有突出重要性。网络参与因子、政治参与因子、现实社交活动因子和团体参与因子都是利他行为的影响因素之一。社会参与程度较高的个体，更有可能参加各种类型的利他行为活动，无论是公益志愿活动、慈善捐赠活动、无偿献血活动，还是成为各类公益慈善组织的成员。该假设在数据分析结果中获得充分的支持，个体社会参与程度的增加，确实有利于提高其参加利他行为活动的可能性。

个体的社会参与程度，体现的是其在日常社会生活中，与其他社会成员、正式与非正式的团体、机构和组织之间的互动程度。较高的社会参与水平，代表着这种互动程度水平的提高，意味着个体与这些互动对象之间，在客观行动层面中开始形成了较为密切的联系，包括个体之间的人际关系、个体从属于群体、组织或机构的关系，等等。分析结果中表现出的社会参与变量对利他行为的显著积极影响作用，验证了个体所拥有的这种互动关系，对于其自身利他行为的重要影响。处于频繁的互动关系中的个体，会与他人、群体以及组织之间发生更多的交往活动，从而会受到互动对象的各种影响，其中非常重要的一点就是互动对象对利他性规范的宣传和传播，会更为容易对主体具有积极的影响。正如基因-文化综合解释模型中论述的那样，当利他这种文化复制因子（谜米），通过个体对他人的学习模仿和对群体规范的认同与内化的路径，而在整个社会中传播开来时，个体就更有可能受到这种文化复制因子的影响，就更可能按照这种复制因子的要求展开行动，也即参加各种类型的利他行为活动。这种传播与复制的过程得以开展的最重要的条件，就是个体对利他性宣传传播主体的了解与认可程度，这正是社会参与变量所测量的主要对象。因此，个体社会参与程度的增加，极大地提高了其参加各类利他行为活动的可能性，体现出利他性规范的宣传与传播主体与个体之间的互动关系，对于个体利他行为水平的提高具有十分重要的影响意义。

假设 4.4 个体对互动对象的人际信任感，对其利他态度水平具有正向积极影响。

数据分析的结果没有为该假设的证明提供足够的支持，人际信任的三个公因子变量，并没有对利他态度表现出共同的显著影响。在分析结果中，只有一些特定的人际信任因子变量，对一些特定类型的利他态度变量，具有一定程度的显著影响作用，并且还出现了不同因子产生截然相反性质的影响作用结果。比如，普遍信任因子，对“尽自己所能帮助他人”的利他态度具有消极的负面影响，个体对陌生人的信任感，反而会减少其在自己能力范围内去主动帮助他人的意愿性程度；同时，在对“牺牲自己帮助他人”变量的影响中，一般信任因子和特殊信任因子同时表现出截然相反的影响作用，个体对一般他人的信任感，有利于增强其牺牲自己帮助他人的主观意愿性，但其对分享血缘关系个体的信任感，却同时发挥着完全相反的负面消极影响作用。因此，个体对互动对象的人际信任感，并没有对利他态度产生显著的影响，而且随着互动对象与个体之间的关系类型发生变化，这种人际信任感还可能对某些特定形式的利他态度产生完全相反的影响作用。

假设 4.5 个体对抽象组织机构的系统信任感，对其利他态度水平具有正向积极影响。

分析结果中，只有角色信任因子，对所有利他态度变量都具有显著的积极影响，但是影响程度和显著性水平都不高，其余系统信任中的因子变量，则不对利他态度具有任何显著的影响。假设 4.5 的内容，没有获得完全的数据证明支持，只有个体对社会中一般性抽象专业角色的信任感，才会有利于提高其所持有的利他态度的意愿性水平。该结果凸显出了专业角色在传播利他性规范时，对个体主观层面所具有的利他态度，发挥着十分突出的积极影响。这一结果产生的原因，主要来源于个体对利他规范来源的主观认同感所发挥的影响。与对个体外显行为的影响不同，社会关系网络在实现其对个体内在态度的影响过程中，提高其对交往对象以及所在群体的主观认同感是十分必要的。信任的概念，本身包含着个体对信任对象的主观认可，意味着主体为信任对象所承担的各类风险。信任被视为简化社会复杂性的一种机制，在角色信任因子中，个体所相信的对象不再是某一具体的个人，而是一般性的抽象角色。比如个体去医院看病时，虽然他并不熟悉为其看病的医生，但是由于其对医护人员这一角色的信任，他会愿意接受陌生医生的诊治。此处同样包括了在信任过程中，个体主动承担可能发生的各类风险。正是由于信任这一特殊机制，个体对交往对象、群体、机构以及实际受到影响的制度的信任，是个体对这些对象的主观认同感的重要反映形式。信任水平的提高，意味着个体对交往对象，所属群体，乃至整体社会运行机制，都具有较高的主观认同感，就有可能更为接受、学习乃至内化各类利他性规范，从而最终对个体的利他态度产生显著的积极影响。

总结而言，社会性因素对利他态度和利他行为所具有的影响，在显著性水平和影响程度两个层面中都出现了明显的差异性。在研究假设中，考虑到态度与行为所受到的影响作用角度存在着主观认知和客观行动层面的差异性，社会参与变量被认为会有利于利他行为水平的提高，而信任感则被视为利他态度的积极影响因素。最终的数据分析结果，只是为该预设的部分内容提供了支持。个体所具有的较高的社会参与水平，确实有利于提高利他行为的存在状况，是利他行为最为重要的影响因素之一；但是主观层面的信任感因素，无论是对互动对象的人际信任还是对抽象对象的系统信任，都没有对利他态度表现出十分显著的影响，唯一的例外是个体对社会中的专业角色的信任感，一定程度上有利于提高其所具有的利他态度的意愿性程度。从整体层面而言，社会性因素，尤其是社会参与变量，确实是利他行为的一种重要的显著影响因素，但是同时，其对利他态度的影响则表现得并不突出，而仅有角色信任因子，对利他态度具有一定程度的显著积极影响。

三、亲社会观念是利他态度的重要影响因素

本书认为，个体利他态度和利他行为的形成与发展，是社会规范中各种利他性规范发挥影响作用的最终结果。在这一影响过程中，个体并非处于完全被动、消极地接受影响的位置，利他性规范的影响之所以可以发生，最重要的一环是个体对该规范的主动接受、了解、学习乃至内化的过程。其中，个体对于利他性规范的理解，具有十分重要的作用。因此，文化性因素测量的主要对象，是个体对社会主要利他性规范的接受与认可程度，假设 4.6 就是针对该认可程度对利他态度和行为的影响作用而展开的。

假设 4.6　个体越认同亲社会价值观的内容，越有利于提高其利他态度和利他行为水平。

亲社会价值观变量，测量的是个体对他人所持有的一种积极的主观判断，同样体现出社会规范中对利他性的要求。个体对亲社会价值观的认同程度，主要体现了其对该种利他性规范内容的理解与接受程度。数据分析的结果并没有完全证明假设 4.6 中的论述，亲社会价值观变量，只对个体的利他态度表现出显著的积极影响作用，而对利他行为的影响不具有显著性特征。个体对亲社会价值观的认同感，有助于提高其所持有的利他态度的意愿性水平。该结果再一次强调了个体对利他性规范中具体要求的主观认同程度，对利他态度具有显著的积极意义，会有利于提高个体自愿帮助他人的主观意愿程度。

在数据分析的基础之上，亲社会观念变量都被证明是利他态度的显著影响因素。该结果表明，个体对主要社会规范中有关利他性要求的主观认可程度，会显著地影响个体本身的利他态度存在状态，但却不一定对利他行为具有相同的影响。数据分析所显示出的亲社会观念变量中的部分陈述变量对利他行为的影响作用，似乎体现出亲社会观念与社会参与两类因素的结合，但凭这一数据结果，无法为证明个体的利他行为同样受到其对利他规范认可程度影响提供足够的数据支持。简而言之，文化性因素对利他态度具有重要影响作用，这在数据分析结果中得到非常明确的体现，但是数据分析结果无法确定文化性因素对利他行为同样具有重要影响，假设 4.6 只是获得了部分的证明支持。

四、利他性组织的运行状况因素对利他态度和行为都具有显著影响

当利他性规范在社会中广泛传播并发挥影响时，各种利他性组织在其中扮演

着双重角色，既充当着利他性规范的直接执行和中介者的角色，又发挥着引导与传播利他性规范的宣传主体和路径的作用。因此，利他性组织的运行状况因素，被认为会对个体的利他行动和利他态度都具有重要的影响作用，这也是假设 4.7 和 4.8 所围绕的主题论述。在实际的数据分析过程中，这两个假设基本获得了足够的支持证明。

假设 4.7 个体对利他性组织运行目标的了解程度的增加，有利于提高其利他态度和利他行为的存在水平。

个体对利他性组织的了解程度变量，对利他行为具有十分显著的积极影响作用，但却没有对利他态度具有同等重要的影响。对利他性组织的了解程度变量，只对"不求回报帮助他人"的利他态度变量具有显著影响性。因此，无法从数据分析结果中证明对利他性组织的了解程度变量，是利他态度的显著影响因素；但是在以利他行为的回归模型中，对利他性组织的了解程度变量对所有形式的利他行为变量，即公益志愿活动、慈善捐赠活动、无偿献血活动和公益慈善组织都具有显著的积极影响性，因此将对利他性组织的了解程度变量视为利他行为的一种显著影响因素的假设，在数据分析结果中获得了有力的支持证明。简而言之，个体对利他性组织的了解程度，确实对利他行为具有显著的积极影响作用，但是不对其利他态度具有相同的显著影响。对利他性组织的了解程度变量，是利他行为的显著影响因素之一，却不是利他态度的显著影响因素。随着个体对各种利他性组织了解程度的逐渐增加，其更有可能会参加各种形式的利他行为。

假设 4.8 个体对利他性组织的信任感的增加，有利于提高其利他态度和利他行动的存在水平。

实际数据分析的结果显示，对利他性组织的信任程度变量，对利他态度和利他行为都具有显著的积极影响作用。在利他态度的回归模型中，个体对利他性组织的信任程度，分别对"尽自己所能帮助他人""不求回报帮助他人"与"牺牲自己帮助他人"的利他态度变量都具有显著的积极影响，并且对最后一种形式的利他态度变量的影响程度最高；在利他行为的回归模型中，个体对利他性组织的信任程度变量，也对大多数形式的利他行为因变量，具有显著的积极影响，唯一的例外发生在其对无偿献血活动的影响作用中，虽然依然保持着积极影响的性质，但却不具有显著性意义。简而言之，假设 4.8 在数据分析结果中获得了比较充分的支持证明，个体对利他性组织的信任程度变量，同时对利他态度和利他行为都具有重要的积极影响作用，是利他态度和利他行为的显著影响因素之一。个体对社会中各种利他性组织的信任感，将会同时有利于提高其利他态度和利他行为的存在水平。

对研究假设 4.7 和 4.8 检验分析显示，个体对利他性组织的了解程度变量，对利他行为具有显著的积极影响作用，但不对利他态度具有相同的显著影响；个体对利他性组织的信任程度变量，对利他态度和利他行为同时具有显著的积极影响作用。这一分析结果的出现，显示出利他性组织在社会中所扮演的促进各种利他行为展开的中介者角色对个体利他行为的重要影响作用，以及利他性组织在社会中所发挥的传播、宣传利他性规范的作用对利他态度的重要影响性。其中，个体对利他性组织的信任变量，与社会性因素中的系统信任变量，对利他态度都同时表现出十分重要的影响作用，再次证明了充当利他性规范宣传和传播的主体对促进利他态度形成过程中处于重要位置。

第五章　主要结论与讨论

不管是在自然界，还是在社会生活之中，利他现象的存在都具有普遍意义，众多来自动物以及人类自身的证据，比如公羚羊为保护羊群主动面对天敌而非选择逃跑，人类为了保护他人牺牲自己生命的影响事迹，等等，都证明利他性的存在具有真实独立性，是无可否认的。这就导致了另一个问题，当利他性被现实证明具有真实存在性之后，利他本身的性质，与达尔文在物种起源中论述的种族进化中的规律表现出相互矛盾的性质，同时也与经济学中的“经济人”基本假设存在着相互矛盾之处，寻找利他产生的根源，就成为诸多社会学科研究的主要对象，也产生了众多研究结果和理论阐述。

遵循着不同的解释路径，对利他性来源的解释大致分为两种类型。一种是从利他主体自身的利益角度出发，强调在探索利他性产生的来源时，应该侧重于行动主体自身的利益获得目的。该类型解释中，利他更多地被视为是一种利己的间接还原形式，是为了增加行动主体自身利益而所采取的一种间接迂回的实现途径，不管是为了生理层面上基因的保留和延续的利益，还是直接为了获得金钱和物质利益的增加，抑或是为了获得社会的奖励、荣誉等利益。比较典型的理论解释有社会生物学视野下的亲缘选择理论、经济学中的互惠选择理论和理性选择理论，等等。另一种类型的解释则从他人利益的角度出发，侧重利他概念本身的独立存在性，尤其强调利他相对于利己而言所具有的独立性特征，反对将利他还原为利己的解释路径。此类解释中，外于个体之外的利他对象的利益被视为导致利他行为产生的重要原因之一，各种社会规范中有关利他性的要求，对利他主体所发挥的影响作用过程，与个体在社会学习过程，对此类利他性规范的学习、接受、了解甚至内化的双向影响过程，是促使利他性产生的重要路径之一。其中，扮演着传播宣传利他性规范的主体既包括某一个具体的个人，也包括中层的各类团体、群体和组织，甚至包括宏观意义的社会整体，等等。比较典型的理论解释包括社会心理学视野下的移情利他理论、社会生物学视野下的群体选择理论，以及基因-文化综合解释模型，以及社会学视野下的社会化理论解释，等等。

本书对利他的研究，主要遵循着第二类解释的分析路径，强调利他自身的独立存在性，侧重从个体与社会规范之间的交互影响过程中去探索对利他具有影响的具体因素分布状况。其中，利他的概念在具体研究中被分为利他态度与利他行为两种表现形式，前者强调个体客观行动层面中的利他性质，后者注重个体主观认知层面中体现出的利他特征，主要的研究问题就围绕着这两种表现形式展开，由三部分构成。一是确定目前社会中利他态度和利他行为的基本存在状况，对社会中的利他基本的现状进行描述分析；二是探索利他态度和利他行为的具体影响因素分布，对利他性的形成与变化进行深入的原因分析；三是寻找利他态度与利他行为两者所共同反映出的影响机制，探讨社会中利他性培养的可行性路径。在综合整理分析目前的利他研究成果之后，提出了基本书框架与具体研究假设，通过使用定量的问卷调查方法收集利他态度和利他行为测量的相关数据，借助统计分析软件得出数据分析结果，并对研究假设进行检验，最终找出研究问题的答案和解释。本章分析的主要任务，就是归纳前文分析研究所得的主要结论，探讨该结论所代表的理论意蕴，对主要研究问题进行解答，并且提出本书的主要局限和不足，为后续研究提供可能的发展方向。

第一节　主要结论

本节主要汇报了本书所得出的主要结论，按照研究问题的具体内容分为三部分，分别使用研究数据的分析结果，组成各研究问题的答案内容，即确定利他态度和利他行为的基本存在现状、确定利他态度和利他行为的影响因素分布、寻找利他态度和利他行为发展变化的运行机制。

一、利他态度与利他行为的基本存在现状

该部分结论主要来自对因变量的基本描述分析和列联分析的结果，主要描述了数据中所体现出的利他态度和利他行为变量的基本描述分布特征，以及两个变量之间的基本关系特征。前者分析的主要方法是单变量的基本频数统计，后者则使用了双变量的列联分析方法。

在单变量的基本频数分布层次，利他态度变量的一般存在水平是在平均水平之上的(两个利他态度变量的均值超过了3，均值最低的一个变量也十分接近3，在1～5的取值范围中)。其中，在“尽自己所能帮助他人”和“不求回报帮助他人”的变量中，选择比较愿意和非常愿意的调查对象，占全部样本的比例基本在60%以上，选择一般的比例比较中等，在20%左右，选择比较不愿意和非常不愿意的比例都较少，保持在10%左右的水平；“牺牲自己帮助他人”变量的频数分布水平稍微低一点，选择比较不愿意和非常不愿意的比例有所增加，在30%左右，选择比较愿意和非常愿意的比例则有所降低，也在30%左右，比例最高出现在选择一般的调查对象之中，维持在40%左右。虽然测量变量内部在基本分布中具有差异性，但

是利他态度的总体存在水平都维持在中等偏上的水平。简而言之，大多数社会成员，都比较愿意去主动帮助他人，不管是尽自己所能，还是不求回报，甚至是需要牺牲自己。

同时，利他行为变量的基本频数分布结果表明，该变量存在的一般水平则是低于平均水平的（在 1～4 的取值范围中，所有利他行为变量的均值都小于 2，并且无偿献血和公益慈善组织的均值还在 1.5 之下）。其中，在公益志愿活动和慈善捐赠活动的参与情况中，选择从不参加的比例维持在 30%～40%；选择偶尔参加和有时参加的比例最高，达到了 50%～60%的水平；选择经常参加的比例极低，仅在 5%左右。这种低水平的参与特征，在无偿献血活动和公益慈善组织的变量分布中，出现了进一步下降的趋势，选择从不参加的比例上升到了 60%～70%的水平层次；选择偶尔参加和有时参加的比例，也随之下降，维持在 30%左右的水平；选择经常参加的比例是最低的，仅在 2%左右；公益慈善组织的核心人员仅占全部样本的 0.5%。除去具体变量内部的差异性特征之外，整体利他行为的存在水平都处于较低的状态，其中，公益慈善组织的参加程度是最低的。简而言之，所有利他行为的参加水平都比较低，很多社会成员都不参与多种类型的利他行为，大多数成员也只是偶尔或有时参加某一类利他行为，而经常进行利他行为的人数比例极少，几乎可以忽略不计。

从整体存在水平角度而言，利他态度和行为的存在水平都不高，并且两者还表现出不一致性。利他态度水平略高于平均水准，而利他行为水平则远低于平均水准。从两类利他表现形式的基本分布情况来看，大多数社会成员，在态度层面上都比较愿意帮助他人，但却很少直接表现在具体行动层面。这一点在利他态度和利他行为的双变量分析结果中也有所体现。

利他态度和利他行为的列联分析结果表明，两者的具体分布类型中存在着不平衡发展的趋势特征。其中，从利他行为的角度而言，同样出现了两种类型的分布特征。公益志愿活动和慈善捐赠活动构成了第一种类型的利他行为，在所有利他态度层面都选择了比较愿意和非常愿意的调查对象中，选择参加这两种利他行为的比例，超过了不参加的比例；无偿献血和公益慈善组织则构成了第二种类型的利他行为，选择比较愿意和非常愿意的利他态度的调查对象，不参加这两种利他行为的比例，超过了参加的比例，并且后一类型中的差距，比前一类型的差距更为突出与明显。简而言之，具有较高利他态度水平的个体，在决定是否参加公益志愿活动和慈善捐赠活动时，参加的可能性高于不参加的可能性；而在决定是否参加无偿献血和公益慈善组织时，不参加的可能性则超过了参加的可能性，并且后两种类型中的差距更为突出明显。

同时，从利他态度的角度而言，尤其在“愿意牺牲自己帮助他人”变量中，利他行为在两种类型中的区别更为明显。其中，利他态度水平较低，选择比较不愿意和非常不愿意牺牲自己帮助他人的个体，在实际行动中选择参加公益志愿和慈善捐赠活动的可能性高于不参加的可能性；而选择参加无偿献血和公益慈善组织的可能性却低于不参加的可能性。简而言之，"牺牲自己帮助他人"变量的低水平，更可能对应出现的是不参加无偿献血和公益慈善组织的行动选择，以及参加公益志愿和慈善捐赠活动的行动选择。

总结而言，调查数据的基本统计分析结果显示，利他态度和利他行为的存在水平具有不平衡的发展趋势特征。其中，利他态度基本上处于较高的存在水平之中，利他行为的平均存在水平则较低，并且两者之间并没有形成必然的相互对应的关系，高水平的利他态度并不一定与高水平的利他行为共同出现。大部分的社会成员都表现出愿意去帮助他人的倾向，但没有同时显现各类的具体助人行动之中。虽然在选择参加利他行为的个体中，绝大多数人都同时具有较高的利他态度水平，但是在具有较高水平的利他态度的个体中，最终选择参加的个体却并不总具有参加比例的优势，而只在公益志愿和慈善捐赠这两种具体变量中具有较高的参加可能性。

二、利他态度与利他行为的影响因素分布

寻找利他态度和利他行为影响因素分布，构成了数据分析的主要目的。通过多元回归分析和二分类逻辑斯特回归分析等推理统计方法的使用，分别得出了对利他态度和利他行为分别具有显著影响的因素分布情况。该结果也为主要研究假设的检验提供了足够的数据支持，具体的检验分析在前文中就有详细的阐述，此处不再赘述。总体而言，利他态度和利他行为的影响因素在分布层面中表现得较为集中，紧紧围绕着社会规范影响的形成、传播与发挥作用的过程而扩展开来。

1. 利他态度的影响因素

总体研究框架和具体研究假设中，利他态度的影响因素被认为分为四种类型，即个体性因素、社会性因素、文化性因素和利他性组织的运行状况因素。实际数据分析结果表明，虽然每一个因素都对某一类利他态度变量具有一定程度的显著影响，但是对利他态度具有显著的影响作用的因素主要由三部分组成，即角色信任因子变量、亲社会观念变量以及对利他性组织的信任变量，分布在社会性因素、文化性因素和利他性组织的运行状况因素之中，只有个体性因素中没有一个变量对所有利他态度具有显著影响。因此，在四个影响因素中，个体性对利他态度的影响程度是最低的，并且不具有显著性特征。

亲社会观念变量，构成了文化性影响因素的主要组成部分。该变量在数据分析中对利他态度表现出十分显著的积极影响作用，这进一步显示出文化性因素对利他态度的重要影响性。

在四类因素中，文化性因素是利他态度最为重要的影响因素，并且因为两个具体变量都对利他态度具有显著的积极影响作用，所以整体文化性因素，也对利他态度具有积极的影响作用。

在探讨社会性因素对利他态度的影响作用时，数据分析的结果具有模糊性。尤其在整体利他态度的回归模型九中，代表社会性因素的系统信任变量，与对利他性组织的信任变量之间，出现了交互影响的现象。原本在单独社会性因素回归模型四中，系统信任变量是利他态度的重要显著影响因素之一，但是再加入对利他性组织的信任变量之后，这种影响作用受到了该变量影响的调解，只有角色信任因子变量依然保持了对利他态度的显著影响性。这也显示出系统信任变量与对利他性组织的信任变量之间所具有的共通特征，并且后者对利他态度的影响作用程度超过了前者，是利他态度的显著影响因素之一。

此外，数据分析的结果还显示出年龄变量对利他态度的重要影响性。在所有回归模型中，年龄对所有利他态度变量都具有显著的积极影响，随着个体年龄的增长，个体的利他态度水平也会随之出现增加的趋势。这被认为与年龄所反映出个体所经受的社会化程度具有密切的联系。

总结而言，在利他态度的影响因素分布中，文化性因素的重要位置是不言而喻的，亲社会观念变量对利他态度具有显著的积极影响作用，并且该自变量影响程度在所有影响因素中都是最高的。其次是对利他性组织的信任程度变量，且该变量与系统信任变量在反应对象中具有共通之处，影响程度最低的是社会性因素，仅有角色信任因子变量对利他态度的影响具有一定程度的显著性特征。此外，年龄变量也被数据证明对利他态度具有显著的影响作用。被排除在显著影响之外的因素是个体性因素，其中没有一个变量对所有利他态度具有显著影响。

2. 利他行为的影响因素

与利他态度一样，总体的研究框架与具体的研究假设中也将四种主要因素视为利他行为的主要影响因素。实际数据分析结果显示，对利他行为具有显著影响作用的因素在分布上也比较集中，主要包括社会参与变量与对利他性组织的了解程度变量。此外，对大部分形式的利他行为变量的影响具有显著性的因素，还包括对利他性组织的信任程度变量。个体性因素中只有一些特定变量对一些特定形式的利他行为具有显著影响，比如收入对慈善捐赠行为的对应性，受教育程度对公益志愿活动的显著影响，等等，但是这种影响不具有普遍意义。

在所有利他行为的显著影响因素中，社会性因素中的社会参与变量，是表现最为突出与重要的一种影响因素。就影响程度而言，所有四个社会参与因子，即网络参与因子、政治参与因子、社交活动参与因子与团体参与因子，都对利他行为具有较高程度的积极影响作用；在影响的显著性水平上，所有四个社会参与因子变量对利他行为的影响都具有较高程度的显著性水平（在 $p=0.001$ 的双尾检验中具有显著意义）。因此，在四种影响因素中，社会性因素，尤其是具体的社会参与变量，是利他行为最为重要的显著影响因素，并且具有积极的影响作用。

对利他性组织的了解程度变量，同样也对所有形式的利他行为都具有显著的积极影响。同时，对利他性组织的信任程度变量，也对所有利他行为变量都具有积极影响作用，并且对除无偿献血活动之外的其他利他行为的影响都具有显著性特征。因此，在利他行为的诸多影响因素中，利他性组织的运行状况因素对利他行为的影响作用也比较重要，其影响程度排在前列位置。这一结果，与利他性组织在各类形式的利他行为中所扮演的角色和发挥的作用，具有密不可分的联系性。

在四类影响因素中，文化性因素也对利他行为具有一定程度的显著影响性，主要表现在亲社会观念变量中，有若干陈述变量对利他行为因变量表现出了一定程度的显著影响作用。但是与其他影响因素变量相比，这种影响是单独发生的，并不具有系统集合性，因此这种影响与其他显著影响因素相比，是比较微弱的。

与利他态度的影响因素分布一样，个体性因素中也没有任何一个具体变量对全部或者大多数利他行为变量具有显著影响性。只不过此处出现了对某一类利他行为的显著影响，比如年收入变量对慈善捐赠行为、文化程度变量对公益志愿活动的影响，等等。该结果的出现更多源于此类利他行为形式的独有特征，不具有普遍推广的意义。

总结而言，利他行为最重要的影响因素是社会性因素，尤其是社会参与变量，对利他行为具有十分显著的积极影响作用；其次表现得较为突出的影响因素是利他性组织的运行状况因素，对利他性组织的了解程度变量与对利他性组织的信任程度变量，都有显著的积极影响作用，并且前一变量的影响作用更为明显突出；最后在文化性因素中，亲社会价值观变量对一些主要的利他行为变量具有一定程度的显著积极影响。研究框架所提出的四类影响因素中，经济资本因素对利他行为的影响作用表现得最为微弱，仅存在这某一特定变量对某一种类型的利他行为的影响具有显著性特征，比如收入对慈善捐赠活动的影响，等等。

数据分析的结果，为研究框架中所提出的利他态度与利他行为的影响因素提供了检验基础，显现出两者在影响因素分布中所呈现出的共同与差异之处。个体性因素，对利他态度和利他行为都不具有显著的影响作用；其余三类因素则都对两者具有一定的显著影响，不过具体的影响作用程度中存在着差异性。其中，利他性组织的运行状况因素，是利他态度和利他行为两者共有的影响因素，对利他性组织的了解程度变量，对利他行为具有显著的积极影响，对利他性组织的信任程度变量，对利他态度和利他行为都具有显著的积极影响，并对前者的影响程度更高；但是两者的主要影响因素出现了不同的分布特征，社会性因素中的社会参与变量，是利他行为最为重要的显著影响因素，文化性因素中的亲社会观念变量，则对利他态度具有十分突出的显著影响，同时，这两种类型的主要影响都是积极的影响性质。该分析结果，为修正与完善研究框架中的利他态度和利他行为的影响因素模型提供了充分的数据分析基础。

第二节 讨 论

在社会科学研究分析的总体视野之中,对利益概念的关注与讨论,一直是诸多学科研究的核心焦点。自达尔文提出生物进化理论之后,发生在物种内部以及不同物种之间的自然选择进程,成为支撑个体利益重要性的坚强支柱,对利己的推崇在社会生物学和经济学等学科中都有明确的体现。在社会生物学的研究视野中,基因的延续与进化被视为个体行为活动的决定因素,对个体利益的保存、追求与提高,构成了个体行动的核心内容;经济学中提出的"经济人"假设,更进一步确定了利己对于个体的重要意义,采取一切可能的手段去确保和获得更多个体利益,成为分析不同类型行动的出发点。利己的态度与行动,被认为是一种先天自然性的存在形式,个体为了生存,或者为了未来获得更好的生存条件和生活水平,会自然地进行各种利己行动,通过各种手段去获得更多的个人利益。从这种角度而言,利己成为生物体的一种天然本能,人类自发地去追求个人利益的态度和行为,成为一种理所当然的确定状态。几乎没有人会去质疑个体利己的真实存在性和客观重要性,从人类作为一种生物出现之初,对个体自身利益的追求,不断促进着整个人类群体的发展与进化。

与此同时,利他性的真实存在性与重要性,则是在不断遭到质疑和挑战的过程中,逐渐显现出来的。顾名思义,利他概念所强调的对象集中在个体之外的他人利益层面,强调的是个体舍弃自身利益,以达到增进他人利益、改善他人处境、提高他人福利的目的,是一种从个体自身所占有的利益过渡到他人利益的转让过程。这种利益的转让,与达尔文进化论之间存在着不可调和的矛盾,尤其体现在利他主体生存和延续的可能性中。最典型的一个质疑是,当利他主体和利己主体并存于某一情境之中时,利他主体会不断向利己主体让渡自己的利益,而利己主体则只关注自身利益的保持和增加,最终的结果必然是利己主体占据越来越多的优势和利益,利他主体则处于生物竞争过程中的弱势地位,在自然选择进程不断进行的过程中,利他主体生存和延续的可能性会不断降低,利己主体会不断挤压利他主体的生存几率,直至利他主体不再存在为止。在这种分析逻辑中,利他的存在与延续,成为不可能完成的任务,是无法在与利己的竞争中存续下来的。

但是在自然界和现实社会中,不断出现的利他性现象,却对这种质疑提供了反向的回答。无论是动物牺牲自己帮助自己同类的利他现象,比如动物学家所观察到的公羚羊为保护羊群而主动去吸引天敌注意力的现象,还是人类历史中不断出现的个人为了他人或者群体而完全牺牲自己的利他行为,比如国家英雄为了保护整个国家以及普通社会成员的利益而完全奉献出自己全部生命的各种事迹,等等,都为反驳生物学中的质疑逻辑提供了事实依据。利他性现象的反复出现，迫使生物学者无法再去否定利他的真实存在性，推动了不同学科的研究者去对利他概念和现象进行深入的分析研究，并在分析的过程中产生了两条不同的研究路径，即前文所提到的从个体利益和他人利益角度分析利他的路径。

一、利他研究的两条路径

从个体利益的角度去分析利他的研究路径，本质上而言是将利他视为利己的一种间接表现形式，并不承认利他概念的独立存在性，主张将其视为个体为了追求自己利益的一种具体路径。在该研究路径中，个体利他态度和利他行为的存在，是一种外在工具性的角色，而非单独的最终目的。人们是为了实现利己的最终目的，而去暂时表现出利他的行为与态度。持有这种研究观点的学科有社会生物学与经济学等，比如将利他的产生原因归结为个体基因延续的基因选择理论、将个体期待他人的回报视为利他产生主要原因的互惠选择理论，等等。在这种研究路径中，利他的概念并不具有任何独立存在的性质，完全依附于利己的概念之中。对利他原因及影响因素的探讨，主要回归到追求个人自身利益的角度之中。比如在经济学研究视野下对个体利他行为的原因分析中，"经济人"假设构成了一种主要的分析角度，个体思考权衡该行为可能获得的回报与需要付出的代价之间的比例过程，影响着其是否最终表现出利他行为的决定。

从他人利益的角度去分析利他是第二种主要研究路径。强调利他的独立存在特征，尤其反对将利他简单还原为利己的一种表现形式的做法。主张将利他视为一种同利己相并列的存在现象，从个体对他人利益的考虑与关心的角度，去分析利他行为和态度形成与发展的原因和影响因素。该研究路径尤其适用去解释那种纯粹无私性的利他现象。比如在各种英雄事迹中，个体为了他人或整体社会，而奉献出了全部利益，包括以自己生命为代价的行为。在这种研究路径中，探索利他行为与态度为何可以产生的主要问题，就转变为个体为何会关心和在意他人利益的问题。将个体对他人利益的关心和在意视为社会规范影响作用的结果，是该研究路径中的一种主要分析角度，比如社会学中的社会化理论、社会生物学视野下的群体选择理论、基因-文化综合模型，等等。

一般而言，个体追求自身利益的延续和增加行为，被视为其生存本能的一种体现，在进化论中被视为是自然进化的必然要求和结果，在经济人假设中被视为个体所天然固有的一种本能偏好。因此，在将利他还原为利己表现形式的分析路径中，对利他现象的原因解释，在归结为个体期待自身利益的层面中就结束了，不再需要去探究个体为何会追求自身利益增加的原因，利己的本能成为一种先定的假设条件。但是当从他人利益的角度去分析利他现象时，对利他态度和行为产生原因和影响因素的分析，被归结为个体对他人利益的关心之后，远远没有结束，还需要去分析个体为何会关心他人的利益，此处就涉及了社会规范的影响作用。当利他无法被归结为个体的一种固有本能之后，社会规范对个体的影响作用，与个体在社会生活中，主动接受、了解、学习以及内化和执行利他性规范要求的全部过程，就成为了解释利他态度和利他行为产生原因的主要分析角度。当生物进化的过程无法证明利他同样也是个体的一种自然本能时，外在影响因素就成为解释分析利他的主要出发点，其中，社会规范中各种有关利他性的规范要求，构成了一种主要来源。当从他人利益的角度去分析利他现象时，利他的独立存在性成为其中的核心内容，个体利他态度和利他行为的形成与变化，本质上而言，是社会规范发挥影响与个体主动接受、学习和内化利他性规范要求的双重因素的作用结果，这也是本书的主要研究主张，实际的定量研究的开展进行，也是为证明这一观点的合理性而服务的。

在从他人利益的角度去分析利他的几种主要解释理论中，一再体现出对社会规范影响的强调与重视。在群体选择理论中，个体的利他态度和行为被视为群体规范影响作用的结果。虽然在个体层面的竞争中，利他的存在并不具有优越性，甚至会导致主体竞争失败的消极结果；但是在群体之间发生的竞争层面中，利他现象却会帮助群体获得领先的优势，会带来群体利益的显著增加。因此，群体为了保持这一竞争优势，会采取各种方法去确保利他现象的存在与延续。将利他性的要求作为具体内容纳入群体规范之中，向群体内成员灌输这种利他性规范的要求，促进群体成员按照利他性规范的要求去形成利他态度和行为，就是一种主要的实现途径。其中，那些对所属群体具有较高的归属和认同感的个体，那些更为重视群体利益的个体，就更有可能受到群体规范的影响，表现出利他态度和行为。

社会生物学视野下所提出的基因-文化的综合解释模型，同样也将个体利他行为和利他态度的产生，视为利他性规范在社会范围中广泛传播的结果。利他性规范，作为社会文化规范的一种重要组成部分，在该解释模型中成为一种文化复制因子（谜米），在个体向他人行为的模仿与学习过程之中，得到了广泛的传播与扩展。个体在接受、了解以及学习这种利他性规范的要求内容过程中，开始形成了具体的利他态度和利他行为。其中，利他性规范的影响之所以能够发挥作用，主要依赖着某一些社会成员所表现出的具体利他行为对个体的影响。利他这种文化复制因子，最先开始传播的过程来自个体对他人利他行为的模仿和学习。“利他行为可以传播它自身的拷贝复制品——从而使我们每个人都更加具有利他倾向。”（布莱克摩尔，2001）[294]该理论对利他性产生原因的解释中，再一次强调了利他性规范传播的重要意义，并且特别指出了其他个体的利他行为也可以扮演着这种传播的具体途径。

同样强调社会规范对利他的重要影响作用的还有社会学视野下的社会化理论、社会心理学中的社会学习理论，等等。两者分别从两个角度分析了社会规范的影响得以发挥的实现路径。在社会学视野下，社会化的过程是实现社会规范影响的主要路径，其中，个体从自然人的初始状态，通过接受来自各方面社会规范的要求和影响，表现出各类被社会所认可的行动和态度，最终转化为社会人的状态。抽象的社会规范具体表现在个体所扮演的各种角色规范的要求之中，主要开展社会化的场所包括家庭、学校、组织、群体以及整个社会，所涉及的各种推广宣传社会规范影响的主体有父母、教师、同辈群体，等等。理想的社会化结果是个体接受了所被要求的各种规范的内容，主动去学习和理解角色规范，将外在规范内化为自身的行动规范之中，并最终自发地表现出符合这些规范要求的态度与行动。在探索利他形成与发展的过程中，社会化的理论构成了一种主要的分析视角。鉴于利他现象无法由人类趋利避害的本性所直接继承而来，并且利他现象对整体社会所具有的重要积极作用，社会通过建构各类包含有利他性要求的规范内容，将之整合进个体的各类角色规范之中，借助于一些具体实现的途径，促进利他性规范为个体所接受并发挥出实际影响，从而最终促使个体形成与表现出利他态度和利他行为。在这种理论视野下，社会责任规范、互惠规范以及公平正义规范是经常被提及的主要规范类型。

社会心理学视野下的社会学习理论同样重视社会规范的影响作用，但是其强调的主要对象落在了个体自身认知能力的发展过程之中，着重于分析在学习利他性规范的过程中，个体主观认知能力增长所具有的重要意义。其中较为突出的典型有皮亚杰的认知发展阶段论和科尔伯格的道德归因发展理论。随着个体主观认知能力的逐渐增长成熟，其会更为主动去了解、学习乃至接受社会中主要规范的内容与要求，从而表现出规范要求的具体行动。个体利他态度和利他行为的产生与个体在主观认知层面中去学习和接受利他性规范要求和内容的过程具有密不可分的关系。

总结而言，在探讨利他来源的理论分析中，存在着两条截然相反的研究路径。一种路径是站在主体自身利益的角度，主张将利他还原为利己的一种表现形式，利他现象发生的背后是个体对自身利益的追求和延续，通过这种还原，利他不再具有独立存在的特征，利他的来源也就可以通过分析利己的来源找到答案，而利己又与人类趋利避害的本能之间存在着密不可分的联系，因此，利他的来源也与人类的本能建立了联系，寻找个体利他态度和利他行为的影响因素的任务，可以通过探索其还原形式来获得答案，比如亲缘选择理论中所提出的保存延续生物基因的原因、互惠利他理论中所提出的期待利他对象回报的原因，等等。

另一种研究路径的出发点则落在了他人利益的角度中，反对将利他视为利己还原形式的观点，强调利他概念的独立特征，主张利他与利己之间的关系应该是一个连续统的两个端点，两者之间具有相互独立性，应将分析的重点放在利他对象之中，利他现象的来源应该是个体对他人利益的关心和考虑，而非为了追求个人利益的利己目的。这样一来，就无法再从人类的本能角度去解释利他态度和行为的形成。此时，外在社会规范要求对个体所施加的影响作用，构成了理论解释的主要分析角度。在摆脱了从个人利益增加的角度去分析利他的还原主义分析角度之后，个体所具有的利他态度和利他行为，就不再与其趋利避害的利己本性具有密切联系，而主要因为受到社会生活中各类社会规范有关利他性的要求的影响，是利他性规范发挥影响和个体主动接受、了解和学习这种规范要求的双重过程的结合体。其中比较典型的理论有强调群体规范影响的群体选择理论、强调文化规范传播过程的基因-文化综合模型、强调社会规范影响的社会化理论，以及关注个体所具有的接受和学习社会规范的主观认知能力的社会学习理论，等等。

二、利他性规范的重要影响

本书中在探索利他态度和利他行为的影响因素过程中，主要遵循着第二种研究路径的观点。首先，在本书主要研究概念的界定过程中，包括利他、利他态度和利他行为三个概念的界定中，都特别强调他人利益的重要性，利他态度概念强调个体在主观认知层面中愿意增加他人利益的倾向性；利他行为概念则关注个体在客观行动层面中实际增加他人利益的行为结果主张将个体对他人利益的关心和在意作为概念界定的重要条件之一。其次，在研究立场和分析框架中，强调了外在社会规范对个体利他态度和行为形成所具有的重要影响作用，并将定量研究的任务具体化为证明这种影响的确实存在性，通过确定个体与社会规范之间的关系特征对利他态度和利他行为之间的关系特征，来证明社会规范的重要影响。再次，在具体研究假设中，将社会规范的影响转变为了四种类型的具体因素。其中，个体性因素代表着个体具有可以接受、学习和执行利他性规范的客观能力状况，包括客观经济收入状况与主观认知能力状况两方面；社会性因素反映了个体与扮演着宣传与传播各种利他性规范的主体之间具有的联系程度，包括反映客观联系的社会参与状况与反映主观认可程度的信任状况两种类型；文化性因素则代表着个体对社会规范中主要的利他性要求和内容的认可程度，包括亲社会规范这一典型代表类型；利他性组织的运行状况因素尤其强调利他性组织在利他性规范传播过程中所发挥的重要作用，包括个体对利他性组织的了解程度和信任程度两个方面。最后，在具体的实证研究过程中，主要对四种类型的影响因素与利他态度和利他行为之间的关系进行了检验分析，并最终从分析结果中获得了支持社会规范影响作用的数据支持，比如社会参与对利他行为的重要影响作用，亲社会规范对利他态度的显著影响意义，等等，都为证明将利他态度和利他行为视为社会规范对个体所施加影响的产物的观点提供了足够的数据支持。

利他态度和利他行为的回归分析结果，为主要研究假设的检验分析提供了足够的数据支持。在四类因素对利他态度和利他行为的影响作用中，个体性因素被证明对两者都不具有重要的影响，社会性因素中社会参与变量则成为了利他行为最为重要的影响因素，文化性因素中亲社会规范变量对利他态度具有十分突出的影响作用。这一结果的出现，不仅从实际数据的角度证明了社会规范影响的确实存在特征，而且也显示出这种影响作用在利他态度和利他行为两者中所表现出的不同实现路径。

1. 执行规范的客观能力并不等同于必然按照规范要求行事的现实

个体性因素对利他态度和行为都不具有显著影响性，在利他性规范发挥影响的过程中，个体接受与执行利他性规范要求的能力并不具有显著的重要作用。个体是否会受到利他性规范的影响，是否会去接受、了解、学习乃至利他性规范的内容和要求，与其本身所具有的主观认知和客观行动能力之间并没有显著的联系，受教育程度更高的个体，并不一定会同时具有更高的利他态度意愿性；物质经济能力更高的个体，也并不一定会经常参与实际的利他行为。在探索利他性培养的路径过程中，个体本身的能力情况不应被视为重要的考虑对象，那些接受过更多学校教育的个体，比如高级知识分子，虽然具有较高的知识水平储备，在理解和接受利他性规范时的主观认知条件具有优势特征，但是其是否会愿意接受利他性规范的影响去形成利他态度的可能性并不会发生变化，从这一角度而言，高级知识分子与普通社会成员一样，都可能具有相同程度的利他态度水平，而非前者一定具有更高的利他态度意愿性。在利他性规范对个体的利他态度产生影响的过程中，学校教育只是促进利他性规范传播的一个单独途径，其与家庭、组织、群体以及整个社会一起，共同发挥着推进利他性规范影响的作用，单独学校教育的结果，即个体的受教育程度情况，并不会对利他态度具有显著的积极影响作用。

物质经济能力同样也没有对利他行为表现出统一的影响，这既来源于利他行为所具有的多元化的表现形式，也表明个体的客观执行能力并不是提高利他行为水平的关键因素。分析结果中，除了收入对慈善捐赠活动所具有的显著积极影响之外，其他客观经济能力的测量变量都不具有显著影响。在志愿活动中，无业失业人员和全职工作人员并未出现显著的差异性。由于志愿活动的开展，需要消耗个体更多的时间与精力，而这与全职工作的要求出现了一定的矛盾特征，尤其在西方社会，当妇女从家庭主妇中脱离出来，广泛地活跃在职业市场之中时，志愿活动的开展程度出现了大幅度下降的趋势，尤其是一些原本以家庭主妇为主要参加对象的活动，但从行动所需要的付出角度，志愿活动与全职工作两者表现出相互竞争的关系，一些研究也证明相比于无业人员而言，全职工作者参加志愿活动的频率会显著地减少。但是本书的数据分析结果却没有显示出相同的结论，职业类别变量并不对利他行为具有显著的影响作用。目前中国志愿活动参与者主要集中在青年群体之中，并且大都接受了较高程度的学校教育，这在数据分析中也得到了证明，受教育程度对志愿活动的参加具有显著的积极影响，而年龄却对志愿活动具有显著的消极作用。

个体性因素并不对利他态度和行为具有重要影响的分析结果，澄清了在利他性规范发挥影响的过程中，个体本身能否接受规范的要求，与其是否会最终按照规范行事两者之间的差异性。这种客观的执行能力也许会一定程度上有助于提高某一类型利他行为的水平，但却不是一种共通的影响因素，即使个体在主观认知层面和客观行动层面都具备了非常良好的基础，可以毫无障碍地去形成利他态度和进行利他行为，如果没有其他影响因素在其中发挥作用，这种能力就可能并不会转变为事实。个体具备理解利他性规范的能力，并不代表他一定会去接受和理解该种规范的要求和内容，同理而言，个体虽然具有良好的执行利他规范的条件，也并不等同于他一定会按照该规范的要求去进行利他行动，在能力与现实之间，需要其他影响因素的介入，分析结果中所体现出的社会参与和亲社会观念等变量，正是发挥着这种重要的影响作用。

2. 与规范传播主体的客观联系，对个体是否会做出符合规范要求的客观行为，具有显著的重要影响

利他性规范的要求和内容在社会生活中的传播过程，是多个主体共同发挥作用的结果，其中，扮演着传播主体的角色，既可以是单独具体的个人，是个体所表现出的对利他性规范的理解、推崇和执行的具体行动，也可以是抽象的群体和组织，是将利他性规范融入对其成员要求的群体规范之中。正是由于这些多元化的传播主体所做的众多工作，利他性规范的要求才获得了发挥影响作用的具体实现途径。因此，在利他性规范对个体的利他态度和行为产生影响的过程中，这种多元化的传播主体的位置和作用是不言而喻的，个体与多元传播主体之间建立的密切联系，是促使个体按照利他性规范行事的重要动力。尤其在客观行动的层面中，当个体与社会其他成员以及抽象的组织群体之间，通过长期的互动行为而形成了密切的客观联系时，会更有可能接受这些传播主体宣扬的利他性规范的内容，从而更可能做出符合利他性规范要求的行为。

数据分析结果中，社会参与变量与团体参与变量，都对利他行为具有显著的积极影响作用。该结果进一步证明了个体与规范传播主体之间的客观联系的重要意义。一方面，社会参与变量及主要测量的对象是个体在社会生活中与他人、群体、团体以及组织之间的互动程度，包括其所参加的政治活动、日常交往、网络互动以及日常团体的经常性情况，代表着个体与其所处的社会其他成员之间的联系的密切程度。当个体表现出较高的社会参与水平时，意味着其与他人、群体以及组织之间建立了长期深入的互动关系，这不仅为其提供了各种信息资源(社会网络研究中所发现的强关系和弱关系为个体找工作所带来的不同信息和帮助)，也增加了其去接受、了解和学习互动对象所宣扬的利他性规范的可能性程度。个体与他人之间通过长期的互动关系所建立的亲密联系，将有助于促进个体去学习他人的利他行为，去接受互动对象所提倡和宣扬的利他性规范，从而自己加入各种实际的利他行为之中；个体从属于某一抽象群体或组织的成员身份，则会提高其对群体规范中利他性要求的接受和理解程度，会推动个体按照群体规范的要求去表现出具体的利他行为。简而言之，社会中各种组成部分，包括具体的个人和抽象的团体与组织，在利他性规范的宣扬和传播过程中，扮演着规范传播主体的角色，并且通过个人的利他行为和群体规范中的利他性要求，保证着利他性规范的内容和要求能够发挥实际的影响作用。在这一过程中，单个个体是否会接受这一影响形成利他行为，与其对规范传播主体的客观联系具有密切的关系，正是由于个体较高的社会参与水平，才促使其与多元化的规范传播主体之间得以形成密切的联系，从而更可能接受利他性规范的影响，做出符合规范要求的利他行为。群体选择理论中强调的群体利他性规范的作用，基因-文化综合模型中提出的个体模仿他人的利他行为路径，与分析结果中所显现出的社会参与对利他行为的重要作用，形成了参照对应的关系。

社会参与与团体参与变量，对利他行为所显现出的重要积极影响作用，不仅为证明社会规范的影响提供了数据支持，同时还进一步指出在对利他行为的影响过程中，个体与规范传播主体在客观行动层面中所建立的联系，是利他性规范发挥影响的具体实现途径，强调了利他性规范传播主体的重要作用和意义。当个体与多元化的规范传播主体处于长期的互动关系之中时，利他性规范的影响才更有可能通过这种传播主体施加到个体身上，从而提高个体按照利他性规范做出利他行为的可能性程度。

3. 对利他性规范内容的认可，有助于促使个体利他态度的形成与提高

个体对规范的具体内容和要求的认可程度，在社会规范发挥作用的过程中，具有十分重要的作用。利他性规范在社会中的提倡与传播过程，本质上是一种双重作用的过程，既是社会规范从外在因素的角度对个体施加影响的过程，也是个体主动去了解、接受、理解、学习乃至执行规范要求的内在作用过程，尤其在个体主动接受利他性规范的要求过程中，其对该规范的具体要求和内容的主观认可程度，占据着必不可缺的位置。只有个体在主观认知层面上认可利他性规范的要求，才会自觉自愿地接受这种规范的影响，才可能将利他性规范内化为自己的行为规范，从而促使利他态度的形成与发展。数据分析的结果也证明了这一点，个体对亲社会规范的认同感，是利他态度的显著影响因素，有利于个体利他态度水平的提高。

亲社会规范是文化性因素的主要组成部分，代表着社会中主要的利他性规范的具体内容和要求。亲社会规范强调的是一种对社会其他成员所持有的积极乐观的判断，测量了个体在主观认知层面对该种利他性规范的认同程度；在数据分析结果中，该变量都对所有程度的利他态度变量，表现出显著的积极影响作用。个体对亲社会规范主观认同感的增加，有利于提高个体自愿帮助他人的主观意愿性程度；那些较为认可亲社会价值观的个体，也才更有可能去愿意帮助他人。

该结果的出现，也显现出利他性规范对利他态度和利他行为发挥影响过程中的不同作用。一方面，不管是与规范传播主体的客观联系程度，还是对规范具体内容和要求的主观认可程度，两者在数据分析结果对利他态度和行为所表现出的重要影响作用，都一再强调了利他性规范的宣扬与传播过程对利他现象的形成与发展所具有的突出意义。从这个角度而言，数据分析的结果，为证明利他的形成来源于社会规范的影响作用，提供了较为充分的支持证明，利他性规范与利他态度和行为之间的关系，具有密不可分的联系。另一方面，两者对利他态度和利他行为的不同程度影响结果，也揭示出在利他性规范发挥影响作用的过程中所体现出的不同实现路径，暗含着培养利他性的可行性。在促使利他行为的形成与发展过程中，利他性规范的传播主体的作用表现得最为突出，个体在客观行动层面与多元的传播主体所建立的联系程度，直接影响到其是否会参加利他行为的决定；在推动利他态度的形成和提高过程中，利他性规范的具体内容和要求则占据着最突出的重要位置，个体在主观认知层面对该规范的具体内容和要求的认同程度，会直接影响到其是否愿意去主动帮助他人的倾向性水平，尤其是后一种影响因素，一定程度上揭示出了利他态度区别于利他行为的差异之处，只有当个体主动去认可利他性规范的具体要求时，其才可能接受该规范的影响，主动自发地形成帮助他人的意愿性。

4. 个体对利他性组织的深入了解和较高信任感，有利于提高其利他态度和行为的存在水平

在利他性规范影响个体利他态度和利他行为的过程中，利他性组织扮演着双重的角色，并且都发挥着至关重要的影响作用。一方面，目前许多形式的利他行为活动的开展，与利他性组织之间都存在着密不可分的联系，其直接充当着这些利他行为的组织者和中介者的角色。比如公益志愿活动的开展，一般都是由利他性组织所组织起来的，个体需要通过利他性组织这一中介途径，来接触到利他行为的对象，慈善捐赠活动与利他性组织之间的依赖性更为明显，很多利他性组织直接扮演着接受个体捐赠金钱和物资的直接对象，遵循着特定的程序将这些物资转达给需要救助的对象手中，等等。因此，作为利他行为的组织和中介者，利他性组织对个体利他行为的影响是不言而喻的，个体对整体利他性组织所持有的判断情况，会直接影响到其自身利他行为的存在状况，这一点在数据分析结果中得到了证实，个体对利他性组织的了解和信任感，会显著地有利于其利他行为水平的提高。

另一方面，除去利他行为的中介组织者角色之外，利他性组织在社会生活中还扮演着利他性规范的传播主体的角色，发挥着供普通个体学习的“利他模范”的榜样作用。此处所强调的是多元化的利他规范传播主体，尤其是具体的利他性组织，对于个体利他态度的重要影响。个体在主观认知层面，对这种多元传播主体的信任感，将有助于提高其利他态度的意愿性水平，数据分析的结果也为之提供了较为充分的支持，个体社会中专门角色的信任感与其对社会中一般的利他性组织的信任感，都有助于提高其利他态度的存在水平，并且后者的影响作用程度较为突出和明显，当个体更加信任利他性组织时，会更愿意主动自发地去帮助他人。

利他性组织的运行状况因素，包括对利他性组织的了解程度和信任感，对利他态度和利他行为都表现出显著的重要影响作用，凸显出利他性组织的重要位置。目前国内主要利他性组织不断显现出公信力危机的事件，比如红十字总会出现的“郭美美事件”、慈善总会的“尚德诈捐门”事件以及青基会出现的“中非希望工程”事件，等等，导致了普通社会成员对这些利他性组织的信任感出现了一定程度的下降。此处数据分析结果所显现出的这种信任感与个体利他行为和态度的密切联系，将有助于进一步重视这种公信力危机事件可能带来的消极影响。当利他性组织在一社会中的公信力遭到了严重的破坏之后，其重建和修复工作将会愈加困难，并且这种公信力破坏所带来的消极影响，也不仅局限在某一种特定利他性组织的运行过程中，很有可能对整体利他性组织的公信力造成严重的破坏，从而对社会中普通成员的利他态度和利他行为的存在水平起到显著的消极作用。当一社会中的普通成员不再信任利他性组织时，利他性组织所扮演的利他行为的组织中介角色和供他人学习的利他榜样模范角色就无法正常地运行，这将减少个体主动帮助他人的主观意愿性水平，降低其参加实际利他行为的可能性水平。简而言之，本书中所显现出的利他性组织的运行状况因素，对利他态度和利他行为所具有的重要作用，有助于增强社会对当前众多利他性组织所出现的公信力危机事件的重视程度，进一步强调利他性组织在社会中所具有的重要影响作用。除去对利他对象所实施和给予的直接帮助之外，利他性组织的存在，还具有重要的象征意义，对增强社会中每一个普通成员的利他态度和利他行为水平，具有显著的积极影响。

总结而言，定量的经验研究的结果，进一步证实了利他性规范在个体利他态度和利他行为的形成与发展过程中所具有的重要积极影响，这进一步显现出从他人利益角度，重视利他的独立存在性的研究路径的合理性。当利他从依附于个人利己天性的本能解释角度独立出来之后，后天的社会规范对个体的外在影响过程与个体主动接受利他性规范要求的内在过程，成为影响个体利他态度和利他行为的主要因素。同时，数据分析的结果还揭示出利他性规范的影响，在作用到个体利他态度和利他行为时，具体实现路径的相同与差异之处。一方面，个体所实际具有的执行利他性规范的能力因素，对利他态度和利他行为都不具有显著影响；而其对利他性组织的积极判断，包括较高的了解程度和信任感，都有助于提高个体利他态度和行为的存在水平；另一方面，个体与多元利他性规范传播主体之间的客观联系，是促进其利他行为水平提高的主要影响因素；而在增强其利他态度意愿性程度的影响因素中，个体对利他性规范中的具体内容和要求的主观认可程度，则占据着最为重要位置。利他性规范的影响，在实现途径中表现出的相似和差异性特征，将会有助于今后探索利他性培养路径工作的顺利开展。

三、当前社会的利他性

促使本书产生的初始原因，是国内目前屡次出现的显现出利他性缺乏的危机事件。在普通生活领域中，不助人的现象似乎有增加的趋势，尤其是一些极具争议性的事件不断发生，比如有关搀扶老人问题的彭宇事件、救助事故受害儿童的小悦悦事件，等等；在慈善捐赠领域中，有关慈善组织的消极负面事件不断发生，比如郭美美事件，公众参加慈善捐赠的积极性遭到了严重的打击；此外，国内血站经常出现的血荒现象，器官捐赠市场中出现的供需极度不平衡的问题，等等，都显现出目前社会中的利他性似乎出现了缺失危机。

本书所使用的定量调查数据，在经验层次中进一步验证了目前社会利他性的缺失问题。无论是利他态度，还是利他行为，在目前社会中的存量都不高，尤其是利他行为的参加比率，更是远远低于平均水准。一些社会成员，虽然可能在主观层面中表现出愿意帮助他人的倾向性，但也不会在客观层面中出现相同的行动特征。并且即使在主观意愿层面中，也很少有人会具有非常高的利他态度，大都不会愿意牺牲自己去帮助他人，更多的个体表现出仅仅在自己能力范围之内去帮助他人的利他态度。这种显现在数据分析中的客观事实，进一步证实了当前社会中的利他性存在的缺失危机。

那么，这种利他性的缺失，其背后的原因又是什么呢？这就要回归到利他影响机制的开端，回到社会的紧密度之中，从现有社会的奖惩机制角度去寻找缺失危机的原因。社会奖惩机制，尤其是其中有关利他性规范要求的内容组成部分，对个体的利他态度和利他行为具有十分重要的积极影响作用，这一点已经在数据分析结果中获得了明确的证实。因此，确定利他性缺失原因的最好办法，必然涉及了解当前社会奖惩机制的存在现状。

在中国的经济发展模式从计划经济向市场经济的转型过程中，经济利益的重要性在社会生活中的各个领域中不断显现出来，对个人利益的宣扬更是成为现有社会奖惩机制的重要组成部分。利己主义、功利主义的观点也获得了很大程度的扩散。人们开始更加关注自身的利益，社会中也开始广为宣传这种利己的价值规范取向。在个人利益和他人利益、利己和利他之间的系统关系中，现有的社会奖惩机制比较明显地落在了个人利益这一端，利己的优势地位是不言而喻的。尤其随着市场经济发展速度的逐步提高，许多社会成员开始沉溺于追求自身利益增加的迷雾之中，已经无暇去考虑他人利益了，甚至一些人会为了增加自身利益而不惜做出损害他人利益的行为，损人利己的现象更为频繁的出现。目前社会中频频出现的食品质量危机事件，就是这种现象的典型代表，不断爆出的食品危机，充分显现出一些食品生产商，为了增加自己的利益。采取一些非常手段，几乎不考虑消费者的利益情况。在这一市场大环境中，利他的处境已经变得岌岌可危了。

社会中利他性制度的缺乏，则进一步加深了利他性危机的严重程度。现有的社会奖惩制度，不仅无法起到增加和培养社会利他性的作用，甚至连应对利他危机的消极后果都显得有心无力。利他行动者，不仅无法因为其利他行动而获得实际的奖励，甚至其正常的基本权利都可能受到破坏。在这一点上搀扶老人的问题体现得十分明显。在个体去搀扶跌倒的老人之后，其不仅可能无法获得口头的赞扬或者物质的奖励，甚至还需要承担着丧失名誉或接受惩罚的风险，这就成为阻碍个人去搀扶老人的重要因素之一。同时，在宽泛的利他领域中，社会上屡次出现的利他性组织的危机问题，也一定程度上加重了利他性缺失的危机。利他性组织在信息公开层面的失败，导致了个体无法了解这些组织不断出现的各种丑闻事件，则更进一步降低了个体对利他性组织的信任程度。个体开始担心其所捐献的金钱等物质利益、奉献的时间精力以及捐献的鲜血等，不仅无法顺利地到达需要帮助者的受众，甚至可能会被这些利他性组织随意挪用滥用，从而会降低其参加这些利他行动的意愿性和可能性。这一点在社会生活中也得到了证实，郭美美事件发生之后，红十字会所接收到的慈善捐献量，就出现了明显的降低趋势。

同时，信息技术的发展所带来的大众传播舆论的繁荣，在传播消极负面的利他危机事件过程中，更进一步扩展了利他性危机的严重性。尤其是网络等新兴媒体的兴起，其所具有的跨地域传播性、多群体传播性等特征，更是加重了利他性危机事件的传播范围和广度。比如彭宇事件，正是由于网络媒体的介入，才在全国范围中扩散开来。不断出现的消极负面事件，在新兴舆论媒体的加速传播过程中，给大多数社会成员的利他态度带来了消极的影响，并且这种负面作用具有累积发散效果，每一次发生的危机事件，所产生的负面效应都会更为强烈，这也在一定程度上导致了当前社会利他性危机的出现。

总结而言，目前社会中的利他性危机，在数据分析结果中获得了一定程度的证实。这一危机出现，与利己和个人利益在当前社会奖惩机制中的优势地位，具有密不可分的联系。正是由于目前社会主流的规范取向中，都将追求个人自身利益放在了较为重要的位置，而对他人利益的考虑和关心则退到了次要的位置上，利己才成为了社会普遍存在的主要现象趋势，而利他性在社会中的存量则出现了不断减少的发展趋势。因此，在寻找培育社会利他性路径的过程中，提高利他取向在社会奖惩机制中的重要作用，具有十分积极的现实意义。只有社会主流的规范取向开始强调利他性规范的重要性，开始积极地采取各种措施去奖励利他行动主体，去设置各种机制保障利他主体的正常权益，并且针对损人利己的现象实施严厉的惩罚措施，社会中的利他性才会重新获得成长和发展的空间，利他态度和利他行为也才有可能出现稳定的增加趋势。只有当社会中的奖惩机制更多地倾向于利他这一端，个体的利他态度和利他行为的存量才有可能更为茁壮地增加与成长。

第三节　不足与对未来研究的展望

一、不足

第一，目前学界对利他现象进行研究分析的学科和流派众多，无论是对利他概念的界定还是对利他来源的理论分析，都没有形成统一的共识。本书所采用的利他态度和利他行为的概念界定，更多地考虑了现实问题的需要，兼顾了利他与利己两个概念的共通与差异性，范围较为宽广，还需要进一步细致化和完善。

第二，本书在测量利他态度和利他行为时，为了确保对广泛调查对象的适用性，采取了一些综合宽泛性的测量变量。比如在对利他行为的测量，主要使用了一些较为宽泛的指标，如志愿活动、慈善捐赠以及无偿献血活动，等等，而没有使用十分具体的测量指标，在细致和深入性方面存在一定不足；同样在测量利他态度时，主要采用了主评定的方法，其客观性和准确性也具有不足，这会对相关研究的可靠性产生影响。

第三，本书所进行的问卷调查集中在一个固定的时间点，获得的是横断面数据，只能确定个体在这一特定时间中利他态度和行为的存在情况，无法了解其在全部变化发展过程中所显现出的全貌特征，缺乏纵向研究所获得数据的全面动态特征，不利于主要研究结论的推广。

最后，鉴于定量研究本身的特征，本书只能获得利他态度和利他行为较为宽泛的影响因素分布，而无法了解实际深入的影响作用过程，缺乏对在利他性程度中表现出显著差异的个体的特征分析，这需要未来的个案研究结果对此加以补充，以更为全面深入地去确定利他性规范发挥影响的具体特征。

二、对未来研究的展望

首先，目前学界还没有形成一套通用完善的利他态度和行为的测量工具，需要未来学者通过具体的论证分析研究工作来实现这一目标。尤其在权衡综合性的测量指标与具体细致的指标之间的取舍选择方面，在确定利他态度和利他行为两者在反映社会利他性程度的重要性方面，都需要进一步研究工作的支持。由于利他研究涉及多个学科的分析工作，所以完成这一任务需要多学科学者的共同努力，完善的测量工具指标的建立，将会有助于获得利他性存在现状的准确数据。

其次，本书为了了解利他行为和态度的总体存在情况，在测量数据中重点关注的是不同类型利他行为所具有的共同特征，并没有深入考虑每一种特定类型的利他行为的特殊性。未来的研究可以针对某一种形式的利他行为活动进行深入的考察分析，比如针对公益志愿活动的专门分析研究，等等，将会加深对于利他行为和态度的深入理解。

最后，在进一步推进对利他态度和利他行为的深入理解过程中，需要针对某些特殊群体，比如表现出较高水平的利他模范群体，进行专门的质性研究，以获得更为丰满的研究资料，有助于确定利他行为和态度的高水平存在状态与个体自身经历之间的相关性，将会推进利他研究的纵深发展。

参 考 文 献

「中文部分」

[1] 安东尼·吉登斯. 现代性的后果[M]. 田禾,译. 南京:译林出版社,2000.

[2] 达尔文. 人类的由来[M]. 潘光旦,胡寿文,译. 北京:商务印书馆,1983.

[3] 彼得·什托姆普卡. 信任:一种社会学的理论[M]. 程胜利,译. 北京:中华书局,2005.

[4] 伯纳德·巴伯. 信任的逻辑与局限[M]. 牟斌,等译. 福州:福建人民出版社,1989.

[5] 道金斯. 自私的基因[M]. 卢永中,张岱云,译. 北京:科学出版社,1981.

[6] 迪尔凯姆. 社会学方法的规则[M]. 胡伟,译. 北京:华夏出版社,1999.

[7] 迪尔凯姆. 自杀论[M]. 冯韵文,译. 北京:商务印书馆,2001.

[8] 丁道尔. 新约圣经注释:约翰福音[M]. 基督教内部资料,2003.

[9] 风笑天. 现代社会调查方法[M]. 3 版. 武汉:华中科技大学出版社,2005.

[10] 弗朗西斯·福山. 信任:社会美德与创造经济繁荣[M]. 彭志华,译. 海口:海南出版社,2001.

[11] 弗朗西斯·福山. 大分裂:人类本性与社会秩序的重建[M]. 刘榜离,等译. 北京:中国社会科学出版社,2002.

[12] 郭沫若. 十批判书[M]. 北京:东方出版社,1996.

[13] 赫伯特·西蒙. 西蒙选集[M]. 北京:首都经济贸易大学出版社,2002.

[14] 加里·S. 贝克尔. 人类行为的经济分析[M]. 上海:上海三联书店,1995.

[15] 加里·S. 贝克尔. 家庭论[M]. 王献生,王宇,译. 北京:商务印书馆,2005.

[16] 康德. 道德形而上学原理[M]. 苗丽田,译. 上海:上海人民出版社,2005.

[17] 拉姆斯登,威尔逊. 普罗米修斯之火:关于精神起源的反思[M]. 李昆峰,译. 北京:三联出版社,1990.

[18] 林滨. 儒家与基督教:利他主义比较研究[M]. 北京:人民出版社,2011.

[19] 理查德·克里斯普,里安农·特纳. 社会心理学精要[M]. 北京:北京大学出

版社,2008.
[20] 罗伯特·帕特南.使民主运行起来[M].王列,赖海榕,译.南昌:江西人民出版社,2001.
[21] 罗伯特·帕特南.独自打保龄:美国社区的衰落与复兴[M].北京:北京大学出版社,2011.
[22] 默顿.社会研究与社会政策[M].林聚任,等译.北京:三联书店,2001.
[23] 尼克拉斯·卢曼.信任[M].瞿铁鹏,李强,译.上海:上海世纪出版集团,2005.
[24] 乔纳森·特纳.社会学理论的结构[M].北京:北京大学出版社,2004.
[25] 沙少海,徐子宏.老子全译[M].贵阳:贵州人民出版社,1989.
[26] 施明,译注.墨子[M].广州:广州出版社,2004.
[27] 苏珊·布莱克摩尔.谜米机器:文化之社会传递过程的基因学[M].高申春,吴友军,许波,译.长春:吉林人民出版社,2001.
[28] 泰勒.简明基督教全书[M].李云路,等译.北京:中国社会科学出版社,1999.
[29] 涂尔干.社会分工论[M].渠敬东,译.北京:三联出版社,2000.
[30] 威尔逊.新的综合:社会生物学[M].阳河清,编译.成都:四川人民出版社,1985.
[31] 徐志刚.论语通译[M].北京:人民文学出版社,2000.
[32] 朱熹[宋].孟子集注[M].济南:齐鲁书社,1992.
[33] 张雷.进化心理学[M].广州:广东高等教育出版社,2007.
[34] 周辅成.西方伦理学名著选辑上卷[M].北京:商务印书馆,1964.
[35] 安晓璐.浅析虚拟社区中的利他行为[J].传媒观察,2005(3).
[36] 安治国,王铮.试析汶川大地震中的利他行为[J].内蒙古农业大学学报(社会科学版),2008(3).
[37] 白利刚,章志光.初中生利他取向,社会赞许性与亲社会行为关系的实验研究[J].心理发展与教育,1996(4).
[38] 毕素华.义、利与爱:企业家慈善行为的伦理考察[J].南京社会科学,2009(10).
[39] 边燕杰.城市居民社会资本的来源及作用:网络观点与调查发现[J].中国社会科学,2004(3).
[40] 采帕耶夫,段和珊.社会规范与社会关系[J].国外社会科学,1988(7).
[41] 蔡忠明.论学习化社会建构的心理学基础:基于埃里克森的理论[J].社会心理科学,2006(1).
[42] 曹刚,任重远.为己与利他的中道:志愿精神的伦理解读[J].广西民族大学学报(哲学社会科学版),2009(3).
[43] 曹广婷.论佛教的慈悲利他思想及社会关怀[J].西安社会科学,2010(1).

[44] 陈福平.市场社会中社会参与的路径问题:关系信任还是普遍信任[J].社会,2012(2).
[45] 陈坚.儒家"义利之辨"与佛教"自利利他"比较研究[J].齐鲁学刊,2007(5).
[46] 陈健民,丘海雄.社团,社会资本与政经发展[J].社会学研究,1999(4).
[47] 陈默,李晏墅.慈善活动是自利诉求还是利他诉求:来自营销学的思考[J].中国市场,2010(31).
[48] 陈世柏.海外乡亲慈善捐赠行为的动因探析[J].甘肃社会科学,2010(2).
[49] 陈晓平.利己与利他的综合:从进化论的角度看[J].学术界,2010(1).
[50] 程民选.信用主体:自利与利他的对立统一[J].财经科学,2008(3).
[51] 丁迈,陈曦.网络环境下的利他行为研究[J].中国传媒大学学报,2009(3).
[52] 方卫华.自我利益与社会规范:社会科学中的三次革命[J].学海,2006(4).
[53] 弗兰·汤克斯,李熠煜.信任,社会资本与经济[J].马克思主义与现实,2002(5).
[54] 高宪芹.利他主义行为研究的概述[J].黑河学刊,2010,(1).
[55] 耿希峰.从动机角度看亲社会行为、助人行为、利他行为的关系[J].佳木斯大学社会科学学报,2010(6).
[56] 桂勇,黄荣贵.社区社会资本测量:一项基于经验数据的研究[J].社会学研究,2008(3).
[57] 郭景萍.现代社会工作的基本特征:制度化利他主义[J].社会科学研究,2005(4).
[58] 韩克庆.市民社会与中国慈善组织的发育[J].学海,2007(3).
[59] 郝云宏,杨松.基于家族理性"和广义利他主义"的家族企业内部信任冲突分析[J].福建论坛人文社会科学版,2007(2).
[60] 何安明.大学生移情能力与利他行为的相关研究[J].黑龙江高教研究,2007(2).
[61] 何轩,朱沆.利他主义,亲情寻租与家族企业治理[J].外国经济与管理,2008(9).
[62] 胡家琪,明亮.城镇居民无偿献血意愿的研究:对湖北省A市313名普通居民的调查分析[J].社会工作,2006(9).
[63] 胡荣.社会资本与中国农村居民的地域性自主参与:影响村民在村级选举中参与的各因素分析[J].社会学研究,2006(2).
[64] 胡荣,胡康.城市居民的社会交往与社会资本建构[J].社会科学研究,2007(4).
[65] 胡荣,李静雅.城市居民信任的构成及影响因素[J].社会,2006(6).
[66] 胡石清,乌家培.从利他性到社会理性:利他主义经济学研究的一个综合观点[J].财经问题研究,2009(6).
[67] 黄少安,韦倩.利他行为经济学研究的方法论[J].学术月刊,2008(7).
[68] 黄少安,韦倩.利他经济学研究评述[J].经济学动态,2008(4).
[69] 黄芸,李丹.中学生利他态度和行为倾向的调查研究[J].心理发展与教育,1996(1).

[70] 金桥.上海居民文化资本与政治参与:基于上海社会质量调查数据的分析[J].社会学研究,2012(4).
[71] 井婷,宋佳东,刘佳.幸福感对利他行为影响的实证分析[J].学术交流,2011(8).
[72] 景晓娟.重大公共事件中青年志愿者利他动机的研究:以2008年北京奥运会青年志愿者为例[J].中国青年研究,2010(2).
[73] 鞠澄辉,黄成.报警行为:利己还是利他[J].生命世界,2006(4).
[74] 李柏洲.现阶段中国社会利他主义行为分析[J].学术交流,2008(1).
[75] 李春玲.当代中国社会的声望分层:职业声望与社会经济地位指数测量[J].社会学研究,2005(2).
[76] 李建华,肖彦.志愿者精神中的利他与己他两利之辩[J].求索,2011(4).
[77] 李梅.利他行为的社会认知分析[J].冀东学刊,1996(4).
[78] 李巍,李建升.利他主义与家族式中小企业管理模式研究[J].江南大学学报(人文社会科学版),2007(1).
[79] 李幼斌.社会规范的定位与重塑[J].社会主义研究,2003(2).
[80] 李增福,王志涛.利他主义的行为边界[J].江苏社会科学,2004(3).
[81] 林滨.从中西文化视角析儒家与基督教两种利他主义伦理思想产生的不同预制[J].兰州学刊,2004(6).
[82] 林君希.大乘佛教自利利他思想述评[J].福建师大福清分校学报,2004(3).
[83] 林泰,陶倩.当前社会利他行为研究的意义及其三层次表现[J].清华大学学报哲学社会科学版,2001(5).
[84] 凌文辁,郑晓明,方俐洛.社会规范的跨文化比较[J].心理学报,2003(2).
[85] 刘伏海.近代西方利他主义试探[J].湖南师范大学社会科学学报,1993(3).
[86] 刘鹤玲.利他主义新理念与和谐社会的构建[J].伦理学研究,2010(6).
[87] 刘鹤玲.亲缘选择理论:生物有机体的亲缘利他行为及其基因机制[J].华中师范大学学报(自然科学版),2008(1).
[88] 刘鹤玲,陈净.利他主义的科学诠释与文化传承[J].江汉论坛,2008(6).
[89] 刘鹤玲,蒋湘岳,刘奇.广义适合度与亲缘选择学说:亲缘利他行为及其进化机制[J].科学技术与辩证法,2007(5).
[90] 刘俊升,桑标.内隐-外显态度的关系及其行为预测性[J].华东师范大学学报(教育科学版),2010(2).
[91] 刘林海.从互惠到利他:宗教改革时期基督教济贫观念的变化[J].北京师范大学学报(社会科学版),2008(6).
[92] 刘梦兰.中西利他思想比较与思考[J].湘潭师范学院学报(社会科学版),1998(5).
[93] 刘武,杨晓飞,张进美.城市居民慈善行为的群体差异:以辽宁省为例[J].东北大学学报(社会科学版),2010(5).

[94] 刘晓敏.亲社会行为与利他主义[J].心理学探新,2000(3).
[95] 刘争先,毕红梅.试论和谐社会视野下高校青年利他行为[J].广东青年干部学院学报,2007(3).
[96] 罗教讲.经济心理学研究进程解读:从囚徒困境"到互惠利他"[J].湖北大学学报(哲学社会科学版),2008(3).
[97] 吕有祥.佛教自利利他思想及其现代价值[J].中华文化论坛,2003(2).
[98] 马得华.社会规范、理性选择与信号传递[J].东岳论丛,2011(7).
[99] 马得勇.社会资本:对若干理论争议的批判分析[J].政治学研究,2008(5).
[100] 马先明,姜丽红.态度及其与行为模式述评[J].社会心理科学,2006(3).
[101] 梅光耀,何凤兰等.大学生对乞丐的态度及其与利他主义的相关研究[J].社会心理科学,2006(5).
[102] 内格尔.T,万俊人.利他主义:直觉的问题[J].世界哲学,2005(3).
[103] 彭茹静.利他主义行为的理论发展研究[J].江西社会科学,2003(7).
[104] 普特南,杨蓉.繁荣的社群:社会资本和公共生活[J].马克思主义与现实,1999(3).
[105] 仇立平,肖日葵.文化资本与社会地位获得:基于上海市的实证研究[J].中国社会科学,2011(6).
[106] 饶异.互惠利他理论的社会蕴意研究[J].广东社会科学,2010(2).
[107] 饶异.互惠利他理论社会应用的可行性与局限性分析[J].理论月刊,2010(8).
[108] 任重远.利他行为的谱系分析[J].伦理学研究,2009(2).
[109] 邵贵平.关于利他行为与心理健康的研究[J].青年研究,1999(11).
[110] 沈杰.评述埃里克森的青年期心理学理论[J].青年研究,1992(7).
[111] 史砚湄.互惠的缔结与实现:经济利他主义的道德生产力[J].社会科学家,2006(2).
[112] 史砚湄.利他主义的效率逻辑及其合目的控制[J].南京政治学院学报,2006(2).
[113] 孙君临.当代国外的利他主义研究[J].哲学动态,1999(8).
[114] 孙名之.埃里克森的自我同一性述评[J].湖南师院学报(哲学社会科学版),1984(4).
[115] 索伯·E,李建会.心理学的自我主义与利他主义[J].国外社会科学,1998(6).
[116] 唐俊.行为博弈的互惠利他行为理论研究的进展[J].现代经济探讨,2011(6).
[117] 唐永泽.评"社会规范说"的道德界定[J].江苏大学学报(社会科学版),2004(4).
[118] 滕云,杨琴.网络弱关系与个人社会资本获取[J].重庆社会科学,2007(2).
[119] 童星,罗军.社会规范的三种形式及其相互关系[J].江海学刊,2001(3).
[120] 王炳庆,吴成军.探析利他行为在农民工务工中的重要性[J].贵州师范学

院学报,2010(4).
[121] 王海明.利他主义重估[J].北京师范学院学报社会科学版,1990(3).
[122] 王海明.利他主义与利己主义辨析[J].河南师范大学学报哲学(社会科学版),2001(1).
[123] 王海明.利他主义新探[J].齐鲁学刊,2004(5).
[124] 王海明,王海宾.孔墨利他主义之比较[J].中国人民大学学报,1988(5).
[125] 王慧娟.有偿献血人群卖血的社会背景和行为动因探析[J].渭南师范学院学报,2011(5).
[126] 王林平."个人与社会"和"利他与利己":迪尔凯姆现代性问题解决方案的理论起点探析[J].学术交流,2010(11).
[127] 王明琳,徐萌娜.利他行为的治理机制及效率研究[J].经济学家,2011(12).
[128] 王妮丽.信任,捐赠与非营利组织的信息披露[J].学术探索,2004(8).
[129] 王思斌.社会工作:利他主义的社会互动[J].中国社会工作,1998(4).
[130] 王覃刚,冀红梅.利他行为、社会资本与制度演化[J].财贸研究,2006(5).
[131] 王小璐,风笑天.网络中的青少年利他行为新探[J].广东青年干部学院学报,2004(1).
[132] 王雁飞,朱瑜.利他主义行为发展的理论研究述评[J].华南理工大学学报(社会科学版),2003(4).
[133] 王毅.先秦诸子思想中的利他共性[J].文史杂志,1999(6).
[134] 王愚,徐春林,达庆利.利他、公平和信任等因素对合作的影响[J].东南大学学报(自然科学版),2007(3).
[135] 王玉珍.利他行为的"道德人"分析[J].当代经济研究,2003(12).
[136] 王玉珍.微观主体的利他行为分析[J].太原理工大学学报(社会科学版),2003(4).
[137] 王则柯.慈善事业和募捐救助不是一回事[J].开放时代,1998(5).
[138] 王志芳,张汉静.索伯心理利他主义探讨[J].科学技术哲学研究,2012(1).
[139] 王志明,顾海英.利他主义、代理问题及家族企业[J].社会科学战线,2004(5).
[140] 尉建文,赵延东.权力还是声望?社会资本测量的争论与验证[J].社会学研究,2011(3).
[141] 夏纪军,张来武,雷明.利他、互利与信任[J].经济科学,2003(4).
[142] 夏玉珍.社会规范合理性问题探讨[J].江汉论坛,2004(12).
[143] 肖爱芝.埃里克森的社会发展理论与儿童亲社会行为的养成[J].继续教育研究,2009(11).
[144] 谢维俭.利他行为与优先顺序[J].上海交通大学学报(哲学社会科学版),2004(1).

[145] 谢永超,杨忠直.国际视角下的个人捐赠研究[J].东南亚纵横,2009(5).
[146] 辛格·P,余勋.利己主义、利他主义和社会生物学[J].哲学译丛,1991(5).
[147] 徐华.理性选择模型与利他主义[J].制度经济学研究,2005(2).
[148] 徐林清,张捷.商会的产生机理:一个利他主义的解释[J].暨南学报(哲学社会科学版),2008(3).
[149] 薛洁.互惠利他:和谐交往的公民态度[J].政治学研究,2011(1).
[150] 杨春学.利他主义经济学的追求[J].经济研究,2001(4).
[151] 杨美荣.李建明大学生利他行为的调查分析[J].中国健康心理学杂志,2007(159).
[152] 姚俭建,Collins J.美国慈善事业的现状分析:一种比较视角[J].上海交通大学学报哲学社会科学版,2003(1).
[153] 叶航.利他行为的经济学解释[J].经济学家,2005(3).
[154] 叶航,汪丁丁,罗卫东.作为内生偏好的利他行为及其经济学意义[J].经济研究,2005(8).
[155] 易小明,邓敏.利己与利他相统一:善的最高层次[J].齐鲁学刊,2011(4).
[156] 翟学伟.是关系,还是社会资本[J].社会杂志,2009(1).
[157] 张存建,王静.一个基于三角模式的个体利他行为解释[J].哲学动态,2011(5).
[158] 张帆,康洁.论政府利他行为的特点[J].理论与改革,2007(3).
[159] 张红涛,王二平.态度与行为关系研究现状及发展趋势[J].心理科学进展,2007(1).
[160] 张婍,王二平.社会困境下政治信任对公众态度和合作行为的影响[J].心理科学进展,2010(10).
[161] 张维迎,柯荣住.信任及其解释:来自中国的跨省调查分析[J].经济研究,2002(10).
[162] 张文宏.社会资本:理论争辩与经验研究[J].社会学研究,2003(4).
[163] 张文宏.中国的社会资本书:概念,操作化测量和经验研究[J].江苏社会科学,2007(3).
[164] 张晓虎.符号互动与社会规范的形成[J].理论月刊,2004(12).
[165] 张旭昆.试析利他行为的不同类型及其原因[J].浙江大学学报(人文社会科学版),2005(4).
[166] 张志祥.当代青年利他行为弱化的多视角审视[J].中国青年研究,2005(12).
[167] 赵延东,罗家德.如何测量社会资本:一个经验研究综述[J].国外社会科学,2005(2).
[168] 赵妍妍.论解决利他主义两难的几种进路[J].自然辩证法研究,2011(9).
[169] 赵子祥.社会资本在经济发展中的重要地位和潜在功能:关于社会资本的社会学研究综述[J].社会科学战线,2003(5).

[170] 郑丹丹,凌智勇.网络利他行为研究:以5Q地带"供种"行为为例[J].浙江学刊,2007(4).

[171] 郑风田,江金启.公共品社会动员机制:关于慈善捐赠的一个理论综述[J].浙江社会科学,2009(10).

[172] 郑显亮,顾海根.国外利他行为影响因素的研究综述[J].外国中小学教育,2010(9).

[173] 郑晓明,方俐洛,凌文辁.社会规范研究综述[J].心理学动态,1997(4).

[174] 郑也夫.利他行为的根源[J].首都师范大学学报(社会科学版),2009(4).

[175] 钟永淑,袁明锋.新时期青年利他行为分析[J].人民论坛,2011(17).

[176] 钟涨宝,黄甲寅,万江红.社会资本理论述评[J].社会,2001(10).

[177] 仲伟周.利他行为·利己行为·外部性:对当前赞助活动的一个经济学解释[J].兰州大学学报(社会科学版),1999(2).

[178] 周洁,冯江平,王二平.态度结构一致性及其对态度和行为的影响[J].心理科学进展,2009(5).

[179] 朱富强.现代经济学中人性假设的心理学基础及其问题:经济人"假设与为己利他"行为机理的比较[J].经济学家,2011(3).

[180] 朱海平,朱雄君."义"的时代嬗变:利他性角色期待[J].求索,2009(4).

[181] 朱荟,吴情操.冷漠与支持:情境空间视角下的群体性利他行为[J].华中科技大学学报(社会科学版),2011(5).

[182] 朱力.社会规范建设的困境:三种理性人的策略性选择[J].探索与争鸣,2009(10).

[183] 朱伟珏.超越社会决定论:"布迪厄文化资本"概念再考[J].南京社会科学,2006(3).

[184] 朱旭峰.中国政策精英群体的社会资本:基于结构主义视角的分析[J].社会学研究,2006(4).

[185] 庄平.社会规范系统的结构与机制[J].社会学研究,1988(4).

[186] 邹建国.浅议儒道释的自利利他思想[J].科教导刊上旬刊,2011(2).

[英文部分]

[1] Aderman D, Berkowitz L. Self-Concern and the Unwillingness to Be Helpful[J]. Social Psychology Quarterly, 1983, 46(4).

[2] Ajzen I, Fishbein M. Attitude-behavior relations: A theoretical analysis and review of empirical research[J]. Psychological Bulletin, 1977, 84(5).

[3] Albrecht S, Carpenter K. Attitudes as Predictors of Behavior Versus Behavior Intentions: A Convergence of Research Traditions[J]. Sociometry, 1976, 39(1).

[4] Alexander J. The Social Requisites for Altruism and Voluntarism: Some Notes on What Makes a Sector Independent[J]. Sociological Theory, 1987,5(2).

[5] Allyn Piliavin J. Altruism and Helping, The Evolution of a Field: The 2008 Cooley-Mead Presentation[J]. Social psychology quarterly, 2009, 72(3).

[6] Alwin D. Making Inferences from Attitude-Behavior Correlations[J]. Sociometry, 1973, 36(2).

[7] Andrews K, Kandel D. Attitude and Behavior: A Specification of the Contingent Consistency Hypothesis[J]. American Sociological Review, 1979, 44(2).

[8] Anheier H, Kendall J. Interpersonal Trust and Voluntary Associations: Examining Three Approaches[J]. The British Journal of Sociology, 2002, 53(3).

[9] Azadegan A, Dooley K. Supplier innovativeness, organizational learning styles and manufacturer performance: An empirical assessment[J]. Journal of Operations Management, 2010, 28(6).

[10] Bar-Tal D, Bar-Zohar Y,Greenberg M, Hermon M. Reciprocity Behavior in the Relationship Between Donor and Recipient and Between Harm-Doer and Victim[J]. Sociometry, 1977, 40(3).

[11] Batson C, Batson J, Griffitt C, Barrientos S,Brandt J, Sprengelmeyer P, Bayly M. 1989. Negative-state relief and the empathy—altruism hypothesis[J]. Journal of Personality and Social Psychology, 56(6).

[12] Batson C, Batson J, Slingsby J, Harrell K, Peekna H, Todd R. Empathic joy and the empathy-altruism hypothesis[J]. Journal of Personality and Social Psychology,1991, 61(3).

[13] Batson C, Bolen M, Cross J, Neuringer-Benefiel H. Where is the Altruism in the Altruistic Personality? [J]. Journal of Personality and Social Psychology,1986,50(1).

[14] Batson C, Duncan B, Ackerman P, Buckley T, Birch K. Is empathic emotion a surce of altruistic motivation? [J]. Journal of personality and Social Psychology,1981,40(2).

[15] Batson C, Dyck J, Brandt J, Batson J, Powell A, McMaster M, Griffitt C. Five studies testing two new egoistic alternatives to the empathy-altru-

ism hypothesis[J]. Journal of Personality and Social Psychology, 1988, 55(1).

[16] Batson C, Fultz J, Schoenrade P, Paduano A. Critical self-reflection and self-perceived altruism: When self-reward fails[J]. Journal of Personality and Social Psychology, 1987, 53(3).

[17] Batson C, Klein T, Highberger L, Shaw L. Immorality from empathy-induced altruism: When compassion and justice conflict[J]. Journal of Personality and Social Psychology, 1995, 68(6).

[18] Baumann D, Cialdini R, Kendrick D. Altruism as hedonism: Helping and self-gratification as equivalent responses[J]. Journal of Personality and Social Psychology, 1981, 40(6).

[19] Becker G. Altruism, Egoism, and Genetic Fitness: Economics and Sociobiology[J]. Journal of Economic Literature, 1976, 14(3).

[20] Becker P, Dhingra P. Religious Involvement and Volunteering: Implications for Civil Society[J]. Sociology of Religion, 2001, 62(3).

[21] Bègue L, Charmoillaux M, Cochet J, Cury C, Suremain F. Altruistic Behavior and the Bidimensional Just World Belief[J]. The American Journal of Psychology, 2008, 121(1).

[22] Bekkers R. Participation in Voluntary Associations: Relations with Resources, Personality, and Political Values[J]. Political Psychology, 2005, 26(3).

[23] Bekkers R. Traditional and Health-Related Philanthropy: The Role of Resources and Personality[J]. Social Psychology Quarterly, 2006, 69(4).

[24] Bekkers R. Intergenerational Transmission of Volunteering[J]. Acta Sociologica, 2007, 50(2).

[25] Bekkers R, Schuyt T. And Who Is Your Neighbor? Explaining Denominational Differences in Charitable Giving and Volunteering in the Netherlands[J]. Review of Religious Research, 2008, 50(1).

[26] Bennett B. Altruism[J]. Harvard Review, 1998, 1(4).

[27] Berkowitz L. Group Norms Among Bomber Crews: Patterns of Perceived Crew Attitudes, 'Actual' Crew Attitudes, and Crew Liking Related to Aircrew Effectiveness in Far Eastern Combat[J]. Sociometry, 1956, 19(3).

[28] Bernhard H, Fehr E, Fischbacher U. Group Affiliation and Altruistic Norm Enforcement[J]. The American Economic Review, 2006, 96(2).

[29] Beyerlein K, Sikkink D. Sorrow and solidarity: Why Americans volunteered for 9/11 relief efforts[J]. Social Problems, 2008, 55(2).

[30] Black C, Wenstein E, Tannur J. Self-Interest and Expectations of Altru-

ism in Exchange Situations[J]. The Sociological Quarterly, 1974, 15(2).

[31] Bloom L, Kilgore D. The Volunteer Citizen After Welfare Reform in the United States: An Ethnographic Study of Volunteerism in Action[J]. Voluntas: International Journal of Voluntary and Nonprofit Organizations, 2003, 14(4).

[32] Blossfeld H. Macro-Sociology, Rational Choice Theory, and Time: A Theoretical Perspective on the Empirical Analysis of Social Processes[J]. European Sociological Review, 1996, 12(2).

[33] Brinton M. The Social-Institutional Bases of Gender Stratification: Japan as an Illustrative Case[J]. American Journal of Sociology, 1988, 94(2).

[34] Bruce H. The Psychology of the Red Cross Movement[J]. The North American Review, 1919, 209(758).

[35] Burks D, Kobus A. The legacy of altruism in health care: the promotion of empathy, prosociality and humanism[J]. Medical education, 2012, 46(3).

[36] Burns T. A Structural Theory of Social Exchange[J]. Acta Sociologica, 1973, 16(3).

[37] Burnstein E, Crandall C, Kitayama S. Some neo-Darwinian decision rules for altruism: Weighing cues for inclusive fitness as a function of the biological importance of the decision[J]. Journal of Personality and Social Psychology, 1994, 67(5).

[38] Caporael L, Dawes R, Simon H. Altruism: Docility or Group Identification? Science, 1991, 252(5003).

[39] Carpenter J, Matthews P. Why Punish? Social reciprocity and the enforcement of prosocial norms[J]. Journal of Evolutionary Economics, 2004, 14(4).

[40] Carter A. Evolution and the Problem of Altruism[J]. Philosophical Studies: An International Journal for Philosophy in the Analytic Tradition, 2005, 123(3).

[41] Chaudhuri A, Graziano S, Maitra P. Social Learning and Norms in a Public Goods Experiment with Inter-Generational Advice[J]. The Review of Economic Studies, 2006, 73(2).

[42] Cialdini R. Descriptive Social Norms as Underappreciated Sources of Social Control[J]. Psychometrika, 2007, 72(2).

[43] Clohesy W. Altruism and the Endurance of the Good[J]. Voluntas: International Journal of Voluntary and Nonprofit Organizations, 2000, 11(3).

[44] Collins R, Hickman N. Altruism and Culture as Social products[J]. Voluntas: International Journal of Voluntary and Nonprofit Organizations,

1991, 2(2).

[45] Crippen T. Toward a Neo-Darwinian Sociology: Its Nomological Principles and Some Illustrative Applications [J]. Sociological Perspectives, 1994, 37(3).

[46] Danielson P. Competition among Cooperators: Altruism and Reciprocity [J]. Proceedings of the National Academy of Sciences of the United States of America, 2002, 99(10).

[47] David Horton Smith. Voluntary Action and Voluntary Groups[J]. Annual Review of Sociology, 1975, (1).

[48] DiMaggio P. Cultural Capital and School Success: The Impact of Status Culture Participation on the Grades of U. S. High School Students[J]. American Sociological Review, 1982, 47(2).

[49] Dohrenwend B. Egoism, Altruism, Anomie and Fatalism: A Conceptual Analysis of Durkheim's Types[J]. American Sociological Review, 1959, 24(4).

[50] Dressel P. Patriarchy and Social Welfare Work [J]. Social Problems, 1987, 34(3).

[51] Dufwenberg M, Lundholm M. Social Norms and Moral Hazard[J]. The Economic Journal, 2001, 111(473).

[52] Dumais S. Cultural Capital, Gender and School Success: The Role of Habitus[J]. Sociology of Education, 2002, 75(1).

[53] Eckstein S. Community as Gift-Giving: Collectivistic Roots of Volunteerism[J]. American Sociological Review, 2001, 66(6).

[54] Ehrlich H. Attitudes, Behavior and the Intervening Variables[J]. The American Sociologist, 1969, 4(1).

[55] Einolf C. The Link Between Religion and Helping Others: The Role of Values, Ideas, and Language[J]. Sociology of Religion, 2011, 72(4).

[56] Elster J. Coleman on Social Norms[J]. Revue française de sociologie, 2003, 44(2).

[57] Elvira del Pozo. A sociological Approach to the Study of Altruism: the Case of Amnesty International[J]. Michigan Sociological Review, 2002, (16).

[58] Sober E. What is Evolutionary Altruism? Canadian Journal of Philosophy; Supplementary Volume, 1988, 1(4).

[59] Epstein R. Altruism: Universal and Selective[J]. Social Service Review, 1993, 67(3).

[60] Everatt D, Habib A, Maharaj B, Nyar A. Patterns of Giving in South Africa[J]. Voluntas: International Journal of Voluntary and Nonprofit Organizations, 2005, 16(3).

[61] Farber B. Social Context, Kinship Mapping, and Family Norms[J]. Journal of Marriage and Family, 1977, 39(2).

[62] Feldman M, Cavalli-Sforza L, Peck J. Gene-Culture Coevolution: Models for the Evolution of Altruism with Cultural Transmission[J]. Proceedings of the National Academy of Sciences of the United States of America, 1985, 821(7).

[63] Felson R, Bohrnstedt G. Attributions of Ability and Motivation in a Natural Setting[J]. Journal of Personality and Social Psychology, 1980, 39(5).

[64] Fernández-Kelly P. The Back Pocket Map: Social Class and Cultural Capital as Transferable Assets in the Advancement of Second-Generation Immigrants[J]. Annals of the American Academy of Political and Social Science, 2008, 62(0).

[65] Fischer E. Consistency among Humanitarian and Helping Attitudes[J]. Social Forces, 1973, 52(2).

[66] Fleishman S. Effects of Negative Personal Norms on Helping Behavior[J]. Personality and Social Psychology Bulletin, 1982, (8).

[67] Flint J, Rowlands R. Commodification, Normalisation and Intervention: Cultural, Social and Symbolic Capital in Housing Consumption and Governance[J]. Journal of Housing and the Built Environment, 2003, 18(3).

[68] Folbre N, Goodin R. Revealing Altruism[J]. Review of Social Economy, 2004, 62(1).

[69] Fowler J. Altruism and Turnout[J]. The Journal of Politics, 2006, 68(3).

[70] Freeman R. Working for Nothing: The Supply of Volunteer Labor[J]. Journal of Labor Economics, 1997, 15(1).

[71] Friedman W. Organismal Duplication, Inclusive Fitness Theory, and Altruism: Understanding the Evolution of Endosperm and the Angiosperm Reproductive Syndrome[J]. Proceedings of the National Academy of Sciences of the United States of America, 1995, 92(9).

[72] Friedrichs R. Alter versus ego: An exploratory assessment of altruism [J]. American Sociological Review, 1960, 25(4).

[73] Froming W, Allen L, Jensen R. Altruism, Role-Taking, and Self-Awareness: The Acquisition of Norms Governing Altruistic Behavior[J]. Child Development, 1985, 56(5).

[74] Fultz J, Batson C, Fortenbach V, McCarthy P, Varney. Social Evaluation and the Empathy-altruism Hypothesis[J]. Journal of Personality and Social Psychology, 1986, 50(4).

[75] Ganley W. Poverty and Charity: Early Analytical Conflicts between Institutional Economics and Neoclassicism[J]. Journal of Economic Issues, 1998, 32(2).

[76] Gibbins K, Walker I. Social Roles, Social Norms, and Self-presentation in the Quiz Effect of Ross, Amabile, and Steinmetz[J]. The Journal of Social Psychology, 1996, 136(5).

[77] Gordon L. On Attitude-Behavior Correlations[J]. The American Sociologist, 1969, 4(3).

[78] Gouldner A. The Norm of Reciprocity: A Preliminary Statement[J]. American Sociological Review, 1960, 25(2).

[79] Greene J. Social and Cultural Capital in Colonial British America: A Case Study[J]. The Journal of Interdisciplinary History, 1999, 29(3).

[80] Gross S, Niman C. Attitude-Behavior Consistency: A Review[J]. The Public Opinion Quarterly, 1975, 39(3).

[81] Grundy E. Reciprocity in Relationships: Socio-Economic and Health Influences on Intergenerational Exchanges between Third Age Parents and Their Adult Children in Great Britain[J]. The British Journal of Sociology, 2005, 56(2).

[82] Grusec J, Skubiski S. Model Nurturance, Demand Characteristics of the Modeling Experiment, and Altruism[J]. Journal of Personality and Social Psychology, 1970, 14(4).

[83] Guizzardi L. Those Decent Fellows! Social Capital and Young Adult Volunteers[J]. Polish Sociological Review, 2008, 4(164).

[84] Gurven M. Reciprocal Altruism and Food Sharing Decisions among Hiwi and Ache Hunter-Gatherers[J]. Behavioral Ecology and Sociobiology, 2004, 56(4).

[85] Hagan J, Zatz M, Arnold B, Kay F. Cultural Capital, Gender, and the Structural Transformation of Legal Practice[J]. Law, Society Review, 1991, 25(2).

[86] Hamilton J. The Missouri News Monopoly and American Altruism in China:

[87] Thomas F. F. Millard, J. B. Powell, and Edgar Snow[J]. Pacific Historical Review, 1986, 55(1).

[88] Healy K. Altruism as an Organizational Problem: The Case of Organ Procurement[J]. American Sociological Review, 2004, 69(3).

[89] Healy K. Embedded Altruism: Blood Collection Regimes and the European Union's Donor Population[J]. American Journal of Sociology, 2000, 105(6).

[90] Heise D. Group Dynamics and Attitude-Behavior Relations[J]. Sociological Methods and Research, 1977, (5).

[91] Hoffman M. Is Altruism Part of Human Nature[J]. Journal of Personality and social Psychology, 1981, 40(1).

[92] Hoffman M. Is Empathy Altruistic[J]. Psychological Inquiry, 1991, 2(2).

[93] House J, Umberson D, Landis K. Structures and Processes of Social Support[J]. Annual Review of Sociology, 1988, 1(4).

[94] Houston D. Walking the Walk of Public Service Motivation: Public Employees and Charitable Gifts of Time, Blood and Money[J]. Journal of Public Administration Research and Theory, 2006, 16(1).

[95] Hu Y, Liu D. Altruism versus Egoism in Human Behavior of Mixed Motives: An Experimental Study[J]. American Journal of Economics and Sociology, 2003, 62(4).

[96] Humphrey N. Varieties of Altruism: and the Common Ground between Them[J]. Social Research, 1997, 64(2).

[97] Hustinx L, Lammertyn F. Collective and Reflexive Styles of Volunteering: A Sociological Modernization Perspective[J]. Voluntas: International Journal of Voluntary and Nonprofit Organizations, 2003, 14(2).

[98] Ilies R, Scott B, Judge T. The Interactive Effects of Personal Traits and Experienced States on Intraindividual Patterns of Citizenship Behavior [J]. The Academy of Management Journal, 2006, 49(3).

[99] Janoski T, Musick M, Wilson J. Being Volunteered? The Impact of Social Participation and Pro-Social Attitudes on Volunteering[J]. Sociological Forum, 1998, 13(3).

[100] Janoski T, Wilson J. Pathways to Voluntarism: Family Socialization and Status Transmission Models[J]. Social Forces, 1995, 74(1).

[101] Jay, Weinstein. Creative Altruism: The Prospects for a Common Humanity in the Age of Globalization[J]. Journal of Futures Studies, 2004, (1).

[102] Jeffries V, Pitirim A. Sorokin's Integralism and Public Sociology[J]. The American Sociologist, 2005, 363(4).

[103] Jeffries V, Johnston B, Nichols L, Oliner S, Tiryakian E, Weinstein J. Altruism and Social Solidarity: Envisioning a Field of Specialization[J]. The American Sociologist, 2006, 37(3).

[104] Ji C, Pendergraft L, Perry M. Religiosity, Altruism and Altruistic Hypocrisy: Evidence from Protestant Adolescents[J]. Review of Religious Research, 2006, 48(2).

[105] Jordan N. Cognitive Balance, Cognitive Organization and Attitude Change: A Critique[J]. The Public Opinion Quarterly, 1963, 27(1).

[106] Jr J. Reciprocal Altruism as a Felony: Antitrust and the Prisoner's Dilemma[J]. Michigan Law Review, 1988, 86(8).

[107] Kahle L, Berman J. Attitudes Cause Behaviors: A Cross-Lagged Panel Analysis[J]. Journal of Personality and Social Psychology, 1979, 37(3).

[108] Kahn, A. R, Radcliffe, K. A. 2004. The Masters We Serve: the Gene and the Meme in Human Affairs[J]. International Journal on World Peace, 21(1).

[109] Karlan D, Mobius M, Rosenblat T, Szeidl A. Trust and Social Collateral [J]. The Quarterly Journal of Economics, 2009, 124(3).

[110] Katsillis J, Rubinson R. Cultural Capital, Student Achievement, and Educational Reproduction: The Case of Greece[J]. American Sociological Review, 1990, 55(2).

[111] Kennett D. Altruism and Economic Behavior, I Developments in the Theory of Public and Private Redistribution. American Journal of Economics and Sociology, 1980, 39(2).

[112] Kennett D. Altruism and Economic Behavior: II Private Charity and Public Policy[J]. American Journal of Economics and Sociology, 1980, 39(4).

[113] Kenrick D, Baumann D, Cialdini R. A Step in the Socialization of Altruism as Hedonism: Effects of Negative Mood on Children's Generosity Under Public and Private Conditions[J]. Journal of Personality and Social Psychology, 1979, 37(5).

[114] Kim M, Hunter J. Relationships Among Attitudes, Behavioral Intentions, and Behavior A Meta-Analysis of Past Research, Part 2[J]. Communication research, 1993, 20(3).

[115] Kitcher P. Psychological Altruism, Evolutionary Origins, and Moral Rules[J]. Philosophical Studies: An International Journal for Philosophy in the Analytic Tradition, 1998, 89(2-3).

[116] Kottasz R. Differences in the Donor Behavior Characteristics of Young Affluent Males and Females: Empirical Evidence From Britain[J]. Voluntas: International Journal of Voluntary and Nonprofit Organizations, 2004, 15(2).

[117] Kraaykamp G, Eijck K. The Intergenerational Reproduction of Cultural Capital: A Threefold Perspective[J]. Social Forces, 2010, 89(1).

[118] Krebs D, Miller D. Altruism and aggression[J]. The handbook of social psychology, 1985, (2).

[119] Kristen M. A Fat Lady in a Corset: Altruism and Social Theory[J]. American Journal of Political Science, 1994, 38(4).

[120] Laitner J, Juster F. New Evidence on Altruism: A Study of TIAA-CREF Retirees[J]. The American Economic Review, 1996, 86(4).

[121] Lam P. As the Flocks Gather: How Religion Affects Voluntary Association Participation[J]. Journal for the Scientific Study of Religion, 2002, 41(3).

[122] Lamont M, Lareau A. Cultural Capital: Allusions, Gaps and Glissandos in Recent Theoretical Developments[J]. Sociological Theory, 1988, 6(2).

[123] Lee M, Bartkowski J. Love Thy Neighbor? Moral Communities, Civic Engagement, and Juvenile Homicide in Rural Areas[J]. Social Forces, 2004, 82(3).

[124] Lembo J. Altruistic Attitudes among Catholic Lay and Religious Female College Students[J]. The Journal of Educational Research, 1967, 61(2).

[125] Levine R. The Kindness of Strangers: People's Willingness to Help Someone During a Chance Encounter on a City Street Varies Considerably Around the World[J]. American Scientist, 2003, 91(3).

[126] Liska A. Emergent Issues in the Attitude-Behavior Consistency Controversy[J]. American Sociological Review, 1974, 39(2).

[127] Liska A. A Critical Examination of the Causal Structure of the Fishbein/Ajzen Attitude-Behavior model[J]. Social Psychology Quarterly, 1984, 47(1).

[128] Lotem A, Fishman M, Stone L. From Reciprocity to Unconditional Altruism through Signalling Benefits[J]. Proceedings: Biological Sciences, 2003, 270(1511).

[129] Maher R, Cristina Bicchieri. The Grammar of Society: The Nature and Dynamics of Social Norms[J]. Ethics, 2007, 118(1).

[130] Masters J, Pisarowicz P. Self-Reinforcement and Generosity Following Two Types of Altruistic Behavior[J]. Child Development, 1975, 46(2).

[131] Matzat U. The Social Embeddedness of Academic Online Groups in Offline Networks as a Norm Generating Structure: An Empirical Test of the Coleman Model on Norm Emergence[J]. Computational, Mathematical

Organization Theory, 2004, 10(3).

[132] McBroom W, Reed F. Toward a Reconceptualization of Attitude-Behavior Consistency[J]. Social Psychology Quarterly, 1992, 55(2).

[133] Michalski J. Financial Altruism or Unilateral Resource Exchanges? Toward a Pure Sociology of Welfare[J]. Sociological Theory, 2003, 21(4).

[134] Millar M, Tesser A. Effects of Affective and Cognitive Focus on the Attitude-Behavior Relation[J]. Journal of Personality and Social Psychology, 1986, 51(2).

[135] Mohlin E. Internalized Social Norms in Conflicts: An Evolutionary Approach[J]. Economics of Governance, 2010, 11(2).

[136] Monroe K, Barton M, Klingemann U. Altruism and the Theory of Rational Action: Rescuers of Jews in Nazi Europe[J]. Ethics, 1990, 101(1).

[137] Monroe K, Epperson C. 'But What Else Could I Do?' Choice, Identity and a Cognitive-Perceptual Theory of Ethical Political Behavior[J]. Political Psychology, 1994, 15(2).

[138] Montgomery M, Casterline J. Social Learning, Social Influence, and New Models of Fertility[J]. Population and Development Review, 1996, 2(2).

[139] Musick M, Wilson J Jr. Race and Formal Volunteering: The Differential Effects of Class and Religion[J]. Social Forces, 2000, 78(4).

[140] Mustillo S, Wilson J, Lynch S. Legacy Volunteering: A Test of Two Theories of Intergenerational Transmission[J]. Journal of Marriage and Family, 2004, 66(2).

[141] Mutchler J, Burr J, Caro F. From Paid Worker to Volunteer: Leaving the Paid Workforce and Volunteering in Later Life[J]. Social Forces, 2003, 81(4).

[142] Neal S. Commitment to Altruism in Sociological Analysis: Paul Hanley Furfey Lecture[J]. Sociological Analysis, 1982, 43(1).

[143] Nooteboom B. Social Capital, Institutions and Trust[J]. Review of Social Economy, 2007, 65(1).

[144] Obler J. Private Giving in the Welfare State[J]. British Journal of Political Science, 1981, 11(1).

[145] Oesterle S, Johnson M, Mortimer J. Volunteerism during the Transition to Adulthood: A Life Course Perspective[J]. Social Forces, 2004, 82(3).

[146] Olkinuora E. Socialization, Structure of Personal Norms, and Norm Alienation[J]. Acta Sociologica, 1972, 15(3).

[147] Olneck M. Can Multicultural Education Change What Counts as Cultural Capital[J]. American Educational Research Journal, 2000, 37(2).

[148] Ozorak E. Love of God and Neighbor: Religion and Volunteer Service among College Students[J]. Review of Religious Research, 2003, 44(3).

[149] Paolilli A. About the 'Economic' Origin of Altruism[J]. Journal of Socio-Economics, 2009, 38(1).

[150] Parsons D. Demographic Effects on Public Charity to the Aged[J]. The Journal of Human Resources, 1982, 17(1).

[151] Paxton P. Association Memberships and Generalized Trust: A Multilevel Model Across 31 Countries[J]. Social Forces, 2007, 86(1).

[152] Penner L, Dovidio J, Piliavin J, Schroeder D. Prosocial behavior: Multilevel perspectives[J]. Annual Review of Psychology, 2005, 56.

[153] Peressini A. Generalizing Evolutionary Altruism[J]. Philosophy of Science, 1993, 60(4).

[154] Peterson N. Demand Sharing: Reciprocity and the Pressure for Generosity among Foragers[J]. American Anthropologist, 1993, 95(4).

[155] Piazza T. The Analysis of Attitude Items[J]. American Journal of Sociology, 1980, 86(3).

[156] Piliavin J, Callero P, Evans D. Addiction to altruism? Opponent-process theory and habitual blood donation[J]. Journal of Personality and Social Psychology, 1982, 43(6).

[157] Piliavin J, Charng H. Altruism: A review of recent theory and research [J]. Annual review of sociology, 1990, 16.

[158] Piliavin J. Altruism and Helping: The Evolution of a Field: The 2008 Cooley-Mead Presentation[J]. Social Psychology Quarterly, 2009, 72(3).

[159] Pozo E. A sociological approach to the study of altruism: the case of amnesty international[J]. Michigan Sociological Review, 2002, 1(6).

[160] Rabow J, Newcomb M, Monto M, Hernandez A. Altruism in Drunk Driving Situations: Personal and Situational Factors in Intervention[J]. Social Psychology Quarterly, 1990, 53(3).

[161] Robbins D. The Origins, Early Development and Status of Bourdieu's Concept of 'Cultural Capital'[J]. The British Journal of Sociology, 2005, 56(1).

[162] Rochefort D. Progressive and Social Control Perspectives on Social Welfare[J]. Social Service Review, 1981, 55(4).

[163] Rose-Ackerman S. Altruism, Nonprofits and Economic Theory[J]. Journal of

Economic Literature, 1996, 34(2).

[164] Rose-Ackerman S. Altruism, Ideological Entrepreneurs and the Non-Profit Firm[J]. Voluntas: International Journal of Voluntary and Nonprofit Organizations, 1997, 8(2).

[165] Rosenhan D, Salovey P, Hargis K. The joys of helping: Focus of attention mediates the impact of positive affect on altruism[J]. Journal of Personality and Social Psychology, 1981, 40(5).

[166] Rotolo T. Town Heterogeneity and Affiliation: A Multilevel Analysis of Voluntary Association Membership[J]. Sociological Perspectives, 2000, 43(2).

[167] Rubin K, Schneider F. The Relationship between Moral Judgment, Egocentrism, and Altruistic Behavior[J]. Child Development, 1973, 44(3).

[168] Ruiter S, Graaf N. National Context, Religiosity and Volunteering: Results from 53 Countries[J]. American Sociological Review, 2006, 71(2).

[169] Rushton J. Altruism and Society: A Social Learning Perspective[J]. Ethics, 1982, 92(3).

[170] Rushton J. Genetic and Environmental Contributions to Pro-Social Attitudes: A Twin Study of Social Responsibility[J]. Proceedings: Biological Sciences, 2004, 271(1557).

[171] Rutte C, Pfeiffer T. Evolution of Reciprocal Altruism by Copying Observed Behaviour[J]. Current Science, 2009, 971(1).

[172] Salter F. Westermarck's Altruism: Charity Releasers, Moral Emotions, and the Welfare Ethic[J]. Politics and the Life Sciences, 2008, 27(2).

[173] Sample J, Warland R. Attitude and Prediction of Behavior[J]. Social Forces, 1973, 51(3).

[174] Sawyer J. The Altruism Scale: A Measure of Co-operative, Individualistic, and Competitive Interpersonal Orientation[J]. American Journal of Sociology, 1966, 71(4).

[175] Schieman S, Turner H. 'When Feeling Other People's Pain Hurts': The Influence of Psychosocial Resources on the Association between Self-Reported Empathy and Depressive Symptoms[J]. Social Psychology Quarterly, 2001, 64(4).

[176] Schoen H, Schumann S. Personality Traits, Partisan Attitudes, and Voting Behavior. Evidence from Germany[J]. Political Psychology, 2007, 28(4).

[177] Scholz J, Wang C. Learning to Cooperate: Learning Networks and the

Problem of Altruism[J]. American Journal of Political Science, 2009, 53(3).

[178] Schwartz S. Temporal Instability as a Moderator of the Attitude-behavior Relationship[J]. Journal of Personality and Social Psychology, 1978, 36(7).

[179] Schwartz S. Awareness of Consequences and the Influence of Moral Norms on Interpersonal Behavior[J]. Sociometry, 1968, 31(4).

[180] Schwartz S, Ames R. Positive and Negative Referent Others as Sources of Influence: A Case of Helping[J]. Sociometry, 1977, 40(1).

[181] Schwartz S, Fleishman, J. Personal Norms and the Mediation of Legitimacy Effects on Helping[J]. Social Psychology, 1978, 41(4).

[182] Schwartz S, Howard J. Explanations of the Moderating Effect of Responsibility Denial on the Personal Norm-Behavior Relationship[J]. Social Psychology Quarterly, 1980, 43(4).

[183] Schwartz T. Testamentary Behavior: Issues and Evidence about Individuality, Altruism and Social Influences[J]. The Sociological Quarterly, 1993, 34(2).

[184] Serow R. Students and Voluntarism: Looking into the Motives of Community Service Participants[J]. American Educational Research Journal, 1991, 28(3).

[185] Simmons, Roberta G, Altruism and Sociology[J]. Sociological Quarterly, 1991, 32(1).

[186] Simon, H. A Mechanism for Social Selection and Successful Altruism [J]. Science(Washington), 1990, 250(4988).

[187] Simon, H. Bounded Rationality and Organizational Learning[J]. Organization Science,1991, 2(1).

[188] Simon, H. Altruism and Economics[J]. The American Economic Review, 1993, 83(2).

[189] Simpson B, Willer R. Altruism and indirect reciprocity: The Interaction of Person and Situation in Prosocial Behavior[J]. Social Psychology Quarterly, 2008, 71(1).

[190] Simpson B, Macy M. Power, Identity and Collective Action in Social Exchange[J]. Social Forces, 2004, 82(4).

[191] Sinervo B, Chaine A, Clobert J, Calsbeek R, Hazard L, Lancaster L, Hochberg M. Self-Recognition, Color Signals, and Cycles of Greenbeard Mutualism and Altruism[J]. Proceedings of the National Academy of Sciences of the United States of America, 2006, 1031(9).

[192] Singer G, Sheehan P. The Effect of Demand Characteristics on the Figu-

ral After-Effect with Real and Imaged Inducing Figures[J]. The American Journal of Psychology, 1965, 78(1).
[193] Skarin K, Moely B. Altruistic Behavior: An Analysis of Age and Sex Differences[J]. Child Development, 1976, 47(4).
[194] Sliwka D. Trust as a Signal of a Social Norm and the Hidden Costs of Incentive Schemes[J]. The American Economic Review, 2007, 97(3).
[195] Smillie D. Darwin's two Paradigms: An 'Opportunistic' Approach to Natural selection theory[J]. Journal of Social and Evolutionary Systems, 1995, 18(3).
[196] Smith D. Voluntary Action and Voluntary Groups[J]. Annual Review of Sociology, 1975, (1).
[197] Smith D. Researching Volunteer Associations and Other Nonprofits: An Emergent Interdisciplinary Field and Possible New Discipline[J]. The American Sociologist, 1999, 30(4).
[198] Smith H, Fabricatore A, Peyrot M. Religiosity and Altruism among African American Males: The Catholic Experience[J]. Journal of Black Studies, 1999, 29(4).
[199] Smith K, Keating J, Stotland E. Altruism reconsidered: The Effect of Denying Feedback on a Victim's Status to Empathic Witnesses[J]. Journal of Personality and Social Psychology, 1989, 57(4).
[200] Smith T, Stevens G. Hyperstructures and the Biology of Interpersonal Dependence: Rethinking Reciprocity and Altruism[J]. Sociological Theory, 2002, 20(1).
[201] Snedker K. Altruistic and Vicarious Fear of Crime: Fear for Others and Gendered Social Roles[J]. Sociological Forum, 2006, 21(2).
[202] Steensland B. Cultural Categories and the American Welfare State: The Case of Guaranteed Income Policy[J]. American Journal of Sociology, 2006, 111(5).
[203] Stouffer S. An Analysis of Conflicting Social Norms[J]. American Sociological Review, 1949, 14(6).
[204] Sunstein C. Social Norms and Social Roles[J]. Columbia Law Review, 1996, 96(4).
[205] Susmilch C, Elliott G, Schwartz S. Contingent Consistency and the Attitude-Behavior Relationship: A Comment[J]. American Sociological Review, 1975, 40(5).
[206] Thalhammer K. I'll Take the High Road: Two Pathways to Altruistic

Political Mobilization against Regime Repression in Argentina[J]. Political Psychology, 2001, 22(3).

[207] Thau S, Bennett R, Stahlberg D, Werner J. Why Should I Be Generous When I Have Valued and Accessible Alternatives? Alternative Exchange Partners and OCB[J]. Journal of Organizational Behavior, 2004, 25(5).

[208] Thomas G, Batson C, Coke J. Do Good Samaritans Discourage Helpfulness? Self-perceived Altruism after Exposure to Highly Helpful others [J]. Journal of Personality and Social Psychology, 1981, 40(1).

[209] Thomas G, Batson C. Effect of Helping Under Normative Pressure on Self-Perceived Altruism[J]. Social Psychology Quarterly, 1981, 44(2).

[210] Thon D, Wallace S. Dalton Transfers, Inequality and Altruism[J]. Social Choice and Welfare, 2004, 22(3).

[211] Toi M, Batson C. More Evidence that Empathy is a Source of Altruistic motivation[J]. Journal of Personality and Social Psychology, 1982, 43(2).

[212] Trivers R. The Evolution of Reciprocal Altruism[J]. The Quarterly Review of Biology, 1971, 46(1).

[213] Tullberg J. On Indirect Reciprocity: The Distinction between Reciprocity and Altruism, and a Comment on Suicide Terrorism[J]. American Journal of Economics and Sociology, 2004, 63(5).

[214] Turner B. The Erosion of Citizenship[J]. The British Journal of Sociology, 2001, 52(2).

[215] Valle D. Social Exchange and Social System: A Parsonian Approach[J]. Sociological Perspectives, 1994, 37(4).

[216] Van de Ven J. The Demand for Social Approval and Status as a Motivation to Give [J]. Journal of Institutional and Theoretical Economics JITE, 2002, 158(3).

[217] Wakefield J. Is Altruism Part of Human Nature? Toward a Theoretical Foundation for the Helping Professions[J]. Social Service Review, 1993, 67(3).

[218] Wang L, Graddy E. Social Capital, Volunteering and Charitable Giving [J]. Voluntas: International Journal of Voluntary and Nonprofit Organizations, 2008, 19(1).

[219] Wang S, Davis D, Bian Y. The Uneven Distribution of Cultural Capital: Book Reading in Urban China[J]. Modern China, 2006, 32(3).

[220] Warner L, DeFleur M. Attitude as an Interactional Concept: Social Constraint and Social Distance as Intervening Variables Between Attitudes

and Action[J]. American Sociological Review, 1969, 34(2).

[221] Weaver G, Agle B. Religiosity and Ethical Behavior in Organizations: A Symbolic Interactionist Perspective[J]. The Academy of Management Review, 2002, 27(1).

[222] Wendt A. Collective Identity Formation and the International State[J]. The American Political Science Review, 1994, 88(2).

[223] Wicker A. Attitudes versus actions: The Relationship of Verbal and Overt Behavioral Responses to Attitude Objects[J]. Journal of social issues, 2010, 25(4).

[224] Wilson D. Weak Altruism, Strong Group Selection[J]. Oikos, 1990, 59(1).

[225] Wilson E. Kin Selection as the Key to Altruism: Its Rise and Fall[J]. Social Research, 2005, 72(1).

[226] Wilson J, Janoski T. The Contribution of Religion to Volunteer Work [J]. Sociology of Religion, 1995, 56(2).

[227] Wilson J, Musick M. Who Cares? Toward an Integrated Theory of Volunteer Work[J]. American Sociological Review, 1997, 62(5).

[228] Wilson J. The Effects of Volunteering on the Volunteer[J]. Law and Contemporary Problems, 1999, 62(4).

[229] Wilson J. Doing Well by Doing Good: Volunteering and Occupational Achievement among American Women[J]. The Sociological Quarterly, 2003, 44(3).

[230] Wilson J. Attachment to Volunteering[J]. Sociological Forum , 1999, 14(2).

[231] Wilson, L. Developing a Model for the Measurement of Social Inclusion and Social Capital in Regional Australia[J]. Social Indicators Research, 2006, 75(3).

[232] Wolosin R, Sherman S, Mynatt C. When Self-Interest and Altruism Conflict[J]. Journal of Personality and Social Psychology; Journal of Personality and Social Psychology, 1975, 32(4).

[233] Wolpert J. The Geography of Generosity: Metropolitan Disparities in Donations and Support for Amenities[J]. Annals of the Association of American Geographers, 1988, 78(4).

[234] Wright K. Generosity vs. Altruism: Philanthropy and Charity in the United States and United Kingdom[J]. Voluntas: International Journal of Voluntary and Nonprofit Organizations, 2001, 12(4).

[235] Wuthnow R. Altruism and Sociological Theory[J]. Social Service Re-

view, 1993, 67(3).

[236] Wymer W, Riecken G, Yavas U. Determinants of Volunteerism[J]. Journal of Nonprofit & Public Sector Marketing, 1997, 4(4).

[237] Zarbatany L, Hartmann D, Gelfand D. Why Does Children's Generosity Increase with Age: Susceptibility to Experimenter Influence or Altruism [J]. Child Development, 1985, 56(3).

[238] Zbiek R, Conner A. Beyond Motivation: Exploring Mathematical Modeling as a Context for Deepening Students' Understandings of Curricular Mathematics[J]. Educational Studies in Mathematics, 2006, 63(1).

[239] Zhou J, Wang E, Dovidio J, Yu G. The Effects of Structural Consistency on Attitude-intention and Attitude-behavior Relationships[J]. Social Behavior and Personality: an international journal, 2009, 37(6).

[240] Zuckerman M, Reis H. Comparison of three Models for Predicting Altruistic Behavior[J]. Journal of Personality and Social Psychology; Journal of Personality and Social Psychology, 1978, 36(5).

附录　实际调查问卷

一、基本人口特征信息

1. 您的性别：__________(1) 男　　(2) 女

2. 您的年龄：__________周岁

3. 您的婚姻状况：__________

(1) 已婚　　(2) 未婚　　(3) 丧偶　　(4) 离异

4. 您目前的户口类型是：(1) 农业户口　　(2) 非农户口

5. 您目前的政治成分是：__________

(1) 中共党员　　(2) 民主党派　　(3) 共青团员　　(4) 群众

(5) 其他________

二、个体性因素的测量

6. 您的文化程度：__________

(1) 基本不识字　　(2) 小学　　(3) 初中　　(4) 高中(包括中专、技校)

(5) 大专　　(6) 本科　　(7) 研究生

7. 您目前的职业是：__________

(若您已退休，请在“您目前的职业”一栏填写您退休前的职业)

(1) 国家与社会管理人员　(2) 企业经营管理人员　(3) 专业技术人员

(4) 办事人员　(5) 个体工商户　(6) 商业服务人员

(7) 产业工人阶层　(8) 农业劳动者阶层　(9) 城市无业人员

(10) 在校学生　(11) 军人

(12) 其他(请注明)________

9. 您去年年收入总数大概是________元(包括基本工资、奖金和其他所有收入)

10. 您是否拥有自己的住房(有产权)：________

(1) 有　　(2) 没有(跳过第 11 题)

11. 您现在的住房面积总共是多少平方米？__________平方米

三、社会性因素的测量

12-16. 请问您在下列团体中处于哪个位置?

团体类型	核心人物	积极分子	普通成员	没有参与
12. 同乡会				
13. 各种QQ群				
14. 网络论坛				
15. 民间文艺团体				
16. 社区业主委员会				

17-23. 您参加过以下社会活动吗?

	经常参加	有时参加	偶尔参加	从不参加
17. 亲朋好友的交往活动				
18. 各种同学聚会活动				
19. 日常兴趣活动,扭秧歌、打牌、下棋等				
20. 社区业主委员会选举活动				
21. 各种政治选举(如选举人大代表)活动				
22. 参加向政府部门进言献策等活动(包括参与政府网站的意见咨询)				
23. 在线参与社会热点讨论(如微博、论坛)				

24-34. 下列几种人,你认为在多大程度上值得信任?

	完全可以信任	可以信任	一般	不可信任	完全不可信任
24. 核心家庭成员					
25. 直系亲属					
26. 其他亲属					
27. 一般朋友					
28. 邻居					
29. 单位领导					
30. 单位同事					
31. 网友					
32. 生产商					
33. 销售商					
34. 陌生人					

35-39. 您对政府及其他不同社会服务人员的信任程度如何?

	很信任	比较信任	一般	不太信任	很不信任
35. 新闻记者					
36. 专家教授					
37. 医护人员					
38. 中小学老师					
39. 律师					

40-44. 您对下列机构的信任程度如何?

	很信任	比较信任	一般	不太信任	很不信任
40. 中央政府					
41. 地市政府					
42. 法院					

续表

	很信任	比较信任	一般	不太信任	很不信任
43. 军队					
44. 公安部门					

45-49. 您对下列制度的信任程度如何?

	很信任	比较信任	一般	不太信任	很不信任
45. 食品监管					
46. 义务教育					
47. 慈善事业					
48. 司法制度					
49. 社会救助制度					

四、文化性因素的测量

50-52. 请您就以下说法加以判断：

	完全同意	比较同意	一般	比较不同意	完全不同意
50. 我以真心待人，他人就会以真心待我					
51. 绝大多数人是助人为乐的					
52. 人心都是向善的					

五、利他性组织的运行状况因素的测量

53. 您知道以下哪些慈善组织吗?（可多选）：________

(1) 中华慈善总会　(2) 中国残疾人联合会　(3) 中国青少年基金会
(4) 中国扶贫基金　(5) 中国妇女发展基金会　(6) 中国红十字会
(7) 中华环保基金　(8) 宋庆龄基金会　(9) 中国光彩事业促进会
(10) 见义勇为基金会　(11) 都不知道

(12) 您所知道的其他慈善机构________

54. 你对各类官方慈善组织的信任度如何? ________

(1) 非常信任 (2) 比较信任 (3) 一般 (4) 比较不信任 (5) 非常不信任

55. 你对各类民间慈善组织的信任度如何? ________

(1) 非常信任 (2) 比较信任 (3) 一般 (4) 比较不信任 (5) 非常不信任

六、利他态度的测量

56. 您是否愿意尽自己所可能去帮助他人? ________

(1) 非常愿意 (2) 比较愿意 (3) 一般 (4) 比较不愿意 (5) 非常不愿意

57. 您是否愿意不求回报地去帮助他人? ________

(1) 非常愿意 (2) 比较愿意 (3) 一般 (4) 比较不愿意 (5) 非常不愿意

58. 您是否愿意牺牲自己去帮助他人? ________

(1) 非常愿意 (2) 比较愿意 (3) 一般 (4) 比较不愿意 (5) 非常不愿意

七、利他行为的测量

59. 您在公益慈善组织中的位置情况:________

(1) 核心人物 (2) 积极分子 (3) 普通成员 (4) 没有参与

60. 您参加公益志愿活动活动的情况:________

(1) 经常参加 (2) 有时参加 (3) 偶尔参加 (4) 从不参加

61. 您参加慈善捐赠活动的情况:________

(1) 经常参加 (2) 有时参加 (3) 偶尔参加 (4) 从不参加

62. 您参加无偿献血活动的情况:________

(1) 经常参加 (2) 有时参加 (3) 偶尔参加 (4) 从不参加

后　记

时光匆匆，转瞬即逝。本书从开始写作至今，已经过去了6年时间，我也告别了自己的学生生涯，成为了一名高校教师。本书的研究问题，起源于我的博士生导师翟学伟教授当时主持的一项国家社科重大项目——我国信用制度的研究。在研究的过程中，我开始对中国人的利他性产生兴趣，希望了解当代中国人的利他态度与利他行为的现状，它们之间的关系特征如何，哪些因素对其具有重要的影响。借助于一项全国范围调查所收集的数据，本书主要采用SPSS统计软件分析，找到了以上问题的答案，并进行了较为深入的分析与阐述。

在经济飞速发展的当代中国社会，我们越来越清楚地看到，社会利他性的存量水平对该社会的良性运行与和谐发展具有至关重要的影响。当社会中的每一个人都成为"精致的利己主义者"时，他们只会关注自身的利益，对他人与社会的利益冷漠以对，整个社会将会难以为继，这是所有人都不愿意看到的场景。因此，了解利他性的存在水平，寻找利他态度与行为的正向度影响因素，其重要作用是毋庸置疑的。本书的研究显示，个体社会整合的程度，是一个十分重要的影响因素。个体参与社会组织与行动的频率越高，对社会中的利他性组织的了解与信任程度越高，就越可能更为经常地参与利他行为，这一结论将为后续的研究提供一定的研究参考。

本书的顺利完成与出版，得益于我身边许多人的帮助。感谢我的导师翟学伟教授，先生对我孜孜不倦的教导，使我终身受益。感谢我的领导与同事，他们所主持的课题为本书的顺利出版提供了有效的资金资助：行政管理教学团队项目(JD00216091)，行政管理专业教学团队项目(JD00209004)，刘军名师工作室项目(2016msgzs8)，以及金太军学科建设与科研启动项目。感谢我的家人与朋友，这一路走来，他们的开导与陪伴，帮助我渡过了每一个难关。在此向所有给予我无私帮助的人，衷心地说一句"谢谢"！

周　纯

2019年4月于芜湖